教育部人文社科青年项目：
多元主体视角下网络化社会中创新失灵的分类预警与协同治理研究，21YJC630130
安徽省自然科学基金青年项目：
基于技术溢出效应的企业集群创新动力补偿机制研究，2008085QG346
安徽省高校优秀拔尖人才培育项目 gxgwfx2020006

长三角企业绿色创新
影响因素及提升对策研究

王凤莲◎著

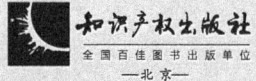

知识产权出版社
全国百佳图书出版单位
—北京—

图书在版编目（CIP）数据

长三角企业绿色创新影响因素及提升对策研究／王凤莲著 .— 北京：知识产权出版社，2022.5
ISBN 978-7-5130-8122-1

Ⅰ.①长… Ⅱ.①王… Ⅲ.①长江三角洲—企业创新—研究 Ⅳ.①F279.275

中国版本图书馆 CIP 数据核字（2022）第 060547 号

责任编辑：赵　昱　　　　　　　　　　　　责任校对：王　岩
封面设计：北京麦莫瑞文化传播有限公司　　责任印制：孙婷婷

长三角企业绿色创新影响因素及提升对策研究

王凤莲　著

出版发行：知识产权出版社有限责任公司	网　　址：http://www.ipph.cn
社　　址：北京市海淀区气象路 50 号院	邮　　编：100081
责编电话：010-82000860 转 8128	责编邮箱：zhaoyu@cnipr.com
发行电话：010-82000860 转 8101/8102	发行传真：010-82000893/82005070/82000270
印　　刷：北京九州迅驰传媒文化有限公司	经　　销：新华书店、各大网上书店及相关专业书店
开　　本：720mm×1000mm　1/16	印　　张：18.5
版　　次：2022 年 5 月第 1 版	印　　次：2022 年 5 月第 1 次印刷
字　　数：279 千字	定　　价：98.00 元
ISBN 978-7-5130-8122-1	

出版权专有　侵权必究

如有印装质量问题，本社负责调换。

前　言

伴随着改革开放，中国经济迅猛发展，但这种高速增长是用不断消耗能源资源、破坏生态环境换来的，这种盲目追求经济发展而牺牲环境可持续的传统发展方式已无法适应当前的发展阶段。"创新、绿色"作为新发展阶段的主旋律，是突破当前资源环境约束，推动中国经济高质量增长的重要手段之一。联合国环境规划署也指出全世界应遵循"绿色新政"的理念，倡导各国提高绿色创新能力，注重环境保护，追求人与自然和谐发展，绿色革命、绿色转型已成为二十一世纪世界各国的发展主旋律。在"碳达峰""碳中和"双碳目标下，绿色创新技术的发展已成为经济和社会可持续发展的关键驱动力。面对日益激烈的市场竞争环境，绿色创新的重要性也越来越明显，其根本出路在于调整经济结构，转变经济发展方式，进行绿色创新，提高经济发展质量。

长三角地区作为我国经济发展最活跃、创新能力最强、开放程度最高的区域之一，在国家现代化建设和发展中具有举足轻重的战略地位。增强长三角地区的创新能力和竞争能力，对引领国家高质量发展和建设现代化经济体系都具有重大意义。与全国平均发展水平相比，长三角地区企业绿色创新发展优势突出，但上下游差距明显，呈现右倾 V 形空间格局。并且，在全球倡导"命运共同体"的背景下，消费者的绿色环保意识越来越强，人们对绿色产品的需求不断增加，绿色消费逐渐成为一种社会趋势，市场也呼吁企业进行绿色创新。因此，我国迫切需要关注长三角企业绿色创新的相关问题，探索提高长三角企业绿色创新的驱动力以及提升长三角企业绿色创新效率的途径，旨在帮助企业从绿色创新效率、绿色创新动力和绿色创新能力等方面提高自身的绿色创新水平，不断促进区域绿色创新的共同发展和产业结构的绿色创新升级。

  本书关注长三角企业绿色创新问题，通过对绿色创新相关理论梳理，从绿色创新效率、绿色创新动力及绿色创新能力三个方面出发，结合长三角地区企业的发展特点和发展规律，对影响企业绿色创新的相关因素进行总结、归纳，通过建立数理模型并进行实证分析的方法，探究知识产权保护、环境规制、环境信息披露、开放经济、网络能力、高管团队背景特征、政府补贴等多个因素对绿色创新的影响，以此发掘企业、政府等市场主体如何采取策略来提升企业的绿色创新绩效以及绿色创新效率。本书结合长三角企业近年来的发展数据，并通过网上搜索、问卷发放等线上、线下方式收集必要的数据，通过相应的计算机软件系统对所获得的信息进行验证和总结。

  本书全稿由王凤莲著，研究生张前程参与第二章相关理论及研究现状的梳理。因为时间的迫切性，再加上一些客观原因的限制，书稿的编写还存有一些不足，敬请各位学者批评指正！

目　录

第一章　绪　论 ... 1

  1.1　研究背景 ... 1
  1.2　研究目的 ... 2
  1.3　研究意义 ... 2
  1.4　研究内容 ... 3
  1.5　研究方法 ... 5
  1.6　技术路线 ... 6
  1.7　创新之处 ... 7

第二章　相关理论及研究现状 ... 9

  2.1　绿色创新效率相关概念 ... 9
  2.2　企业绿色创新动力相关概念 ... 11
  2.3　绿色创新能力相关概念 ... 13
  2.4　绿色创新效率相关研究现状 ... 15
  2.5　绿色创新动力相关研究现状 ... 17
  2.6　绿色创新能力相关研究现状 ... 21
  2.7　相关理论 ... 24

第三章　长三角城市绿色创新效率测度及影响因素分析 ... 30

  3.1　本章研究背景 ... 30
  3.2　研究设计与理论模型 ... 31
  3.3　长三角城市绿色创新效率测算及分析 ... 37

3.4 长三角城市绿色创新效率影响因素探究 ……………………… 45
3.5 本章研究结论与展望 …………………………………………… 50

第四章 知识产权保护背景下长三角企业绿色创新效率的研究 … 54
4.1 本章研究背景 …………………………………………………… 54
4.2 概念界定与文献综述 …………………………………………… 56
4.3 研究设计 ………………………………………………………… 57
4.4 长三角城市绿色创新效率实证分析 …………………………… 60
4.5 长三角城市绿色创新效率测度分析 …………………………… 67
4.6 本章研究结论与展望 …………………………………………… 70

第五章 长三角节能环保企业绿色创新动力机制质性研究 ……… 74
5.1 本章研究背景 …………………………………………………… 74
5.2 我国长三角地区节能环保企业发展现状研究 ………………… 75
5.3 环保企业绿色创新影响因素识别质性研究 …………………… 79
5.4 绿色创新影响因素动态作用的案例研究 ……………………… 96
5.5 本章研究结论与展望 ………………………………………… 103

第六章 环境规制对长三角企业绿色创新的影响研究 …………… 105
6.1 本章研究背景 ………………………………………………… 105
6.2 概念界定与文献综述 ………………………………………… 107
6.3 研究设计 ……………………………………………………… 111
6.4 数据收集和变量选取 ………………………………………… 113
6.5 数据分析与假设检验 ………………………………………… 116
6.6 本章研究结论与展望 ………………………………………… 124

第七章 环境信息披露对长三角企业绿色创新的影响研究 ……… 127
7.1 本章研究背景 ………………………………………………… 127
7.2 概念界定与文献综述 ………………………………………… 128

  7.3　机理分析及研究假设 …………………………………………… 133
  7.4　数据分析与假设检验 …………………………………………… 138
  7.5　环境信息披露对企业绿色创新影响的实证分析 ……………… 143
  7.6　本章研究结论与展望 …………………………………………… 150

第八章　开放经济对长三角工业企业绿色创新动力影响研究 …… 153
  8.1　本章研究背景 …………………………………………………… 153
  8.2　概念界定与文献综述 …………………………………………… 154
  8.3　研究假设与研究设计 …………………………………………… 157
  8.4　数据基本特征和分析 …………………………………………… 161
  8.5　实证分析和假设检验 …………………………………………… 165
  8.6　本章研究结论与展望 …………………………………………… 169

第九章　网络能力对长三角企业绿色创新能力的影响与作用机制 ……………………………………………………………… 171
  9.1　本章研究背景 …………………………………………………… 171
  9.2　概念界定与文献综述 …………………………………………… 172
  9.3　研究假设和概念模型 …………………………………………… 175
  9.4　数据来源及变量测定 …………………………………………… 179
  9.5　数据分析与假设检验 …………………………………………… 182
  9.6　本章研究结论与展望 …………………………………………… 190

第十章　异质性视角下高管团队背景特征对长三角企业绿色技术创新的影响 ……………………………………………… 192
  10.1　本章研究背景 ………………………………………………… 192
  10.2　概念界定与文献综述 ………………………………………… 193
  10.3　研究假设 ……………………………………………………… 196
  10.4　研究设计 ……………………………………………………… 200
  10.5　数据分析与假设检验 ………………………………………… 203

  10.6 本章研究结论与展望 …………………………………………… 214

第十一章 政府补贴对长三角企业绿色创新能力的影响与作用机制 ……………………………………………………………… 215

  11.1 本章研究背景 …………………………………………………… 215
  11.2 研究假设与实证研究设计 ……………………………………… 216
  11.3 实证研究结果及分析 …………………………………………… 220
  11.4 本章研究结论与展望 …………………………………………… 238

第十二章 长三角制造业绿色创新动力因素与创新模式研究 …… 242

  12.1 实证研究结果及分析 …………………………………………… 242
  12.2 概念界定与机理分析 …………………………………………… 243
  12.3 研究假设及理论模型分析 ……………………………………… 249
  12.4 长三角制造业绿色创新系统效率提升方法 …………………… 255
  12.5 本章研究结论与展望 …………………………………………… 258

第十三章 长三角企业绿色创新提升对策 ………………………………… 260

  13.1 知识产权保护方面 ……………………………………………… 260
  13.2 环境规制方面 …………………………………………………… 261
  13.3 环境信息披露方面 ……………………………………………… 263
  13.4 开放经济方面 …………………………………………………… 264
  13.5 网络能力方面 …………………………………………………… 265
  13.6 团队打造方面 …………………………………………………… 266
  13.7 政府补贴方面 …………………………………………………… 267

参考文献 …………………………………………………………………………… 268

第一章 绪 论

1.1 研究背景

改革开放以来，中国经济社会实现了快速发展，成功实现了世界罕见的新型国民经济——十年来总产量持续稳定快速增长。在新冠肺炎疫情的背景下，中国是世界上唯一实现经济正增长的主要经济体，国内生产总值实现历史性突破。然而，经济快速发展带来的生态环境问题也不容忽视。国务院一份文件显示，我国各类污染物的排放已达到环境自身承载能力的上限。近年来，我国的水污染、大气污染和土地污染日益严重，能源消耗也在逐年增加。与此同时，随着近年来各类极端天气频发，我国逐渐意识到不能以牺牲环境效益为代价盲目追求经济快速增长，绿色发展和绿色创新逐渐成为时代的主题。

改革开放四十多年来，长三角地区发展迅速，它在中国的现代化建设和对外开放中起着举足轻重的作用，是中国经济社会发展的重要引擎，也是中国城市化进程最好的地区之一。但长三角经济结构仍以制造业为支撑，"低成本、低技术、低回报"是长三角大多数企业的现状，处理高端产品的能力极为有限。在资源日益紧张和环境形势严峻的背景下，以消耗原材料为基础的粗放型发展模式终将走向终结。进入"十四五"时期，面向 2035 年，长三角地区要发挥创新资源优势，激发绿色创新动力，增强绿色创新能力，提高绿色创新效率，从而促进长三角绿色创新发展新形势的形成。

本书面向长三角企业绿色创新发展问题，从创新能力、创新动力以及创新效率三方面进行研究，结合 DEA 评价、质性研究、实证分析法等研究方法，探究长三角企业的绿色创新的影响因素，并给出提升长三角企业绿色创新的对策建议。

1.2 研究目的

"十四五"时期，中国已经进入了一个新发展阶段，"创新、绿色"是新发展阶段的主旋律，企业要想立足于行业，在波涛中勇立潮头，就必须要跟紧时代的步伐，进行绿色创新、绿色发展。本书旨在针对长三角企业绿色创新发展缓慢的问题，从创新效率、创新动力以及创新能力三方面进行研究，以达到如下研究目的。

（1）系统梳理绿色创新相关概念，界定绿色创新效率、绿色创新动力以及绿色创新能力内涵，系统解析绿色创新中的相关问题。（2）对长三角绿色创新效率进行测算和分析，解析长三角绿色创新现状及相关问题。（3）从多个视角研究长三角企业绿色创新问题，系统关注知识产权保护、环境规制、环境信息披露、开放经济、网络能力、高管团队背景特征以及政府补贴等绿色创新影响因素，探究其影响作用、过程和机理。（4）系统建立长三角企业绿色创新提升机制，从知识产权保护、环境规制、环境信息披露、开放经济、网络能力、高管团队背景特征以及政府补贴等多个方面提供相关对策建议。

1.3 研究意义

1.3.1 研究的理论意义

（1）本书不仅论述了绿色创新效率的内涵，而且针对绿色创新效率，找出其投入和产出的指标，并构建相关的评价体系，丰富了测算绿色创新效率的办法。（2）将知识产权保护作为背景研究各种指标与绿色创新效率的关系，丰富以知识产权保护为背景的研究体系及相关理论。本书在此基础上换一个角度，将知识产权保护纳入研究体系，不同于以往研究，在一定程度上丰富了长三角地区企业绿色创新效率的相关理论。（3）采用多案例研究法等质性研究的方法来深入分析和研究我国长三角地区的环保企业绿色创新行为，与现有的其他利用数据统计、检验分析等定量研究方法进行研究的理论文献形成互补，从而丰富了国内有关于绿色创新方面的理论成果。（4）本书展开了环境规制、环境信息披露、开放经济、网络能力、高管团队背景特征以及政府补贴对长三角地区企业的绿色创新影响的探究，丰富了企业的绿色创新动力、绿色创新能力、绿色创新效率及环境规制、环境信息披露、开放经济、网络能力等的相关理论。

1.3.2 研究的实践意义

（1）本书研究了长三角绿色创新的相关机理和影响因素，对提升长三角绿色创新效率、绿色创新动力、绿色创新能力，推进长三角创新驱动和绿色发展具有实践意义。（2）本书通过解析长三角企业绿色创新发展过程中遇到的困难和问题，帮助长三角企业了解其绿色创新状况，帮助企业管理人员结合时下各种环境制度，制定和调整企业自身的发展策略，在此基础上促进企业发展进步，提高生产效率，实现长三角经济发展与环境保护方面的双赢。

1.4 研究内容

本书以长三角企业为研究背景，在归纳整理绿色创新效率、绿色创新动力、绿色创新能力相关理论的研究基础上，提出相关的假设，并使用实证分析等方法来验证各个假设，最终得出结论与建议，见图1-1。

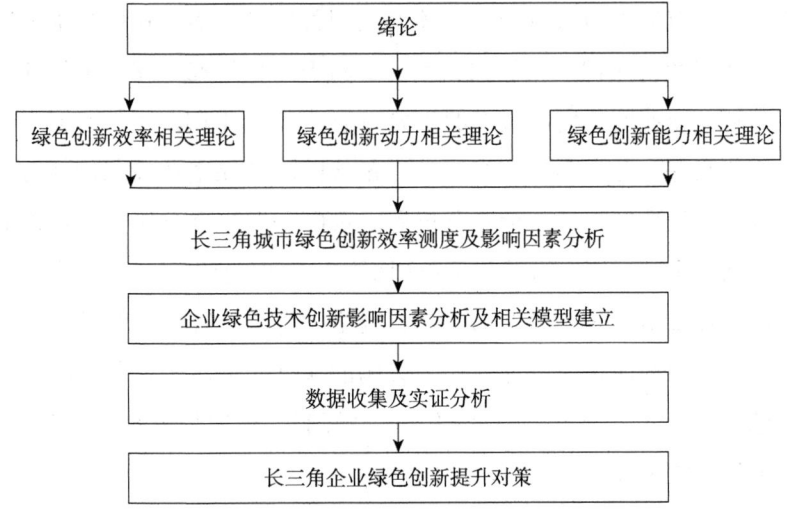

图 1-1 内容框架图

根据本书研究主题及相关思路,本书在研究内容与框架上可分为十三章:

第一章:绪论。重点阐述研究背景、研究目的及意义、研究思路及方法和研究内容以及主要创新点。

第二章:相关理论及研究现状。主要阐述绿色创新效率、绿色创新动力概念、绿色创新能力的相关理论及概念,梳理国内外关于绿色创新效率、绿色创新动力以及绿色创新能力的研究现状。

第三章:长三角城市绿色创新效率测度及影响因素分析。重点阐述绿色创新效率的内涵、分析总结绿色创新的动力机制、建立城市绿色创新效率评价指标体系,以及建立数据包络分析模型。根据收集的数据,对长三角城市各指标的情况进行描述性统计分析,然后通过模型对数据进行处理,并测算长三角各城市绿色创新效率,最后对测算结果进行时间维度和区域维度的分析。选择相关的影响因素并通过 Tobit 面板模型设定,进行实证结果分析。

第四至第十二章:不同因素对长三角企业绿色创新的影响。主要是围绕绿色创新技术展开,对企业在不同环境中绿色创新效率、能力以及动力进行研究。从知识产权保护、环境规制、环境信息披露、开放经济、网络能力、高管团队背景、特征以及政府补贴等角度研究对企业绿色创新的影响。

第十三章：长三角企业绿色创新提升对策。在前面研究的基础上，对本书的主要研究结论进行梳理、归纳和总结，针对所构建的模型，从不同的角度对长三角企业绿色创新效率的提升提出相关的对策建议。

1.5 研究方法

（1）文献研究法。根据本书的研究主题，借助图书馆、期刊、因特网等多种渠道，阅读了大量与环境规制和绿色创新相关的国内外文献材料，形成对环境规制影响企业绿色创新程度和方向的初步理解。通过对已有文献资料的进一步整合，从中发现已有研究的欠缺方面，以此为切入点确定本书的研究目的和思路，确定较适用于本书研究的实证方法和相关数据的收集渠道。

（2）系统分析法。系统分析法是采用科学的手段和方法，对事物的各个系统组成部分进行客观、科学的分析，以得到整体的优化，最终为研究者提供参考方案。本书通过对绿色创新动力机制系统进行定性分析，从而掌握绿色创新动力机制系统的组成元素、结构、作用等方面，为构建新颖的、顺应时代发展的动力机制模型奠定重要基础。

（3）实证研究法。本书结合长三角城市的发展情况，确定评价长三角城市绿色创新效率的指标，然后利用这些指标构建其评价体系，通过 DEA 方法测算长三角各城市的绿色创新效率。本书采用长三角地区的上市公司等一些数据资料作为本书的样本，通过各种统计年鉴和公司年度报告来收集相关数据，采用 Excel 和软件 Stata13.0 等工具，通过描述性分析、相关性分析、平稳性检验、回归分析等各种实证研究方法，探索知识产权保护、环境规制、环境信息披露、开放经济、网络能力、高管团队背景特征、政府补贴对绿色创新的作用程度、趋势和方向，进而为得出结论和给出建议提供支持。

(4) 质性研究法。质性研究是相对于定量研究而言的，它一般不用量表或者测量工具，而是通过收集、整理、提炼相关的初始材料和范畴，以研究者本人为研究工具，从被研究者的角度真实反映他们的想法和思考。研究者事先不提出理论假设，而是通过系统的比较和总结分析使抽象层次逐渐形象化，经过一系列连续循环后，最终形成理论。本书基于扎根理论，通过开放式编码、轴心编码和选择性编码三级编码对收集到的相关数据进行分析，探索、总结和识别节能环保企业绿色创新的关键影响因素。

(5) 对比分析法。对比分析法也称为比较分析法，通常是从相互联系但是又存在差异的方面出发，把收集到的数据资料进行比较，最终得出研究结论。本书会在案例分析相关章节中对几家典型代表企业的绿色创新行为的影响因素进行比较和分析，从而识别出关键影响因素对不同类型企业的绿色创新的作用效果，构建出合理的绿色创新动力机制模型。

1.6 技术路线

企业的绿色创新包含绿色创新效率、绿色创新动力以及绿色创新能力三个方面，对于企业的绿色创新水平的观察，需要从这三个方面进行考量。而企业绿色创新效率、动力以及能力的测量需要考虑很多因素，因此很难准确地进行企业绿色技术创新评估。针对这个问题，本书从知识共享、环境规制、企业高管团队等方面的因素并结相应的技术方法，对这三个方面进行研究。本书的技术路径如图1-2所示。

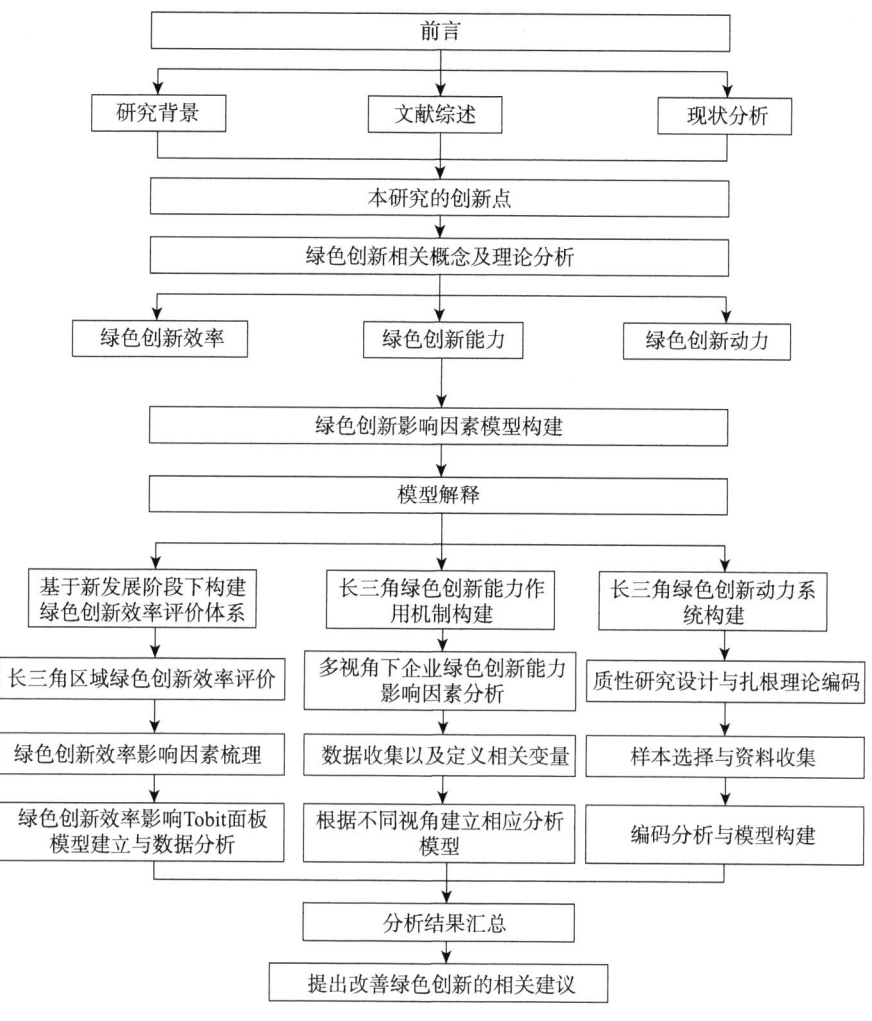

图1-2 技术路径图

1.7 创新之处

本书的创新之处有以下四个方面。

（1）本书丰富了中国情境下的绿色创新研究。以往的研究多是基于一些发达国家的企业，很少对中国本土企业进行绿色创新方面的研究，即使是对国内企业进行研究，抽取的案例企业也大都是分散在全国各地，鲜有对相对集中区域的企业进行的特定研究。中国的长三角地区是我国重要经济区、经济社会发展的重要引擎,所以本书选取位于中国长三角地区的典型企业的相关数据资料进行分析,使得研究结果对中国企业更具有参考意义。

(2)本书在绿色低碳循环发展成为大势所趋的背景下,基于企业的绿色创新行为受到多种因素共同作用,提出新的绿色创新动力机制模型。从全新的视角来看待各种影响因素,提出一个相对较为全面的分析框架,丰富了以往的理论研究。

(3)本书关注长三角企业绿色创新效率、绿色创新能力、绿色创新动力等关于绿色创新的系统问题,将三者分别纳入模型来展开研究。基于对以往学者文献的分析形成互相影响的逻辑,得出了本书的理论模型,通过实证分析的方式对模型进行研究和检验。

(4)本书综合使用文献研究、DEA评价、回归分析、平稳性检验、质性研究、对比研究等多个研究方法,全面地对长三角城市绿色创新问题进行系统性研究,研究方法丰富且恰当地反映了每个研究问题的特征。

第二章 相关理论及研究现状

2.1 绿色创新效率相关概念

绿色创新是指基于绿色而产生的创新，是区域绿色化程度的指数反映，是一个比值。对于经济社会而言，绿色代表着良好的生态环境，创新代表着科学技术的进步，产生一系列新的产品或者技术。而绿色创新的内涵是产生了新的产品和技术，而这些产品和技术不仅能够为社会带来经济效益而且不会对环境造成污染或者对环境造成的污染很小。绿色创新不是一种结果，而是一个过程，只有付出一定的资源和能耗成本，才能收获经济价值和生态环境的好转。绿色创新是近年来提出的新概念，随着社会和国家的进步，生态环境问题日渐引起全民关注，这才引出绿色创新这一概念。

效率是指在一定的环境条件下的投入与产出的比值。对于绿色创新效率的衡量，我们认为需要一定的投入，例如各种资源成本（人力资源、财力资源）和绿色能耗（耗电、耗煤）；同时也会有所产出，包括期望产出和非期望产出，期望产出如带来的经济总量的提高和知识产权与技术的增多，非期望产出如废水、废气、废弃物的增多。在比较时可以固定一个变量，如相同投入的情况下，如果产出较高则效率较高；相同产出的情况下，如果投入较少则效率较高。绿色创新效率区分于一般的效率在于其计算投入产出的指标与绿色和创新息息相关。绿色创新效率着重强调的是效率，是指在给定的投入量情况下，得到最大的产出，达到效率最高状态。其反映的是某一个区域的绿化程度，作为综合考虑环境污染与能源消耗对与创新发展的影响程度；一个城市绿色创新效率水平的高低反映了其绿色创新的能力，若绿色创新效率水平高，则代表绿色创新能力强，反之则代表绿色创新能力较弱。

对绿色创新效率概念进行定义由来已久，已有很多国内外学者给出了自己的理解，表2-1中是与绿色创新效率概念相关的定义。

表2-1 国内外对绿色创新效率的相关定义

代表人物	定义
熊彼特 （Schumpete，1990）	创新就是建立"新的生产函数"，即"企业家对生产要素的新组合"，也就是把一种从来没有过的生产要素和生产条件的"新组合"引入生产体系，从而引起生产方式的变革，形成一种新的生产能力
皮尔斯 （Pearce，1989）	首次提出了绿色经济的概念，强调通过对资源环境产品和服务进行适当的估价，实现经济发展和环境保护的统一，从而实现可持续发展
福斯勒和詹姆斯 （Fussler & James，1996）	最早提出绿色创新的概念
坎普和阿伦德尔 （Kemp & Arundel，2002）	认为绿色创新是为因避免或减少环境破坏而出现的新工艺技术、系统以及产品
贝斯和雷宁斯 （Beise & Rennings，2005）	把绿色创新定义为为了避免和降低环境损害，经济组织采用新的或改良的流程、技术、系统和产品，这是基于"环境影响降低"角度的界定
韩晶（2012）	认为绿色创新效率是指区域创新效率的绿色化程度，是对综合考虑环境污染和能源消耗后的创新发展质量的测度，是创新质量的绿色指数
伯纳尔等 （Bernauer et al，2006）	基于对绿色创新的理解，认为绿色创新效率就是指充分衡量企业投入、产出各种要素组合后得出结果的比例关系，综合考虑人力投入、资源消耗、产出等比例值，从而测算效率值

续表

代表人物	定义
陈景新（2018）	认为绿色创新是对综合考虑环境污染和能源消耗后的创新发展的测度，是创新质量的绿色指数
刘明玉（2018）	绿色创新效率是衡量产出的最有效的数据支撑，通过减少不利产出或增加有利产出来提升创新效率
张节（2020）	绿色创新效率的核心是实现创新增长和绿色发展，创新增长可分为经济产出与创新产出
杨瑾（2020）	绿色创新效率是地区层面上的投入产出比例，是综合考虑环境资源和创新能力发展的评价方法，能够体现区域绿色创新发展水平的高低
钱丽（2021）	认为绿色创新效率是指在一定的技术水平下合理分配资源配置，有效提高企业内外效益，更好地推动企业发展

2.2 企业绿色创新动力相关概念

国内外学者对绿色创新进行了大量的研究，在理解绿色创新的意义上已基本达成共识。从公司、市场和机构三个角度开展对绿色创新驱动因素的研究，在一定程度上提升了绿色创新系统和模型的研究速度。但如果检索有关研究文献，相当一部分绿色创新相关研究仍停留在概念上，集中研究其特征、相关功能及系统的形成。一些学者对绿色创新系统和绿色创新模型进行尝试性研究，但尚未深入研究绿色创新系统和模型的核心问题，还有一些弊端和差距需要进一步探讨。关于绿色创新动力可以从不同视角进行定义，挖掘出不一样的理解。可以从以下角度对绿色创新动力进行理解。

（1）从绿色创新方面看。"绿色创新"的相关研究，最早是从西方开始兴起的，只是当时相关学者的研究普遍使用的是"可持续创新""环境创新"

"生态创新"等术语，但是其本质上都是对"绿色创新"的研究。绿色创新是进行创新活动的个人或者集体着重考虑生态因素，主要目的就是为实现人与自然资源的和谐相处。动力是一切力量的源泉。绿色创新动力是指创新主体具备进行生态创新活动的积极性，并且该种创新活动与环境可持续发展的要求一致。要使绿色创新活动顺利推进就必须关注绿色创新动力，因为绿色创新动力与绿色创新活动存在一定的关系，某种意义上，前者会影响后者。

（2）从系统动力方面看。中国将绿色与创新相关联的研究始于20世纪90年代。自从研究"绿色技术创新"以来，大多数学者一直在进行的是有关于绿色创新技术的发展与探索，并提出绿色技术创新是21世纪制造业发展的重要机遇和挑战。绿色创新的内容在不断丰富，不仅限于技术研究创新，更有绿色工艺和生产创新。21世纪，在国外研究的影响下，中国对绿色创新有了更全面的认识，绿色创新已成为创新体系的视角和创新范式。绿色概念不仅限于技术水平，还可以通过产品创新、技术创新、概念创新和制度创新等多种方式实现产品研发水平和企业经济效益的转变。甄志勇和毕克新（2011）定义了制造业的绿色创新，即制造企业不断创新以减少能耗和改善环境的过程。结合许多学者的研究，张钢、张小军（2014）总结了绿色创新的意义和特点，发现许多学者有不同的观点，但都强调了绿色创新的"创新"和"环境效益"属性。换句话说，在实现我们自己的可持续发展目标的过程中，产品设计、生产、包装和使用旨在改善环境质量和升级产品，考虑经济和环境利益的绩效进行创造性活动。而国外的早期研究可以追溯到"绿色发展"的概念，即可持续发展，它既满足现有需求，又考虑到子孙后代的满意度。绿色创新最初是在福斯勒和詹姆斯的著作《绿色创新驱动：创新与可持续发展的学科突破》（*Drivingco - Innovation: A Break Thorough Discipline for Innovation and Sustainability*）中提出的，该书着重强调了绿色创新在解释公司缺乏创新动力方面的作用，同时明确定义了绿色创新。外国学者也广泛地将此概念视为一种使企业实现增值并减少环境污染的工艺技术。从绿色创新参与者的角度来看，本研究认为，企业、政府、联盟、协会和家庭为实现生态可持续性而采取的创新改进的思想、技术和流程的行动可以称为绿色创新。进入21世纪，欧盟（ETAP）和经济合作与发展组织（OECD）在促进绿色创新发展方面发挥了作用。欧盟的环境技术行动计划旨在促进绿色技术产业的发展，经合组织已开始在《奥斯陆手册》中定义创新并衡量生态创新。2007年，日本政府工业技术政策委员会还将绿色创新定义为一个更加关注环境保护和人类发展的创新领域。所有这些都为学者们进一步研究和定义绿色创新奠定了社会基础。随着研究的深入，绿色创新被定义为避免环境破坏而采用的新产业、技术、系统和产品，是与对环境产生积极影响的绿色产品或过程相关的硬件或软件创新。

2.3 绿色创新能力相关概念

由于全球变暖以及自然环境的不断恶化，20世纪60年代国外学者就提出了绿色创新技术的概念。企业绿色创新技术主要是指以保护生态环境、节约资源、避免浪费从而减轻企业活动对自然生态的破坏为目的的技术。臧冲冲（2018）通过研究发现绿色创新具有两方面的溢出效应，其中一点就是对环境的影响。此外，他还认为绿色创新技术的研究开发更加需要政府扶持与鼓励。

根据现有文献来看，首先，企业绿色创新能力的形成基础为企业所拥有的绿色资源。通常来看，企业绿色资源的特征为有形、静态和外显，而企业绿色创新能力的特征则为无形、动态和潜在。所以，两者之间存在不可忽视的关系，即企业绿色资源是通过企业绿色创新能力的作用来实现丰富的，而企业绿色创新能力是通过企业绿色资源的使用，给客户带来满足感得以表现的。其次，企业的绿色能力能够帮助企业获得生态效益和绿色竞争优势。在企业中，通过运用绿色技术，推行清洁生产，节约资源和能源，减少有毒污水的产生，从而来缓解来自环境的压力（李广培、全佳敏，2015）。此外，企业绿色创新能力具有动态性。由于企业所处的外部环境变化莫测，企业需要不断获取新的绿色创新技能才能更好地适应外部环境的发展，要加强企业绿色知识的学习和使用，不断更新企业绿色创新能力，创造新的绿色技能。国内外学者基于绿色创新能力的研究，可以从绿色创新投入能力、绿色创新研发能力、绿色创新产出能力、绿色创新管理能力四个要素来理解绿色创新能力的概念。

（1）绿色创新投入能力是指企业为开发节能减排和环境友好型技术（绿色技术），而投入的创新资源的数量和质量反映了资源投入的水平。创新能力的强弱在很大程度上取决于创新所需各种资源的数量和质量。在同等条件下，企业绿色创新投入资源的数量和质量与其产出的比例和方向是一致的。绿色创新投入能力可以通过教育和培训投资支出水平、研发设备与固定资产的比率、研发人员的比率和绿色研发资金的比率来衡量。

（2）绿色创新研发能力是创新资源投入和配置的状态、效果以及企业利用现有资源解决问题的能力的体现。创新研发包括基础研究、应用研究和开发，企业开展的研究属于后两类。其中应用研究主要是针对特定实验目的的创造性研究；研究和开发包括生产和改进新材料、新产品、新工艺，在现有理论知识和实验结果的基础上，开发新的设备和系统。绿色创新研发能力可以通过绿色专利的拥有水平以及外部绿色创新合作水平和内部绿色创新整合程度来衡量。

（3）绿色创新产出能力是指通过开展绿色创新活动而获得的效果能力，是创新成果对企业经济效益和技术进步的贡献能力。它表示通过对创新能力的相关要素进行整合而获得的综合效果，是对绿色创新能力由潜在能力转化为现实能力的评价。绿色创新产出能力可从绿色产品比率、绿色产品利润率以及绿色创新内部循环效果等方面的指标来衡量。

（4）绿色创新管理能力是指企业在一定环境条件下对有限的资源进行整合与调配来达到企业绿色创新目标的能力，一般体现为创新机会挖掘、创新战略等，它代表了绿色创新的软环境。创新机会挖掘是指企业通过自身所拥有的信息渠道来了解创新机会并作出反应。创新战略是根据企业的经营目标，发现和评估创新机会，分析竞争对手和企业水平，选择创新方向和配置创新资源的过程。

基于以上对绿色创新能力的解读，本书将企业绿色创新能力理解为，企业为保护环境和节约资源而进行的创新活动的研发能力，主要从绿色创新投入和产出两个方面进行研究。

2.4 绿色创新效率相关研究现状

新时代发展理念"绿色创新"发展进入人们的视野，这是企业所追求的状态，高效率的绿色创新发展。但对于企业而言，仍是一个比较笼统的概念，学者们并没有一个统一的认识。

2.4.1 绿色创新效率国内研究现状

关于绿色创新效率研究，国内学者进行的研究较多，主要研究方向如下。

（1）研究方法方面。对于绿色创新需要采取一定的方法模型进行研究，杨瑾（2020）以长三角26个地级市为对象，认为绿色创新效率的大小，代表资源利用的高低，运用超效率DEA模型，测算绿色创新效率的高低对于企业发展的影响，并给出一定的建议；黄小敬等（2021）认为绿色创新有利于提供人类所需的资源与环境发展，带动经济增长，采用数据包络分析以及面板模型，分析我国各省份的创新质量，以及创新增长效率；周天凯（2020）通过关联网络DEA模型对绿色创新效率进行研究；白俊红和蒋伏心（2011）采用三阶段DEA方法对考虑环境因素的区域创新效率进行研究，研究表明，我国区域创新的效率较低，且其原因主要是由于规模效率不高所致；冯志军（2013）运用DEA–SBM方法建立工业企业绿色创新–效率测度的新模型，实现对中国区域工业企业绿色创新效率的评价；谢依玲（2020）运用Tobit模型实证检验环境规制、政府研发补贴及其政策交叉项对绿色创新效率的影响。

（2）研究视角方面。魏浩（2018）从产品的多样性与质量两个角度为切入点进行研究，表明在激烈的市场竞争中，通过提升知识产权保护力度，能有效地提升企业创新发展；刘明玉和袁宝龙（2018）从投入与产出的角度分析，认为绿色创新效率是衡量产出的最有效的数据支撑，通过减少不利产出或增加有利产出来提升创新效率；李晓阳等（2018）研究的是我国工业企业的绿色创新效率；魏小凤（2018）主要对高技术产业的绿色创新效率进行研究；郑涵茜（2019）的研究对象是长江经济带各省市；周方圆（2019）从国外技术竞争方面经过研究最终得出结论，引入国外技术会阻碍企业自身的绿色创新发展能力；余志林（2019）从技术创新方面进行研究，认为我国应以技术创新代替企业自主创新能力；昂昊（2019）从多个角度出发进行分析，指出对绿色创新效率具有正向作用的是政府资助、环境规制等，产业结构对绿色创新效率具有负向作用，企业规模不具有显著作用。

2.4.2 绿色创新效率国外研究现状

国外学者主要从创新主体的不同视角来探究绿色创新效率的影响因素，有如下几个方面：外部环境方面，特里古罗等（Triguero et al，2013）认为影响绿色创新效率的因素是市场供给；环境规制方面：桥本和羽田（Hashimoto & Haneda，2008）认为对绿色创新效率具有负向作用的是环境规制政策，对绿色创新效率具有正向作用的是政策支持。此外，托马斯（Thomas，2011）采用专利与研发经费比值、出版物与研发经费比值等指标测算了美国50个州的创新效率；纳西罗夫斯基和阿思勒斯（Nasierowski & Arcelus，2012）运用DEA对绿色创新效率进行测算，并就2005年和2010年的测算结果进行比较，分析创新过程中的创新投入和创新产出。

2.4.3 文献综述

通过上述回顾我们可以了解到，在测度不同区域或城市的绿色创新效率的过程中，由于主体的复杂性与动态性，所以需要采取拥有对投入产出指标值限制比较少的DEA类方法。

关于绿色创新效率研究对象，国内外学者主要侧重于对中国省域以及企业的研究，而缺少对某一固定区域各城市的研究，尤其是很少涉及对长三角城市的绿色创新研究。从影响因素来看，不同的因素对绿色创新效率存在不同的影响，综合上文，一部分影响因素对绿色创新效率起着积极正向的作用，一部分影响因素对绿色创新效率起着负向抑制的作用，还有一部分影响因素的作用并不显著。随着国家对长三角城市一体化发展政策的落实，以及当前的社会发展、生态环境和政府对长三角区域的重要定位，正是在这种背景下，本书对长三角城市绿色创新效率研究显得格外重要和紧迫。

2.5 绿色创新动力相关研究现状

2.5.1 绿色创新动力国内研究现状

综观国内研究文献，学术界对绿色创新动机进行大量研究，但研究的视角并不丰富。现有的相关理论研究大多只分析了绿色创新的一个或几个影响因素，并没有得出相对统一的结论和方法。他们的观点大致可以分为以下几类。

第一种观点，持有该观点的学者王辉龙、洪银兴（2017），贾颖颖（2017）主要从涉及的影响主体的角度出发，将各个影响因素区分为市场主体、组织主体和政府主体三大类，从而针对各个不同主体下的具体推动因素进行进一步阐述和研究，以分析得出各推动因素与企业绿色创新之间关系的正负和强弱。王辉龙、洪银兴（2017）认为"市场+政府+技术"构成了创新发展与绿色发展融合的动力机制组合。其中，以市场为主体的影响要素主要包括市场空间、市场势力、市场结构，这些要素的重构与改变推进企业绿色创新；以政府为主体的影响要素包括考核机制、监管机制、红线管理、政府政策等；以组织为主体的影响要素主要体现在技术方面，例如"补偿性"技术转移机制、"互联网＋"和人工智能带来的连锁性创新等都正向影响企业的绿色创新水平。贾颖颖（2017）从市场拉动、环境规制及技术推动三个维度来研究区域绿色创新系统协调发展水平的驱动因素，其中，技术推动因素是绿色创新的根本动因，市场需求和市场开放程度对绿色创新有拉动作用，不同环境规制类型对创新系统的驱动效果存在不同。

第二种观点，持有该观点的学者李中娟（2018）、胡忠瑞（2006）、赵三珊等（2019）、张钢等（2013）主要将影响企业进行绿色创新的因素划分为内部驱动因素和外部驱动因素两大类，然后对不同的影响因素产生的原因、效果进行分析。胡忠瑞（2006）认为企业绿色创新动力要素主要分为内部和外部两大类，外部动力要素包括市场需求、市场竞争与合作、科技发展、政府政策行为，内部动力要素包括企业目标驱动力、创新精神、内部激励机制、企业文化、企业创新能力。外部动力因素只有通过诱导、唤起、驱动从而转化成内部动力因素。张钢等（2012）认为影响企业绿色创新的关键因素有冗余资源和利益相关者压力，并将冗余资源（包括已吸收资源和未吸收资源）视为内部情境变量，将利益相关者（包括企业治理利益相关者、内部经济利益相关者、外部社会利益相关者、外部经济利益相关者）视为外部情境变量，除此之外，还创造性地提出前置变量，即预期经济收益。李中娟（2018）则把市场导向作为外部影响因素，把组织冗余和管理者环境关注作为主要研究的内部影响因素。赵三珊等（2019）主要针对我国能源企业的绿色创新进行研究，认为能源企业持续创新的外源推动力要素包括国家政策法规环境、区域城市以及经济发展需要、市场及用户需求、能源相关科技发展情况四个方面；持续创新的内源动力要素主要包括企业持续价值驱动、企业领导者创新意愿、创新体系制度、激励机制、持续创新文化以及持续创新资源保障等。

第三种观点，一部分学者，如刘军等（2020）、李行（2017）、杨震宁等（2015）、金露露等（2019）、李晨瑞（2020）通过各种研究方法来获取影响企业进行绿色创新的因素，研究统计结果表明空间集聚效应对区域企业进行绿色创新效果影响显著，而且企业之间的产业协同也会对绿色创新产生一定的影响。刘军等（2020）通过实证检验得出结论：产业协同集聚显著促进区域绿色创新，不管是单一产业还是关联产业的集聚都会对绿色创新产生正向促进作用，同时产业协同集聚对区域绿色创新的影响具有区域异质性。李行（2017）通过大样本问卷调查，利用 SPSS 和 AMOS 软件对样本进行研究，结果表明制造企业与供应商间的绿色协同有利于制造企业的绿色创新。杨震宁等（2015）利用国内 8 个科技园内 457 家高技术企业的问卷调查数据，对科技园的"温床效应""围城效应"进行实证检验，研究发现科技园的"温床效应"和"围城效应"并存而且其对创新的主效应作用明显。除了产业协同或集聚外，一些学者的研究也表明区域协同也同样对企业绿色创新有显著影响。金露露等（2019）运用动态空间面板模型对区域一体化是否能促进城市绿色创新水平进行实证检验，研究结论显示长三角区域一体化对城市绿色创新水平的提升具有正向影响。李晨瑞（2020）证明长三角有明显的空间集聚特征，城市间利用外资情况差异、高校在校人数差异、通信技术水平差异等因素对长三角城市群绿色创新关联网络具有显著的影响。

此外，杨朝均、呼若青等（2018）提出在开放经济下我国绿色企业的绿色创新动力机制存在动态变化，研究结果表明：开放经济下企业绿色创新动力传导机制存在复杂动态变化特性，外商直接投资、对外直接投资、进出口贸易对我国企业绿色创新的技术推动力、市场拉动力和环境管制推动力都具有积极的促进作用。就创新前提与创新结果方面来说，吕君等（2019）将绿色创新意愿作为研究核心范畴，根据感知—态度—意愿的主线进行研究；王伟和张卓（2019）从演化博弈角度出发，研究企业与政府间的行为互动过程，特别是绿色创新战略与企业的创新成功可能性的相关程度；王焕冉（2015）从主客观方面和内外部方面考虑，详细地将影响因素分为主观驱动因素、客观驱动因素、外部驱动因素、内部驱动因素和外部调节因素这五种，研究得出企业家创新意愿、技术能力、市场因素、资源承诺、政府政策与行为是节能环保企业绿色创新的关键影响因素，同时创造性地分析各个关键影响因素之间的相互关联、相互作用。

2.5.2 绿色创新动力国外研究现状

由于国外学者的专业不尽相同，从而出现了从各种角度对企业的绿色创新动力影响因素进行的研究。

有学者从企业内部的角度，即从企业自身的角度，分析哪些因素可以促进企业的绿色创新。曼奇尼和韦佐利（Manzini & Vezzoli，2003）认为企业创建产品服务系统（PSS）能够有效促进企业的绿色创新水平。PSS的可持续性潜力是在新型利益相关者关系框架中进行的描述，从而产生新的经济利益融合，实现潜在的系统资源优化。他们建议将业务重点从设计（和销售）实体产品转移到设计（和销售）能够共同满足特定客户需求的产品和服务系统，同时重新定位当前生产和消费实践中不可持续的趋势。该文介绍了 PSS 的一些例子，并探讨了"为产品生命周期提供附加价值的服务""为客户提供最终结果的服务""为客户提供使能平台的服务"等一些 PSS 类别的使用。梅尔维尔（Melville，2010）认为制定一个环境可持续性信息系统能够有助于企业的绿色创新，论述了信息系统在塑造关于环境的信念、促进和改变组织中的可持续过程和实践，以及改善环境和经济绩效方面所能发挥的关键作用。布恩斯等（Boons et al，2013）从商业模式的视角来研究可持续绿色创新，结果表明企业为了给市场带来可持续创新需要结合一个价值主张，上游和下游价值链的组织和金融模型。马尔奇（Marchi，2012）用西班牙制造业社区创新调查（PITEC）的数据，研究表明，环境创新企业与外部合作伙伴的创新合作程度高于其他创新企业。此外，与供应商、KIBS 和各大学的合作会比与其他创新者合作具有更高的关联性，而与客户的合作似乎并不具有不同的重要性。最后，研究结果表明合作活动与内部研发努力之间存在替代效应。

另一些学者从外部角度出发，认为企业的外部环境对企业的绿色创新行为具有重要影响。埃亚达等（Eiadat et al，2008）对国外的化工企业进行数据收集分析，研究表明企业进行绿色创新受到高层管理者对环境的关注、环境法规以及利益相关者的压力等因素的影响。

此外，还有一些学者从多角度对企业绿色创新的影响因素进行分析，既包括内部因素也包括外部因素。梅代罗斯等（Medeiros et al，2014）认为环境可持续产品创新的成功因素主要有四个：市场、法律法规知识；跨职能协作；创新型学习；研发投资。阿杜伊尼和切萨罗尼（Arduini & Cesaroni，2002）依据企业案例，分析发现环境规制对企业的技术创新动力有抑制作用。

2.5.3　文献综述

关于绿色创新动力国内外学者已进行较多的研究。国内外学者对于绿色创新动力的相关研究主要是以企业为主体，从多个角度对影响绿色创新的动力进行研究。

首先，本书通过全面综合主题相关文献，总结现有研究的特性、优点及不足。研究发现目前关于绿色创新动力的科研还不够，因此尚未形成有效的基础研究框架。在研究其固有的影响机理时，难以科学系统地评估和精准把握绿色创新的具体体制。其次，从数字的角度出发，对现有绿色创新系统和模型的研究很少，而且大多数研究主要是对现有创新系统和模型的定性研究，缺乏对绿色创新模型建立和运行机制的相关分析，也没有形成绿色创新模型的理论研究框架和分析体系的标准化。重点是对其模型的运行过程的研究相对比较少，现有研究主要侧重于建立绿色创新技术模型，缺乏对绿色创新相关模式的选择的探索，也未见系统化的创新性模型与现有创新模型的最优组合。最后，从研究对象的挑选方面，现有的研究都是从企业总体大类方面进行绿色创新动力研究，以区域为对象来进行研究的较少，且缺少对长三角这类地区的绿色创新动力的研究。因此，本书的研究具有其必要性。

2.6 绿色创新能力相关研究现状

2.6.1 绿色创新能力国内研究现状

综观国内相关研究，对绿色创新能力的研究，主要从以下几个角度进行。

一些学者对网络能力与企业绿色创新能力两者之间关系进行相关研究。周礼和金晨晨（2020）在企业关于资源和能力的观念下，以吸收能力为中间变量，探究网络嵌入对企业绿色创新的影响与作用机制；钟丛升（2018）围绕同一类型的企业来探讨网络能力与创新绩效之间的关系；刘方润亚（2020）为了研究网络能力对企业创新的影响，探索其中介和调节作用，采用多种方法分析网络能力对企业创新的影响及其机制；孙颖等（2020）主要针对服务型企业展开调查，然后采取实证分析的方法，从组织学习的角度研究企业网络能力与服务创新能力的关系；詹绍文和王旭（2020）通过发放调查问卷，利用结构方程模型，将收集到的数据进行详细分析，从而来探究组织学习能力与企业创新能力的关系，研究表明组织学习正向影响企业创新能力，并且起到局部的中介作用。

另一些学者将企业创新能力与政府补贴联系到一起进行相关研究。马慧峰等（2020）以31个省级行政区的动态面板数据为基础进行研究，通过检验政府补贴对我国各省工业企业的绿色创新能力的影响，再研究不同企业接受政府补贴时，其绿色创新能力将如何变化。根据模型回归结果，企业绿色创新投入的提升在很大程度上是因为政府补贴增加。刘思琦（2020）通过对某一行业的研究，实证检验出对于医药制造业企业而言，政府补贴资金的增加，企业的绿色创新能力也会相应地改善。李爽（2007）通过建立模型，测量了我国100家上市公司的技术创新效率，研究发现接受政府补贴的100家上市公司的创新技术水平处于较低水平，所得结论为政府补贴与企业绿色创新产出并没有直接关系。张彩江、陈璐（2016）以珠三角上市公司的数据为基础，研究结果显示政府补贴不能有效地促进企业创新的产出。胡志军（2018）的研究结果也是政府补贴对企业创新产出作用并不明显。

另外，关于绿色创新能力还存在很多研究。例如：华振（2011）构建了绿色创新绩效评价指标体系，利用因子分析法研究2009年中国30个省级行政区的绿色创新绩效并运用Malmquist生产率指数法，对2003—2009年中国30个省级行政区的绿色创新能力进行评价；苏越良等（2009）提出企业绿色持续创新能力评价指标体系，建立了基于粒子群优化BP神经网络的评价模型，并将其应用到企业绿色持续创新评价研究中。

2.6.2 绿色创新能力国外研究现状

国外学者的研究层出不穷，有关绿色创新能力的相关研究假设都有一定的借鉴意义，下述学者通过政府补贴和网络能力等方面来对企业的绿色创新能力影响进行分析，其中相关理论如下。

（1）在网络能力方面。特辛（Tehseen，2018）采用偏最小二乘结构方程模型（PLS-SEM）对收集的数据进行分析，并进行多组分析来对假设进行检验。研究发现，网络能力对中国企业家的四种企业绩效均有正向影响；阿科斯塔等（Acosta et al，2018）在论文中利用PLS-SEM分析网络能力对中小企业国际绩效的影响。研究发现，网络能力和国际创业方向对企业的国际绩效有正向影响。

（2）在政府补贴方面。莱文等（Levin et al, 1984）通过建立研发强度变量，得出政府补贴对企业创新投入的作用机制，即政府补贴资金每增加 1 美元，相应创新投入就会平均增加 0.74 美元。卡普隆等（Capron et al, 1997）以 7 个 OCED 成员企业为研究对象，考察政府补贴是否会对企业的创新投入产生影响，研究结果表明，政府补贴有效地刺激了企业创新投入；拉赫（Lach，2010）以以色列百家企业为研究对象，发现政府补贴与企业创新投入呈正相关关系。

2.6.3 文献综述

综合上述关于绿色创新能力的研究来看，现有成果多集中于网络能力和政府补贴方面。

关于政府补贴对企业绿色创新能力的影响的结论基本可以分为两种观点，一种是政府补贴对绿色创新能力起促进作用，另一种是政府补贴对绿色创新能力的影响存在挤出效应。也有的学者将企业分为不同类型和不同发展阶段。这些研究存在一些共同的问题：第一，研究方法比较单一，大部分学者采用的方法都是实证研究，基本没有采用其他方法；第二，对于绿色创新能力的研究单薄且研究对象单一，即仅研究新能源汽车行业，或者是医药制造业，并没有对企业按照行业分情况进行研究，或者是针对多个行业进行研究，研究体系不完善；第三，没有考虑政府补贴种类的多样性，简单地将政府补贴概括为一类进行分析，但是政府不同类型的补贴可能对企业绿色创新能力产生不同的影响。

网络能力方面，大多数研究课题证明网络能力和组织学习能力都在一定程度上对企业绿色创新有影响。近几年的文献显示，学者们对企业网络能力给予高度重视，这也为本书的研究课题提供了更高的理论基础。然而，现有的研究还存在许多不足。一是学者们对企业网络能力的概念众说纷纭，且对其影响因素的归纳不是很清楚。根据以往文献对网络能力概念的界定，学者未能将企业自身的资源基础与网络理论很好地结合，也不能很好地反映出资源与网络能力之间的互生关系。二是对网络能力影响因素的研究的摸索不够深入。大多数文献在研究网络能力对企业绿色创新能力的影响忽视了二者之间可以通过中介变量的变化而产生影响的作用路径。在对待组织学习能力方面，过往研究很少以其作为中介变量，没有形成系统化，对其测度比较模糊。组织学习能力对网络能力和企业绿色创新所带来的影响在实证分析中显得不足，三者之间的理论模型还不够完善。因此，在之后的研究中，需要将三者的关系模型准确地表示出来。并需要根据具体的数据分析，从组织学习能力这一视角，研究网络能力对企业绿色创新的影响与作用机制。

2.7 相关理论

2.7.1 创新经济学理论

创新理念最早是由经济学家熊彼特（Schumpete）提出来的，他的理论的独特之处就在于他将创新与经济学联系起来。他认为创新理论有如下内容：一是创新是需要不断发展的，没有一成不变的创新，也没有永恒的创新，创新只有在不断发展变化的过程中才能实现其本质内涵。二是创新是企业家能力和生产要素的组合，光有能力是不够的，光有生产要素也是不够的，需要将能力与生产要素结合起来，并实现能力与生产要素的最佳配对才能产生创新。三是创新是不同对象相互竞争产生的结果，只有竞争才会进步，也只有竞争才能创新，因此对企业来说，适当的竞争显得格外重要。

熊彼特将创新与经济学理论联系起来，提出创新经济学理论，他将企业与创新结合起来，探讨如何提高企业的能力，如何合理配置企业的生产要素，从而使得企业通过创新不断发展壮大，成为优秀的企业。这一点后人也在继续探讨，众多学者在熊彼特的基础上进行研究，不断地扩展企业与创新之间的关系，让创新不断地为经济增长服务。

之后，西方技术创新理论又逐渐演化成了四大理论学派：新古典学派认为技术在经济快速增长中起决定性作用。新熊彼特学派认为技术创新在经济发展中的决定性作用，又创新性地研究了市场规模与结构等因素对技术创新的影响。制度创新学派认为技术创新是制度创新的结果，同时技术创新又反过来成为制度创新的有力来源。国家创新学派在对创新进行研究时，将整个国家作为一个研究系统，一系列的创新主体相互作用，使得新的、有经济价值的知识生产、扩散并被运用，最终提升整个国家的创新水平。

2.7.2 绿色技术创新理论

目前，影响企业发展的最大问题是高消耗、高污染、高排放，为了解决这些问题，绿色创新理论就出现了。企业的绿色竞争力得到进一步完善成了绿色创新理论的重要目标，从某种意义上看，绿色竞争力与企业的长久发展是不可分割的。作为一个较为成熟的理论，绿色创新理论吸收了其他理论的长处，它蕴涵着生态效益，就是对保护环境有很强的意识，能够将企业对环境产生危害的活动进一步减少；它也包含技术效益，也就是采用新技术减少对资源的消耗，并且加大对资源的利用率；社会效益，是指企业在发展过程中对社会产生的影响，要扩大正向影响，减少负向影响。

2.7.3 可持续发展理论

可持续发展理论就是在不损害子孙后代利益的前提下进行发展，形成可持续循环发展的状态。随着工业革命的爆发、科学技术的充分发展，各国的经济发展水平不断提高，随之而来的是地球资源的滥用，导致生态环境情况急剧恶化。越来越多的人开始重视到良好的生态环境的重要性，资源是自然的馈赠，如果总是无节制地使用大自然的资源，最终会引起资源的匮乏，让我们的子孙后代无法在地球上生存。因此可持续发展理论要求当代人合理地利用资源，保护好生态环境，让地球具备充足的时间进行资源再生，造福后代。

我们要在保护生态环境的前提下追求发展，以满足当代人的需求。可持续发展理论要求当代人绿色创新发展，创新产生新的产品或技术，新的产品或技术带来一定的社会经济价值，但这种创新要对生态环境无污染或污染较少。

2.7.4 资源基础理论

资源基础理论（Resoure-Based View）研究的框架体系为"资源-战略-绩效"。该理论把企业看成有形和无形资源的集合体，认为影响公司竞争力的资源是一些稀缺和不可替代的资源。高管绿色创新决策和企业绿色创新资源都会对企业绿色创新能力产生影响。绿色创新活动中，在资源方面，知识是至关重要的。企业可以很大程度上改善企业资源方面存在的短板，进一步为企业的绿色创新活动增加丰富的资源要素。

为了更容易获取发达国家的人力、知识、先进设备等方面的资源，企业往往会选择跨国并购，同时雇用新的专业技术人才。在资源整合较好时，拥有不同文化背景的人才能大大激发创新活力，这将成为企业特有的优势。所以，研究高管背景特征与企业绿色创新能力的关系时，资源基础理论可以为本章提供理论上的支撑。

2.7.5 高层阶梯理论

高层阶梯理论的观点在企业的内外部有着极其复杂的因素，管理者想要充分了解这些因素具有很大的难度。如果这些因素成功进入管理者的观测范围内，管理者也只能进行针对性的观察。所以，管理者的认知结构和价值观在此过程中有着不可替代的作用。用另一种方式来看，管理者特质影响企业的战略选择。此外，高层管理团队的各类心理结构对战略决策过程起着十分重要的作用，例如认知能力、感知能力和价值观等。但是，如今的研究很难把握住这些心理结构，并且团队的人口背景特征与管理者的认知能力及价值观有很大联系，年龄、职业、任期等都属于人口背景特征。在此基础上，高层管理团队与企业绩效的关系可通过人口背景特征进行研究。

高层阶梯理论的内容是：企业决策层要按照实际情况构建高层管理团队，管理者的背景特征有着明显不同，表示管理者在感知能力和价值观上存在差异，这些因素会间接影响到相关决策。

2.7.6 组织学习理论

(1) 组织学习能力。

早期国外学者基于管理学的视角来定义了组织学习：有成效地体现、说明和分析整理企业组织内部的各种相关信息，从而来对企业所接触到的板块进行优化升级的过程。后来经过不同学者的研究，对组织学习能力的定义愈发详细。国内也有不少学者对组织学习能力做出了自己的见解。高传贵等（2018）认为组织学习能力是企业组织内部需要不断追求和创造的一种浓郁的学习氛围，这样可以促使企业员工具有发散性和创新性的思维，从而来推动组织不断前进，增强企业的绿色创新能力。

通过归纳不同学者对组织学习能力的定义，笔者发现其包含了企业中的每个个体以及组织整体，也涉及企业的文化、结构、环境和创新等方面。综上来看，本章对组织学习能力的定位为企业为了快速有效地适应当下这个市场环境，提高自身地网络能力，从而对企业绿色创新有一定的正向影响，保持企业核心竞争力，让组织成员和组织本身对资源或知识的获取、整理、归纳、吸收、传达和创造的能力。

(2) 组织学习能力的测量和体现。

大多数学者所承认的一种观点，是组织学习能力有两种非常重要体现：利用式学习能力和探索式学习能力。

最早承认这种观点的学者是马区（March），他在研究中指出，探索式学习能力主要的特征是试探、寻求、摸索、弹性以及接受风险的可能性，利用式学习能力的主要特征是组合、汲取、改良和实践。可以看出二者在自身的特征基础上，都有一种追求创新的过程，而企业在拥有学习氛围的状况下会选择追求这两种能力。所以，本研究计划从这两个维度上去测量组织学习能力的大小，然后根据组织学习能力对网络能力的影响，探索网络能力对企业绿色创新能力的影响和作用机制。

2.7.7 企业网络理论

企业网络理论源于社会网络理论。因此，在讨论企业网络之前，我们需要了解社会网络理论。"社会网络"一词最早是在社会学领域提出的,用来描述社会中人与人之间的一切关系。社会网络理论逐渐受到学术界学者的重视,并被定义为一个系统的体系。

很多学者对于社会网络理论进行了研究,他们认为社会网络包含自我中心网络和整体网络。就如同两种网络字面意思,自我中心网络则是以某一个体为中心组建起来的网络,而整体网络则是对网络中的每个节点都有着同样的关注,其注重的是整个网络的协调。俞会新(2019)将社会网络定义为活动者以及他们之间相互联系的关系集合,包含个体和组织整体等社会团体。整个网络中的资源会通过每个网络节点进行传达,传递路径连接在一起就形成了网络联结。而企业网络的形成就是由于网络联结的联结主体不同,社会网络出现了不同的局势。

2.7.8 波特假说

传统经济学认为由于受到存在的环境规制的限制,企业不得不分配一定的人力和资本来进行污染防治和节能减排,这使得企业在技术和生产过程中投入的选择受到了局限,进而影响企业的收益,影响企业的盈利和竞争力。然而波特(Porter)等学者对这一观点表达了质疑。波特分别在1991年和1995年发表文章,通过理论与案例分析,他提出"适当"的环境规制会促使企业进行技术创新,先进的创新的技术不仅有利于降低对环境的污染和破坏,还能减少,甚至抵消企业为了遵守相关规制而产生的成本,进而提升企业的经济效益和市场竞争力,这就是著名的"波特假说"。除此之外,与传统经济学不同的是,波特认为人们需要从动态角度出发,来分析环境规制、技术创新和企业竞争力三者的关系,因为企业进行经济活动的内外部环境(如生产技术水平等)都是不断变化着的。

(1)费用成本效应。

波特指出,从短期来看环境规制的严格要求和标准可能迫使企业在治污节能方面投入较多的劳动力和资金等成本,这会导致企业在其他方面的投资受到影响,使企业的生产成本增加,甚至可能因资金链断裂而最终破产。

（2）创新补偿效应。

针对"费用成本效应"，波特强调企业的经营发展是一个动态变化的过程，并且应该从长期来看待这一问题。据此他认为长远来看，一方面环境规制促使企业加大对技术创新重视和投入，经过改进的新技术能够更好地实现资源的合理配置和生产效率的显著提高，进一步使企业盈利能力得到提升，并形成自身的竞争优势；另一方面，一些市场激励型环境规制，比如政府减污补贴等，能够帮助降低企业的成本，对企业有激励作用。

第三章 长三角城市绿色创新效率测度及影响因素分析

3.1 本章研究背景

改革开放以来，我国经济快速发展，日益强盛的国力和国际影响力使我国实现了历史性跨越。我国对全世界经济增长的贡献率已超过30%，日益成为世界经济增长的动力源泉，与此同时，经济的快速发展带来的资源环境生态问题已不能忽视。近年来，我国的经济发展水平虽然走在世界的前列，但增长的速度有所减缓，已开始进入经济新常态，绿色低碳循环发展成为经济社会高质量发展的重要支撑，因此我国需要继续坚持绿色发展，不断提升生态文明水平。绿色创新是绿色与创新的结合，随着绿色创新保障体系和政策支持体系的逐步完善，我国应该成为世界绿色创新的贡献者和领导者，显著提高自身的国际竞争力。

长三角工业化与城市化"双轮驱动"，发展之快、变化之大，被公认为是我国经济增长最具活力、科技引领作用最强、财富创造与集聚效应最大的区域之一。但与此同时，涉及人与自然、经济发展与资源供给、能源消耗与环境承载、发展与安全等一系列可持续发展的问题与挑战日益凸显。进入"十四五"时期，面向2035年，长三角区域要发挥创新资源丰富的优势，打造推进长三角可持续发展和绿色发展的创新平台，统筹一市三省"生产、生活与生态"协调发展，不断提升长三角城市绿色创新效率。

在绿色创新效率研究上，国内外学者主要侧重于对中国省域以及企业的研究，而缺少对某一固定区域各城市的研究，尤其是很少涉及对长三角城市绿色创新的研究。随着国家长三角城市一体化发展政策的落实，当前的社会发展、生态环境以及政府对长三角区域的重要定位，对长三角城市绿色创新效率进行研究显得格外重要。本章结合长三角城市的发展情况，确定评价长三角城市绿色创新效率的指标，构建指标评价体系，并通过 DEA 方法处理收集到的历年指标数据来测算长三角各城市的绿色创新效率值；针对长三角地区不同城市历年的绿色创新效率值的差异，为探究出其本质的影响因素，选择相关的影响因素并通过 Tobit 面板模型设定进行实证结果分析；最后，综合以上分析结论，提出提高长三角城市绿色创新效率的建议，以助力长三角城市在承接产业转移的过程中实现创新驱动和绿色发展。

3.2 研究设计与理论模型

3.2.1 绿色创新效率相关界定

3.2.1.1 绿色创新效率界定

绿色创新效率主要包含两个方面：一是研发过程中出现的新产品和新技术使得转化的新产品取得一定的销售收入而带来客观的经济效益；二是研发过程中出现的新产品和新技术带来的社会效益的出现，正因为这些符合生态发展的绿色创新技术出现，解决或缓解了一系列以环境污染为代表的生态问题。本章的绿色创新效率对绿色创新投入、绿色创新成果产出以及环境资源代价进行综合考虑，并以此定义绿色创新效率。

3.2.1.2 绿色创新效率的动力机制

长三角城市绿色创新效率机制，主要包括以下几个方面。

（1）经济发展：地区的经济发展对于城市绿色创新效率来说至关重要，当城市的经济发展水平较高时，该城市的各种资源就会同步增多，如人力资源、财力资源，等等。正是由于经济发展水平的提高，城市才会贡献更高比例的资源投入创新发展、人才吸收等方面，而这些资源又会带动经济的可持续发展，从而也会提高城市的绿色创新效率，这是一个良性循环的过程。长三角城市地处沿海，地理位置极其优越，因此经济发展水平总体偏高。正是经济发展的势头强劲，才能蓄力投身于城市绿色创新的建设和发展。

（2）环境规制：绿色创新概念中无论是绿色还是创新都追求良好的生态环境。因此环境规制对绿色创新来说至关重要。只有进行适当的环境规制，才能确保城市的绿色发展，因此要加大环境保护的力度，增加相关方面的投入，共同营造绿色发展的氛围。环境规制在某种程度上可以定义为环境规划和环境治理，环境规划表示在事前对发展情况进行预测，并采取绿色创新的方式进行处理，环境治理表示在事后对环境污染问题进行处理或对相关的企业进行惩罚以达到警示的作用。长三角一体化发展上升为国家战略，因此相应的环境规制政策也在逐步展开，等到相关的政策和措施落实到位就会更加有利于长三角城市的绿色创新发展。

（3）政府支持：国家政策的调整会对城市绿色创新发展产生重大的作用。当国家政策偏向于绿色发展后，各地政府就会实施相应的政策，为绿色创新项目投资提供补助。这种形式产生了两种不同的作用：第一是直接进行投资，扩大城市的绿色创新路径；第二是间接投资，以各种税收优惠最大程度地激励企业开展绿色创新的项目。两种作用都有利于城市绿色创新效率的提高。长三角地区目前的绿色创新发展处于起步阶段，如果政府通过资助长三角企业，搭建一些有利于绿色创新发展的平台，这对长三角城市提升绿色创新效率是具有重大意义的。正是因为大部分企业无法承受开展绿色创新所需要的巨大成本，所以才导致生态环境的破坏，如果政府在这方面给予适当的资助，这无疑是雪中送炭，能够激励更多的企业开展绿色创新活动或业务，从而提升企业的绿色创新能力。

（4）外商投资：外商投资在一定程度上可以表示城市的开放程度。改革开放以来，我国经济水平加速增长，不同区域的开放程度不同，如沿海地区拥有先天性的地理优势因而开放程度较高，而较偏远的地方因其交通不便或地理原因导致开放程度较低，由此引起的后果就是不同城市发展的不均衡，开放程度高的城市发展得更快，经济水平更高，开放程度低的城市，发展滞后。原因在于城市开放之后不仅会吸引外商进行投资,同时规模建厂也会带来规模就业以及新技术引进等优势。与此同时,也存在环境污染的巨大困扰,众所周知,发达国家乐于将重污染企业建于发展中国家,这样不仅可以获得廉价的劳动力,而且还可以使本国免于环境污染。

(5)产业结构:城市绿色产业的发展情况与其产业结构密切相关。考虑到产生环境污染的产业在第二产业中所占比例较高,为了探究城市绿色产业的发展情况,我们将城市第二产业增加值占城市国民经济总值的比值作为衡量产业结构的指标。第二产业的占比越少,就代表城市的环境污染越少,越有利于城市绿色产业的发展。产业内部的合理配置能够充分调动企业的积极性,同时也能激励更多的企业朝着良性循环发展。因此需要不断地优化产业结构,合理调配城市企业的各种资源,提升企业整体的绿色创新能力。

(6)企业效益:企业效益表示企业的盈利情况与品牌效应。理论上来说当企业的效益越高就有更多的资本和技术投入绿色创新发展当中,带来绿色创新能力的提升。但事实往往是不一定的,这是由企业的规模和市场环境所决定的,在通常情况下,只有规模较大的企业或者市场前景较好的企业,当它们投入更多的人力物力成本用于绿色创新发展当中,才能带来更高的企业效益,规模较小的企业或者市场限制较多的企业,即使投入更多的人力物力成本来发展绿色创新方面的产业,也难以达到预期的效果。因此,不能一概而论,认为企业效益的增长一定能引起企业绿色创新能力的提升。

3.2.2 绿色创新效率评价指标体系的建立

3.2.2.1 评价指标体系的构建目标

在测算绿色创新效率之前,评价指标体系是否能正确建立至关重要。如果体系的建立不科学、不合理,就会使得测度结果与实际情况出现偏差。为了对长三角城市绿色创新效率有一个客观真实的评价,本章从绿色和创新两个角度着手,在绿色创新效率内涵、绿色创新效率动力机制以及先前学者研究的基础上进行构建。本章的评价指标体系的构建目标主要包括以下两个方面。

（1）本章以期选取科学合理的评价指标体系，该评价指标体系能够客观科学地反映长三角城市绿色创新效率的历年发展变化以及不同城市绿色创新发展的差异性情况，同时为探究长三角城市绿色创新效率影响因素奠定基础。

（2）评价指标体系的构建要尽可能简洁。因为繁杂的评价指标体系不仅不会提高评价的科学性和准确性；相反，离群数据还会为绿色创新效率测度带来干扰，导致最终的测度偏离实际，因而无法得出正确的结论。

3.2.2.2　评价指标的选取原则

为了选择合适的指标，应遵循以下基本原则。

（1）系统性原则：指标存在于相应的逻辑之下，不能脱离整体去选择指标。在选择指标的过程中，需要考虑到整个系统，寻找最恰当的指标。指标体系的构建是分层的，从上到下，从宏观到微观，形成一个密不可分的评价体系。

（2）典型性原则：要保证评价指标具有一定的类型，尽可能准确地反映具体领域。即使减少指标数量，也要方便数据的计算，提高结果的可靠性。

（3）动态性原则：绿色创新效率的发展需要一定的时间尺度指标来反映。指标的选择应充分考虑长三角城市绿色创新效率动态变化的特点，并应捕捉几年的变化值。

（4）科学性原则：指标体系的框架设计和评价指标的选取应该客观真实地反映长三角城市绿色创新的特质。同时，选取的各指标之间的关系也需要有逻辑性。

（5）简明性原则：所有的指标都要适当，不能过于宽泛、过于详细，使指标过重、重叠；指标不应太少或太简单，以避免出现信息缺失、错误的情况。

（6）可量化原则：指标体系的构建必须服务于区域政策和科学管理。指标选取的测算方法应当统一。指示器应尽可能简单、清晰、微型且易于收集。指标应具有很强的实用性，在选择指标时应该考虑定量处理，以便于数学分析和数据处理。

3.2.2.3 评价指标的分析及选取

以评价指标体系的构建目标和构建原则为基础,对相关参考文献进行认真研读,综合绿色创新投入、绿色创新产出和环境资源的代价来评价长三角城市的绿色创新效率,以投入和产出的视角选取指标。

本章构建绿色创新效率评价指标体系,具体如表 3-1 所示。

表 3-1 绿色创新效率评价指标体系

指标类别	指标类型	指标特征	指标名称
投入指标	绿色类投入	反映绿色投入	单位 GDP 能耗
	创新类投入	反映创新投入（人力和资本）	R&D 人员全时当量、R&D 经费内部支出
产出指标	期望产出	反映创新产出（科技和经济）	专利授权量、地区 GDP
	非期望产出	反映绿色产出	废水、废气、废弃物排放量

（1）投入指标：参考前人研究文献便不难发现,一般将绿色和创新区分开来分别设置投入指标。从绿色型投入来看,采用单位 GDP 能耗为指标。从创新角度出发,主要涉及人力和资本这两个投入要素。人力投入选取 R&D（研究与试验）人员全时当量为指标,资本投入选取 R&D 经费内部支出为指标。研发人员的全时当量是国际上常用的比较劳动力投入的指标。R&D 人员全时当量指全日制研发人员工作量（全年研发活动累计工作时间占总工作时间的 90% 以上）与按实际工作时间折算的兼职人员工作量之和。研究开发经费的内部支出,应当与事业单位进行内部研究开发活动（包括基础研究）的实际支出相适应。包括用于研究和开发活动（主题）的直接支出,以及间接用于研究和开发活动的管理、服务、基础设施支出和加工外包支出。

（2）产出指标：绿色创新的产出指标主要包含两个部分,分别是期望产出和非期望产出。期望产出包括科学技术和经济水平。其中科学技术可以通过专利授权量来表示，因为看一个地区的科学技术是否先进，可以通过专利授权量反映。经济水平可以选取地区 GDP 作为指标。非期望产出是指在经济技术发展的过程中，所带来的环境生态的污染是难以避免的，我们将这种不好的输出称为非期望产出，并且选择三废的排放量为指标。

3.2.3　数据包络分析模型

3.2.3.1　模型原理

数据包络分析模型又称为 DEA 方法，传统的 DEA 方法表示的是一种线性约束的关系，首先需要设定变量，然后通过几个约束条件来限制变量，通过这些约束条件进行线性关系求解，最终得到变量的最优解以达到测算目的。同时，DEA 方法也是运筹学中的线性规划方法，即首先设置投入变量和产出变量，然后对投入指标和产出指标进行数据收集，最后分析处理数据得出投入与产出的效率值，以此评判一个企业或者一个单位是否有效率，若测算出的效率值等于 1 则表示该企业或者单位是相对有效率的，若测算出的效率值小于 1 则表示该企业是相对无效率的。因此可以用 0～1 内的数值表示该单位的效率值。该效率值的实际含义是相对较少的投入和相对较多的产出都会带来相对有效率。

因此我们利用数据包络分析模型测算长三角城市绿色创新效率，本章对绿色创新的投入和产出进行指标的选取，并收集 2010—2019 年的指标数据，利用 DEA 方法对数据进行处理，最终测算出各城市的效率值并进行时间维度和区域维度的比较。

3.2.3.2　模型构建

本章假定存在决策单元（DMU_j，$j=1,2,\cdots,n$），单个决策单元有 m 个输入量 X_j 和 s 个输出量 y_j，其中，$X_j=(X_{1j},X_{2j},\cdots,X_{3j})^T$，$y_j=(y_{1j},y_{2j},\cdots,y_{3j})^T$，$v=(v_1,v_2,\cdots,v_m)^T$ 定义为各输入量的占比，$u=(u_1,u_2,\cdots,u_s)^T$ 定义为各输出量的占比。所以可以得到如下的约束条件：

第三章 长三角城市绿色创新效率测度及影响因素分析

$$Max\, h_0 = \frac{\sum_{r=1}^{s} u_r y_{rj}}{\sum_{i=1}^{m} v_i x_{ij}}$$

$$\text{s.t.} \begin{cases} \frac{\sum_{r=1}^{s} u_r y_{rj}}{\sum_{i=1}^{m} v_i x_{ij}} \leqslant 1 & j=1,2,\cdots,n \\ u_r \geqslant 0,\ v_i \geqslant 0 & r=1,2,\cdots,s\ \ i=1,2\cdots,m \end{cases}$$

对偶形式为:

$$\text{Min}\ \theta$$

$$\text{s.t.} \begin{cases} -y_i + y\lambda \geqslant 0 \\ \theta x_i - x\lambda \geqslant 0 \\ \lambda \geqslant 0 \end{cases}$$

在公式中,θ 为决策变量的效率值。

本章需要测算的是长三角城市绿色创新效率,因此可以使用投入产出类型的CCR模型,要保持产出这个要素不变,各种约束条件得到投入的最优解,即投入最小化来测算效率。具体公式如下:

$$\text{Min}\ [\theta - \varepsilon\ (\hat{e}^T s_i^- + e^T s_i^+)]$$

$$\text{s.t.} \begin{cases} \sum_{j=1}^{n} \lambda_j x_{ij} + s_i^- = \theta x_{ij0} \\ \sum_{j=1}^{n} \lambda_j y_{rj} - s_r^+ = y_{ij0} \\ \lambda_j \geqslant,\ s_i^- \geqslant 0,\ s_r^+ \geqslant 0 \\ j=1,2,\cdots,n\ \ i=1,2,\cdots,m\ \ r=1,2,\cdots,s \end{cases}$$

在公式中,ε 定义为非阿基米德无穷小量,$\hat{e}^T = (1,1,\cdots,1) \in R^m$,$e^T = (1,1,\cdots,1) \in R^2$。在本章中 θ 为需要测算的长三角绿色创新效率值。

3.3 长三角城市绿色创新效率测算及分析

3.3.1 长三角城市绿色创新的投入现状分析

为了深入对比地区差异,本章将长三角26个城市划分为三省一市,并对这四个区域进行描述性统计分析。

3.3.1.1 绿色能源投入

绿色能源投入由单位 GDP 能耗指标表示，图 3-1 为 2010—2019 年长三角三省一市绿色能源投入的比较。从时间维度看，长三角各省市的单位 GDP 能耗值存在逐年递减的趋势，如安徽省从 2010 年的 1.075 吨标准煤/万元降到 2019 年的 0.449 吨标准煤/万元，江苏省从 2010 年的 0.803 吨标准煤/万元降到 2019 年的 0.230 吨标准煤/万元，这说明每个省市绿色能源投入的效率在逐年提高，相比较而言在同等产出的情况下消耗更少的能源。从绿色能源投入规模的区域对比来看，安徽省历年的单位 GDP 能耗均为最高；上海市、江苏省、浙江省历年的单位 GDP 能耗基本持平，但在近两年，江苏省的单位 GDP 能耗显著减少，与上海市和浙江省拉出差距，这表明江苏省近年来节能工作得到有效开展。

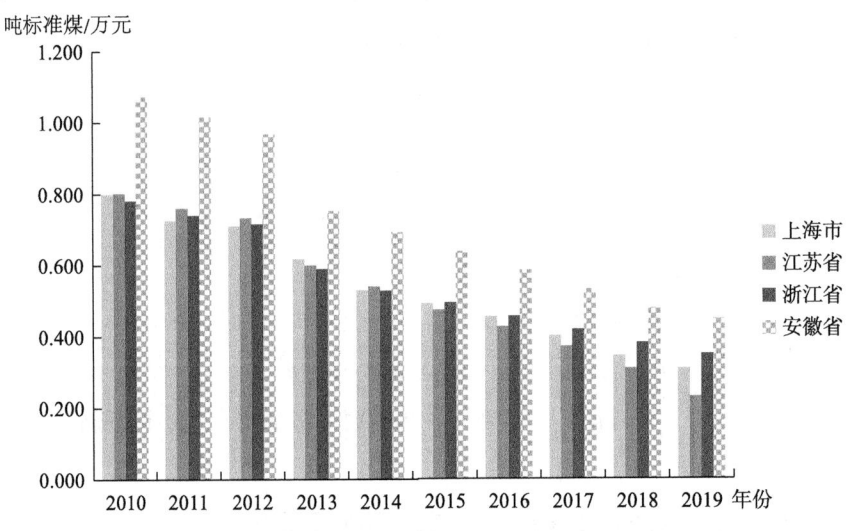

图 3-1 2010—2019 年长三角三省一市单位 GDP 能耗值

3.3.1.2 人力资源投入

将 R&D 人员全时当量作为人力资源投入的指标，根据历年数据绘图如图 3-2 所示。从人力资源投入的时间演变过程看，长三角三省一市 R&D 人员全时当量的绝对数量基本上呈现逐年稳定上升的态势，根据这一点可知，长三角各省市在时间维度上来说对人力资源的投入越来越多。从人力资源投入的区域对比来看，各地区差异明显，十年来，上海市和安徽省R&D人员全时当量较为稳定，而江苏省和浙江省的R&D人员全时当量快速增长且涨幅较大。

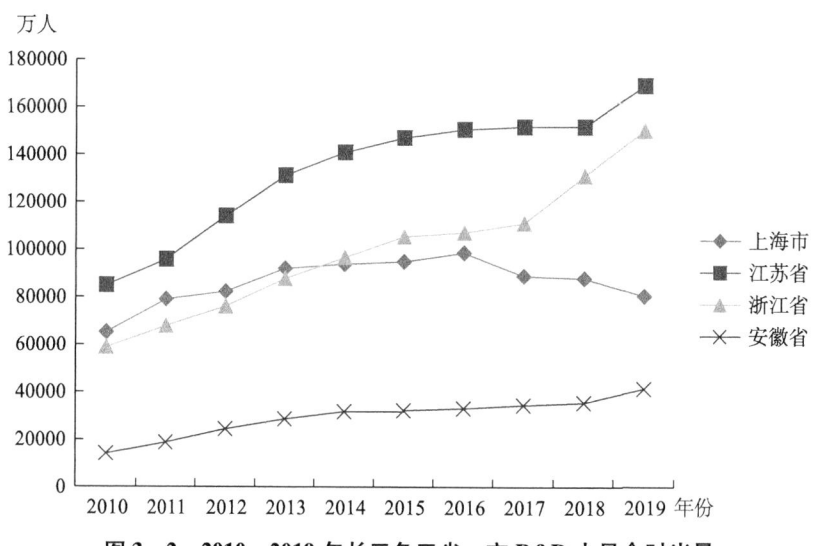

图3-2　2010—2019年长三角三省一市R&D人员全时当量

3.3.1.3　经费资源投入

经费资源投入由R&D经费内部支出指标表示，图3-3为2010—2019年长三角三省一市的经费资源投入情况。从时间维度上来看，2010年至2019年间长三角三省一市的R&D经费内部支出均呈现逐年稳定增长的趋势。长三角各省市对科技创新的投入力度越来越大这充分说明对绿色创新的重视程度在不断增长。从科技创新投入的区域对比来看，江苏省和上海市的R&D经费内部支出一直处于前列，而安徽省的R&D经费内部支出远少于其他地区，经费资源投入较少。

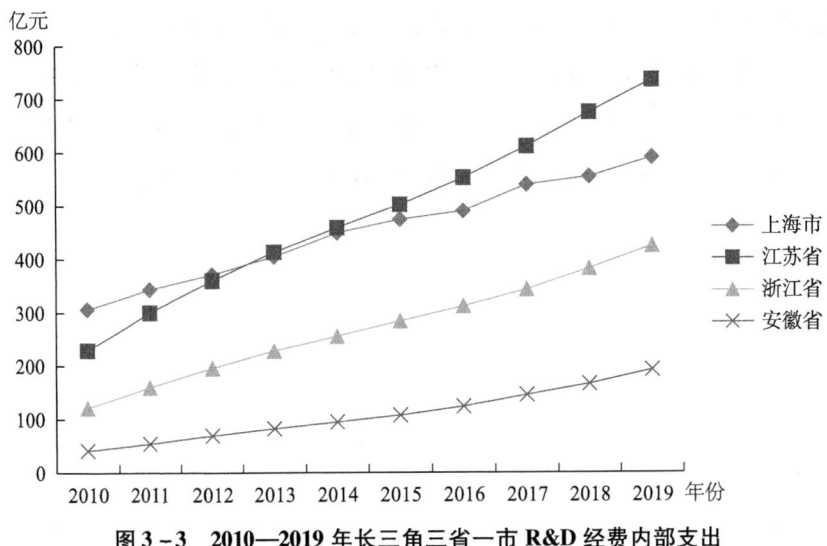

图 3-3　2010—2019 年长三角三省一市 R&D 经费内部支出

3.3.2　长三角城市绿色创新产出现状分析

3.3.2.1　期望产出

期望产出由国内专利申请授权量和地区 GDP 指标表示。图 3-4 表示 2010—2019 年长三角三省一市国内专利申请授权量。从时间维度上来看，2010 年至 2019 年长三角各省市国内专利申请授权量均呈现逐年稳定增长的趋势。长三角各省市国内专利申请授权量的逐年增加体现该地区创新发展现状，投入的资源和人力取得了不错的成绩。

由图 3-4 可知，从期望产出的区域对比来看，三省一市中，授权量占比最高的是江苏省，其次是浙江省。江苏省从 2010 年的 138382 项增加到 2019 年的 314395 项，增长 127.19%；浙江省从 2010 年的 114643 项增加到 2019 年的 285342 项，增长 148.90%；上海市从 2010 年的 48215 项增加到 2019 年的 100587 项，增长 108.62%；安徽省从 2010 年的 16012 项增加到 2019 年的 82524 项，增长 415.39%。安徽省增长率最高。

第三章 长三角城市绿色创新效率测度及影响因素分析

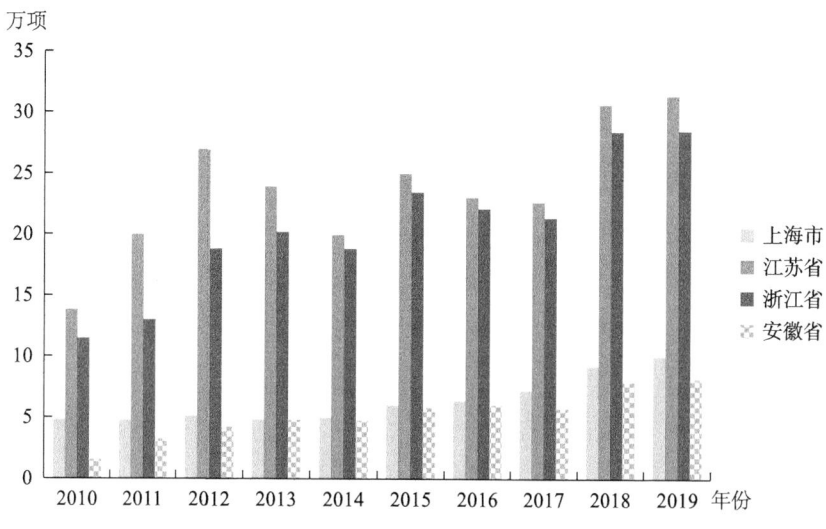

图3-4 2010—2019年长三角三省一市国内专利申请授权量

图3-5表示2010—2019年长三角三省一市的GDP。从时间维度上来看，2010—2019年长三角三省一市GDP均呈现逐年稳定增长的趋势。从区域对比来看，江苏省的GDP一直处于领先水平。

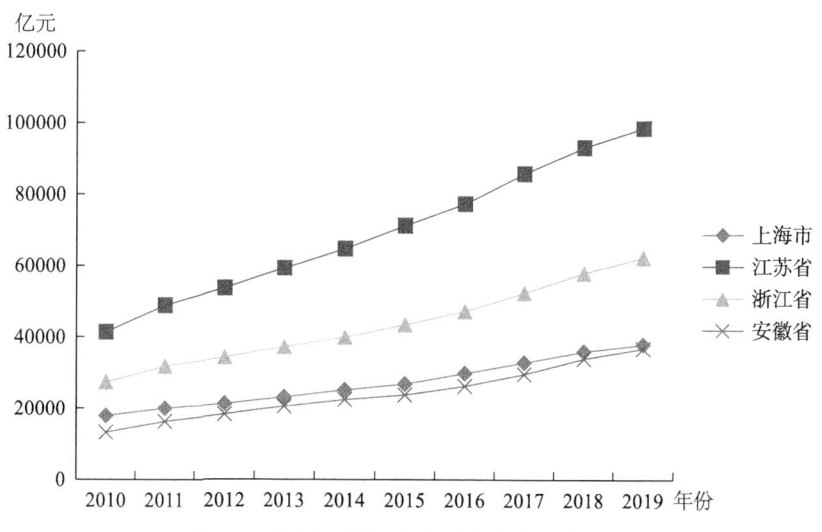

图3-5 2010—2019年长三角三省一市GDP

3.3.2.2 非期望产出

非期望产出由废水、废气、废弃物的排放量表示。本章以废水排放量为例,对长三角三省一市的污染物排放进行分析。图3-6为2010—2019年长三角三省一市废水排放量。从时间维度上来看,2010—2019年长三角三省一市的废水排放量均呈现先上升后下降的趋势,这表明在发展前期,城市为了经济发展以环境为代价,近年来,随着"绿水青山就是金山银山"的概念的普及以及各省市绿色意识的提高,废水排放量逐年减少。

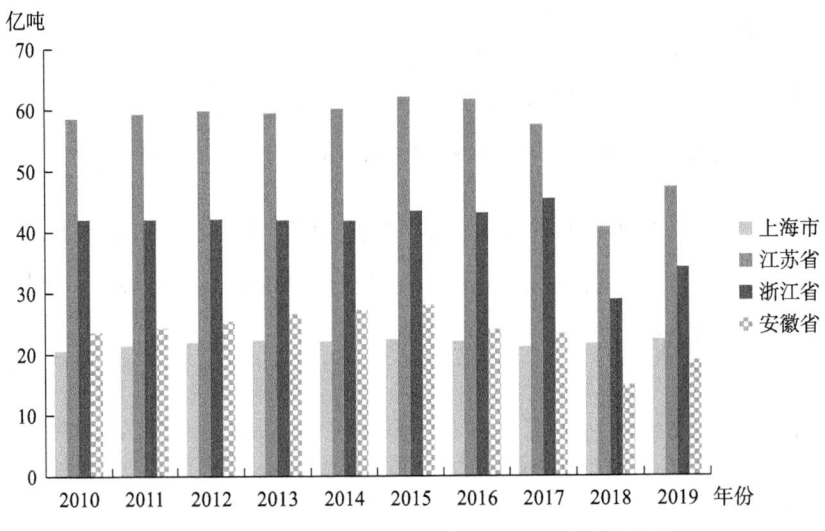

图3-6 2010—2019年长三角三省一市废水排放量

3.3.3 长三角城市绿色创新效率测算

3.3.3.1 绿色创新效率测算结果

根据前文构建的评价指标体系,本章选取六个指标进行测算。投入指标分别为反映绿色能源投入方面的单位GDP能耗,反映人力资源投入方面的R&D人员全时当量和反映经费资源投入方面的R&D内部经费支出。产出指标分别为反映科技创新方面的专利授权量,反映经济价值方面的地区GDP和反映绿色产出方面的废水、废气、废弃物的排放量。运用DEA方法处理投入产出指标的数据来测算长三角 26 个城市的绿色创新效率。2010—2019 年长三角城市绿色创新效率见表 3-2 所示。

表 3-2 2010—2019 年长三角 26 个城市绿色创新效率

城市	2010	2011	2012	2013	2014	2015	2016	2017	2018	2019	均值
上海市	1.000	1.000	1.000	0.999	1.000	1.000	1.000	1.000	1.000	1.000	1.000
南京市	0.974	0.820	0.835	0.846	0.825	0.839	0.927	0.891	1.000	1.000	0.896
无锡市	0.802	0.792	0.878	0.990	0.958	0.996	1.000	1.000	1.000	1.000	0.942
常州市	0.585	0.464	0.495	0.492	0.589	0.560	0.775	0.619	0.793	0.799	0.617
苏州市	1.000	1.000	1.000	1.000	1.000	1.000	1.000	1.000	1.000	1.000	1.000
南通市	1.000	1.000	1.000	1.000	1.000	1.000	1.000	1.000	1.000	1.000	1.000
盐城市	1.000	1.000	1.000	1.000	1.000	0.931	1.000	1.000	0.878	1.000	0.981
扬州市	0.599	0.646	0.709	0.747	0.823	0.826	0.967	0.908	0.792	0.865	0.788
镇江市	0.446	0.668	0.471	0.623	0.698	0.666	0.824	1.000	0.624	0.679	0.670
泰州市	0.976	1.000	1.000	0.965	1.000	0.941	1.000	0.787	0.900		0.957
杭州市	0.737	0.660	0.741	0.793	0.738	0.760	1.000	0.884	0.963	0.890	0.817
宁波市	0.661	0.732	0.959	1.000	1.000	1.000	1.000	0.899	0.835	0.890	0.898
嘉兴市	0.654	0.788	0.807	0.900	1.000	1.000	0.915	0.533	0.662	0.687	0.795
湖州市	0.528	0.585	0.604	0.660	0.850	0.872	1.000	0.600	0.742	0.780	0.722
绍兴市	1.000	1.000	1.000	0.715	0.770	0.947	1.000	0.989	1.000	1.000	0.942
金华市	1.000	1.000	1.000	1.000	1.000	1.000	0.753	0.821	0.920		0.949
舟山市	0.387	0.400	0.393	0.437	0.439	0.547	0.854	0.886	1.000	0.987	0.633
台州市	0.742	0.796	0.661	1.143	1.000	0.909	0.938	1.000	1.000		0.919
合肥市	0.990	1.000	1.000	1.000	1.000	1.000	1.000	1.000	1.000	1.000	0.999

续表

城市	2010	2011	2012	2013	2014	2015	2016	2017	2018	2019	均值
滁州市	0.548	0.608	1.000	1.000	1.000	1.000	1.000	1.000	1.000	1.000	0.916
马鞍山	0.532	0.545	0.297	0.456	0.361	0.415	0.327	0.448	0.465	0.500	0.435
芜湖市	0.999	1.000	1.000	1.000	1.000	1.000	1.000	1.000	1.000	1.000	1.000
宣城市	0.890	1.000	0.555	0.499	0.731	0.594	0.441	0.500	0.597	0.600	0.641
铜陵市	0.790	1.000	0.491	0.489	1.000	1.000	0.421	0.418	0.948	0.879	0.744
池州市	0.897	1.000	0.390	0.466	0.625	1.000	0.552	1.000	0.755	0.768	0.745
安庆市	0.321	0.340	0.349	0.456	1.000	1.000	1.000	0.707	0.685	0.698	0.656
均值	0.771	0.802	0.753	0.795	0.862	0.877	0.885	0.845	0.860	0.879	0.833

3.3.3.2 绿色创新效率结果分析

由表 3-2 可知，从时间维度来看，2010—2019 年长三角城市绿色创新效率整体上呈现上升的趋势，长三角效率均值从 2010 年的 0.771 增长到 2019 年的 0.879。其中 2016 年长三角城市绿色创新效率达到了近十年来的最高值，在这个时期内，全国各城市不仅重视经济的发展，而且重视环境生态的保护，所以在国家政策的影响下长三角在此期间不仅实现了经济的快速发展，同时也实现了生态环境的优化。

从区域维度来看，2010—2019 年上海市和江苏省各城市整体来说绿色创新效率比较稳定且效率值靠前，其中上海市、苏州市、南通市的绿色创新效率历年来均达到了 1.000。安徽省总体的绿色创新效率值的排名靠后，其中合肥市和芜湖市作为安徽省发展最好的两大城市，绿色创新效率值居高，远高于长三角绿色创新效率均值，但马鞍山、宣城市、铜陵市、池州市、安庆市的绿色创新效率均低于长三角均值，由此可见近年来安徽各城市的绿色创新发展情况并不理想。同时可以发现，因省会城市资源和人才的充分性，使得各省会城市的绿色创新效率值基本上都位于长三角城市前列。

综上所述，绿色创新效率不仅取决于该城市的经济发展成果，更取决于该城市的生态环境保护水平，绿色与创新是相辅相成的，正是绿色发展才能不断进行创新，正是不断创新才能带来绿色循环发展。由长三角城市绿色创新效率的时间维度的发展情况可知，国家政策对各城市绿色发展也起到关键性的作用，正是国家提出绿色创新发展，才能不断推动各城市落实执行，从而不断提高城市绿色创新效率。

3.4 长三角城市绿色创新效率影响因素探究

3.4.1 影响因素的选择及 Tobit 面板模型设定

3.4.1.1 影响因素的选择

城市的绿色创新效率与多种因素相关，如国家的政策、地区的经济发展状况以及地区的生态环境等。通过研读其他学者的文章，我们发现在过往的研究中也有不少学者探究过城市绿色创新效率的影响因素。

本章在以上学者研究的基础上选取以下影响因素进行探究，并通过运用 Tobit 模型进行实证结果分析，探究以下因素是否对城市绿色创新效率产生影响以及产生何种影响，选取的影响因素如下。

（1）经济发展情况。

地区经济发展对于城市绿色创新效率来说至关重要，前文在测算绿色创新效率的过程中，我们已经选取地区的 GDP 作为投入指标。但在影响因素的分析上，我们将城市的人均 GDP 作为衡量经济发展情况的指标。当城市的经济发展水平较高时，该城市的各种资源就会同步增多，如人力资源、财力资源，等等。正是由于经济发展水平的提高，城市才会贡献更高比例的资源投入创新发展、人才吸收等方面，而这些资源又会带动经济的可持续发展，从而也会提高城市的绿色创新效率，这是一个良性循环的过程。人均 GDP 指数预测回归系数为正，即人均 GDP 越高，经济发展情况越好，城市的绿色创新效率水平越高。

(2) 产业结构。

城市绿色产业发展情况与其产业结构密切相关。考虑到产生环境污染的产业在第二产业中占比较高，为了探究城市绿色产业的发展情况，我们将城市第二产业增加值占城市国民经济总值的比值作为衡量产业结构的指标。第二产业的占比越少，就代表城市的环境污染越少，越有利于城市绿色产业的发展。城市第二产业增加值占城市国民经济总值的比值指标预测产业结构与城市绿色创新效率呈负相关的关系，即产业结构越偏向第二产业（占比越高），城市的绿色创新效率水平就越低。

(3) 国家政策支持。

国家政策的调整会对城市绿色创新发展产生重大的作用。当国家政策偏向于绿色发展后，各地政府就会实施相应的政策，为绿色创新项目投资提供补助。这种形式产生了两种不同的作用：第一是直接进行投资，扩大城市的创新路径；第二是间接投资，通过各种税收优惠来激励企业开展绿色创新项目。两种作用都有利于城市绿色创新效率的提高。我们将政府对科技方面的支出占政府财政总支出的比值作为衡量国家政策支持的指标。政府对科技方面的支出占政府财政总支出的比值越高，城市绿色创新效率的水平越高。

(4) 环境规制。

绿色创新概念中无论是绿色还是创新都追求良好的生态环境。因此环境规制对绿色创新来说至关重要。只有进行适当的环境规制，才能确保城市的绿色发展，因此要加大环境保护的力度，增加相关方面的投入，共同营造绿色发展的氛围。环境规制在某种程度上可以定义为环境规划和环境治理，环境规划表示在事前对发展情况进行预测，并采取绿色创新的方式进行处理，环境治理表示在事后对环境污染问题进行处理或对相关的企业进行惩罚以达到警示的作用。我们将环境污染治理投资额作为衡量环境规制的指标，并预测环境规制与城市绿色创新效率呈正相关的关系，即城市环境污染治理投资额越高，城市绿色创新效率的水平越高。

(5) 城市开放程度。

改革开放以来,我国经济水平加速增长,不同区域的开放程度不同,如沿海地区拥有先天性的地理优势因而开放程度较高,而较偏远的地方因其交通不便或地理原因导致开放程度较低,由此引起的后果就是不同城市发展的不均衡,开放程度高的城市发展得更快,经济水平更高,开放程度低的城市,发展滞后,甚至面临贫困的严峻问题。这背后的本质是城市开放之后不仅会吸引外商进行投资,同时规模建厂也会带来规模就业以及引进新技术的益处。但与此同时,也存在环境污染的巨大困扰,众所周知,发达国家乐于将重污染企业建于发展中国家,这样不仅可以获得廉价的劳动力,还可以免于本国遭受环境污染。但从总体上看,城市开放程度高利大于弊。我们将外商投资额作为衡量城市开放程度的指标。本书预测城市的开放程度越高,城市绿色创新效率水平越高。

影响长三角城市绿色创新效率的因素以及衡量这些影响因素的指标及其对应的变量代码如表3-3所示。

表3-3 长三角城市绿色创新影响因素及衡量指标

影响因素	变量代码	衡量指标
经济发展情况	PGDP	人均GDP(万元)
产业结构	IS	第二产业增加值占地区生产总值的比(%)
国家政策支持	GS	政府科技支出占财政总支出的比例(%)
环境规制	EI	环境污染治理投资额(万元)
城市开放程度	UOD	实际使用外资金额(万美元)

3.4.1.2 Tobit面板模型设定

本节构建基于绿色创新投入产出的评价指标体系,并运用DEA模型对长三角城市的绿色创新效率进行测度。本研究的内容和结论检验了长三角城市之间绿色创新效率的差异,为进一步研究这些差异是如何产生的,进一步探索影响长三角城市绿色创新效率的因素,我们需要建立一个以绿色创新效率为因变量的模型。综合各种变量和限制条件的关系，最终选择 Tobit 回归模型。Tobit 回归模型又称为样本选择模型和受限因变量模型，是因变量满足一定约束条件的模型。

本章在上一节测算出了长三角城市绿色创新效率，将效率值作为因变量，假设绿色创新效率的影响因素作为自变量。在这个基础上利用长三角城市的面板数据进行 Tobit 回归模型分析，具体操作通过 state 软件执行，具体采用如下截取回归模型：

$$Y = \begin{cases} Y_i = \beta_0 + \beta^t X_i + \mu_i, & Y_i > 0 \\ 0, & Y_i < 0 \end{cases}$$

式中的变量表示不同的含义，i 表示不同的决策量；Y_i 则表示与 i 相对应的绿色创新效率值；X_i 表示选取的影响因素即自变量；β^t 表示未知的参数量，$\mu_i \sim N(0, \sigma^2)$，$i = 1, 2, 3, \cdots$

具体的 Tobit 面板回归模型公式为：

Tobit $GIE_{it} = \beta_0 + \beta_1 \ln PGDP + \beta_2 IS_{it} + \beta_4 PRE_{it} + \beta_5 \ln UOD_{it} + \beta_6 \ln TA_{it} + S_{it} + Er$

在上面的等式中，t 代表相应的年份；i 代表某一个长三角城市；GIE 表示上一章利用 DEA 模型测算出来的长三角城市绿色创新效率值；Er 表示随机误差。

3.4.2 实证结果分析

本章收集了长三角城市近十年来的统计数据，具体操作通过 state 软件执行，对所选取的五个影响长三角城市绿色创新效率的因素进行实证结果分析，通过分析可以看出这些因素是否对绿色创新效率产生影响以及产生何种影响。

实证结果分析如表 3-4 所示。

根据表 3-4 可以看出：产业结构、城市开放程度和环境规制对长三角城市绿色创新效率都有显著的影响，其中产业结构对城市绿色创新发展有负向的作用；经济发展情况和国家政策支持对城市绿色创新发展有正向的作用，但结果并不显著。

表 3-4 长三角城市绿色创新效率影响因素的 Tobit 回归结果

解释变量	变量代码	系数	标准误差	Z 统计量	P 值
经济发展情况	lnPGDP	0.0122	0.0837	2.8200	0.8851
产业结构	IS	-0.0182***	0.0048	-3.9600	0.0000
国家政策支持	GS	0.0234	0.0166	2.8500	0.1351
环境规制	EI	0.191**	0.0133	2.7980	0.0050
城市开放程度	lnTA	0.1027**	0.0342	3.1500	0.0030
常数项	23.02	-4.6356**	2.1183	-20.2800	0.0300
Wald chi2 (6)	652.66801				
Log likelihood	0.000				
Prob > chi2					

注：***, **, * 分别表示为在 1%、5%、10% 的水平下显著

（1）产业结构对城市绿色创新效率有显著的负向的作用。本章假设其他指标都没有发生任何变化，产业结构的指标比重每增加 1%，城市绿色创新的效率值将减少 1.8%。这是因为污染型的企业主要集中在第二产业，环境污染会带来各种问题，并通过直接或间接的方面降低长三角城市的绿色创新效率。为了提高城市的绿色创新效率，减少第二产业占总产业的比例值至关重要，只有如此才能营造良好的生态环境，减少因第二产业的企业运作而带来的大量污染。

（2）城市开放程度与城市绿色创新呈显著的正相关关系。在其他影响因素不变的情况下，城市开放程度的指标比重每增加 1%，城市绿色创新的效率值将增加 10.3%。这是因为城市的开放程度越高，便会有更多的外商进行投资，我们可以通过这些投资学习新技术，开发新产品，这不仅会带来地区 GDP 的提高，还会提高城市的创新能力。因此需要进一步提高开放水平，吸引更多的外商投资入股，进而提高城市绿色创新效率。

（3）环境规制与城市绿色创新效率呈显著的正相关关系。在其他影响因素不变的情况下，环境规制的指标比重每增加 1%，城市绿色创新的效率值将

增加 19.1%。这是因为环境规制的指标是环境污染治理投资额,当投资额越多时,表明城市的环境污染问题能够得到更好的解决,能够优化城市的生态环境来提高城市的绿色创新。因此需要提倡低碳环保,绿色出行,并针对环境污染问题提出相应的对策、落实相应的措施。

（4）经济发展情况和国家政策支持与城市绿色创新效率呈正向的相关关系,但是并不显著。经济发展情况是一个地区发展的基础,为了追求更好的发展,经济的作用不容小觑,但面板模型数据显示这种关系并不显著,这可能是由新时代经济发展的饱和度引起的,即经济发展情况只能在一定程度上提高城市的绿色创新效率,当经济发展水平达到一个临界值的时候,之后的作用就微乎其微。近年来,我国的经济发展迅猛,无论是一线城市还是偏远城市,经济都得到了巨大的发展,因此这种促进作用变得并不显著。国家政策对城市的绿色发展起到导向的作用,如长三角一体化战略已经上升为国家层面的政策。在颁布政策之后,会采取一系列相应的措施对长三角城市的发展给予支持,但是由面板模型数据可知,国家政策支持对城市绿色创新发展的作用并不显著,这种情况的出现其实本质上与经济发展情况是一致的。正是由于国家支持政策不断地颁布,但是地区吸纳的能力是有限的,即使是在国家大量投入的情况下,城市也只能慢慢吸纳与改变,而不可能快速改变。

3.5 本章研究结论与展望

3.5.1 研究结论

本章在先前学者研究的基础之上,结合长三角城市的发展情况,确定评价长三角城市绿色创新效率的指标,然后利用这些指标构建其评价体系,通过 DEA 方法处理收集到的历年指标数据来测算长三角各城市的绿色创新效率值;其次,针对长三角地区不同城市历年的绿色创新效率值存在差异,为探究出其本质的影响因素,通过建立 Tobit 面板模型进行处理。分析出以下三点结论。

(1) 对长三角城市进行绿色创新效率测度时，本章选择了投入和产出的指标，分析投入和产出的指标，各城市历年来投入和产出的指标值都是逐年增长的，即各城市的投入越来越多，产出也越来越多。但是横向比较不同的城市，上海市的投入和产出都是最多的，相对而言安徽省各市的投入和产出的指标值较少。不同城市的投入和产出的指标值还是具有一定差异的。

(2) 长三角26个城市绿色创新总体效率较高，2010—2019年年均效率达到0.833。从时间维度看，长三角城市绿色创新总体效率在不断地上升。从空间角度看，绿色创新效率值最高的是上海市，其次是江苏省各市，然后是浙江省各市，最后是安徽省各市。这说明在2010—2019年，长三角各城市的绿色创新效率都在增长，但是增长的幅度因城市的不同而有所差异。

(3) 利用Tobit模型对影响长三角城市绿色创新效率的因素进行研究，产业结构、城市开放程度和环境规制对长三角城市绿色创新效率都有显著的影响，其中产业结构对城市绿色创新发展有负向的作用，城市开放程度与城市绿色创新呈显著的正相关关系，环境规制与城市绿色创新效率呈显著的正相关关系。经济发展情况和国家政策支持对城市绿色创新发展有正向的作用，但结果并不显著。

3.5.2 政策建议

改革开放四十多年来，长三角地区以其鲜明的地区优势和独特的创新精神，为我国的可持续发展和改革开放做出了重要的贡献。随着长三角地区为了适应新的历史要求，需要持续、健康、稳定地发展，需要为国民经济发展提供引领和示范作用，这已成为新时代长三角需要面临的重要问题。因此，基于对长三角城市绿色创新效率的测算以及其影响因素的研究，本章总结了以下四条建议。

(1) 加大项目投资力度，实现基础设施一体化。

基础设施主要包括交通、机场、港口、桥梁、通信、节水、城市供水、排水、供气等，能源供应设施是为科教文卫事业提供无形产品和服务的设施，要统一规划长三角城市群的基础设施，特别是铁路、高速公路和通信设施，形成以高速公路为主的交通网络，尽快以长江沿线高速公路和水路为主体，加强城市间交通基础设施的通达性，实施交通运输体系一体化，创造高效的交通运输条件，为长三角城市群发展提供便利和安全保障，增加区域内的紧密联系，增强对长三角城市群发展的支撑能力，考虑联合投资重大基础设施项目，以加快基础设施整合。

（2）加快区域产业转型，实现区域经济国际化。

对于长三角来说，加快转型发展、促进产业转移、对接国际互联互通已成为共同主题，需要积极支持文化创意产业发展，发展具有国际竞争力的企业和品牌，构建现代产业体系；加强规划实施环节，进一步增强政治影响力，全面构建适合长三角发展的规划体系；进一步完善区域合作机制，增强区域合作活力，努力形成"政府主导、创业主体、社会参与"的长三角区域合作新模式。

（3）提高资源利用效率，实现经济发展可持续。

长三角经济快速增长面临区域环境质量下降的压力，资源环境瓶颈明显，整体发展面广，资源效率不高，人均耕地面积小，建设用地扩张十分有限；流动人口的迅速增加，进一步加剧了资源和环境的压力，表现为城市的各种环境污染，如区域性水污染、环境污染、空气污染和农用地污染等。提高资源和能源的利用效率迫在眉睫：在资源的有效利用方面，必须改进采矿技术，最大限度地提高采矿资源的利用效率；在城市建设过程中，以建筑、交通等领域为契机，把节能降耗的重点转移到交通、商业、民用等领域，引导终端合理需求，有效利用能源，切实落实我国可持续发展的长远规划方针。

（4）提高区域创新能力，增强区域经济竞争力。

创新是一个国家发展的灵魂，在改革开放和经济增长的中心地区，创新是第一位的，长三角在发展区域经济发展模式的过程中，应加强区域创新能力，增强区域竞争力。要注重以下几个方面：完善市场和经营管理机制、区域体制和区域经济体制创新，形成先进的市场观念和意识，尽快了解在经济全球化背景下如何按照国际规则运作，有效发挥中国体系重要区域创新和扩散中心的作用，吸收更多优秀的内外部技术人才和资金，进一步提高区域创新能力。

3.5.3 研究不足与展望

本章的研究不足主要包括以下几点。

(1) 本章研究的主要是长三角城市的绿色创新效率，通过时间维度的对比来研究长三角城市历年的绿色创新值的变化趋势以及变化幅度；通过区域维度的对比来研究长三角不同城市的绿色创新值的差异。但是在研究的过程中，本章只找到了几个影响因素进行实证结果分析，并没有深入地探讨长三角城市近十年来绿色创新值为何发生如此大的变化，也没有详细了解长三角各城市绿色创新值显著差异的来源。研究内容的不充分造成了本章的不足。

(2) 本章在选取指标时过于单一，如在考虑绿色能源投入的指标时，选取万元 GDP 能耗作为指标，但表示绿色能源投入的并不仅限于这一指标，还包括耗电量等。如在考虑人力资源投入的指标时，选取 R&D 人员全时当量作为指标，但表示人力资源投入的还可以是从事科技人员的数量等。指标选取的不全面造成了本章的不足。

(3) 本章研究长三角城市绿色创新效率时采用了对比的方法，将近十年来长三角不同城市的绿色创新效率值进行对比。但总得来说，对比的范围一直在长三角区域，并没有将长三角城市与国外城市进行分析比较，也没有将长三角城市与我国其他区域城市进行分析比较。比较范围的不全面造成了本章的不足。

长三角区域近年来无论是在经济发展能力还是在绿色创新能力上都处于快速增长的阶段，基本上每隔一年都会有较大的变化，其深层次的内涵也值得研究。因此在未来会有越来越多的学者乐于研究长三角城市的发展情况。但是未来的研究可能包括以下两个部分：一是在产业方面，长三角城市在绿色创新方面的产业可以与其他产业进行比较，不仅可以探究出它们之间的差异，还可以进一步探寻差异后面更深层次的原理，从而更好地发展长三角城市的绿色创新产业；二是在绿色创新能力方面，可以将长三角城市的绿色创新能力与国外城市或者国内其他城市进行深度地比较，找到长三角城市关于绿色创新的优劣处，并扬长避短，从而找到提高长三角城市绿色创新效率的方法。

第四章 知识产权保护背景下长三角企业绿色创新效率的研究

4.1 本章研究背景

随着资源日益紧张，环境形势严峻，以消耗原材料为主的粗放型发展模式必将走向终结。党的十九大报告指出"创新是引领发展的第一动力，是建设现代化经济体系的战略支撑"。我们在追求经济发展的同时，更要重视对于环境的保护，将重心放在绿色发展上。随着经济发展，知识产权保护越来越受到重视，也为企业绿色创新发展提供动力。本章主要研究的是长三角地区的工业企业，以此为例，虽然发展相对比其他省突出，但仍存在诸多问题：缺少自主创新能力、生产技术水平较差、生产破坏环境代价较高、资源利用率偏低等。同时，工业企业发展比较迅速，创新能力不足，后期发展缺乏优势。因此，为了长三角地区工业企业的发展，加速我国从制造大国向制造强国过渡，要不断提升企业绿色创新效率，真正做到绿色、可持续、创新发展，坚持走绿色发展道路。

然而，我们在不断强调发展、追求创新提升的同时，也应该密切关注发展背后隐藏的问题。长三角地区长久以来的粗放式发展模式，导致我国经济发展存在诸多问题，技术水平偏低、产业结构不合理、无视绿色发展等问题浮出水面。尽管我国地大物博，拥有丰硕的资源，但人均持有量却十分低。根据有关数据显示，近十年来，长三角工业企业能源总消耗量占全国水平的47.1%，其中长三角地区工业平均增加值为7.8%，高出全国平均水平1.8个百分点。从 2011 年人均能源总消耗量 2432.2 千克标准煤到 2019 年达到 3423.3 千克标准煤，增长速度很快。"高投入、低产出"的状况，一直以来造成我国资源的大量浪费。随着人类的大肆浪费，自然也给予我们反馈，废气污水造成空气质量下降、饮用水减少，土地沙漠化引来沙尘暴的大肆狂虐，各种自然灾害不断发生，都是自然给我们的警告。因此，解决企业污染问题迫在眉睫，但我国环境污染治理的投资总额，从 2010 年的 4937 亿元到 2019 年的 10539 亿元，投入资金远远不及环境治理的花费。因此，为了迎合绿色发展新理念，长三角工业企业发展任重而道远。

与此同时，"知识产权"这一名词逐渐进入人们视野，随着人们法律意识的增强，不论是企业还是个体，都越来越重视对于知识产权的保护。同样对于一个企业而言，知识产权保护力度的好坏，直接影响着员工对技术创新的激情。为此，结合绿色创新发展战略的提出，国家与企业也在加强对知识产权的保护力度，创建相关的知识产权保护制度：如制定与发展相匹配的知识产权保护制度；建立符合国际要求的知识产权准则；紧随世界脚步，加入国际知识产权公约等。知识产权保护是绿色创新驱动发展的"刚需"，是我国加快经济发展和推动创新型国家建设的重要驱动力。为了更好地发展，需要我国结合自身发展战略，制定相应的可操作性措施，同时制定针对性发展战略，加强沟通交流。与此同时，也要因地制宜，依据不同地区的特色，结合当地的经济、文化、法律等差异，制定有针对性的发展战略。本章以知识产权保护为背景，研究知识产权保护力度的强弱对企业绿色创新发展的影响，对制度的制定与实施提出建议，促进企业长久发展。

本章以知识产权保护为背景，以长三角地区工业企业为研究对象，搜集相关的数据处理，研究长三角企业绿色创新效率；同时构建超效率 DEA 模型进行数据分析，以长三角工业企业地级市的数据为基础，设置若干个指标，用于测算不同指标下的绿色创新效率，并进行比较；最后以数据结论为依据，总结分析企业的绿色创新发展现状，更有效地促进知识产权在经济增长与创新中的作用。

4.2 概念界定与文献综述

本节将主要对知识产权、知识产权保护等相关理论进行阐述；同时根据现有的相关文献研究，选取合适的研究方法，并对搜集的相关数据进行整理、归纳与分析。

4.2.1 知识产权与知识产权保护概念

知识产权是指自然人、法人或非法人组织对文学艺术作品和发明创造等智力成果依法享有专有权利，主要包括著作权（版权）、商标权、专利权等。从法学角度来看，知识产权属于一种民事权利。知识产权作为一个年轻的法律制度，从产生、发展、变革到今天只有短短几百年历史。但其作用对一个国家是不言而喻的，是一个国家文化繁荣、科技创新、社会与经济发展的重要保障。

而知识产权保护是指通过法律形式，获得对于知识产权的合法保护的权利。随着人们法律意识的不断增强，知识产权保护意识也在逐渐增强，法律制度建设也在不断完善，旨在为了更好地保护所有知识产权所有者的合法权益，激励知识创新研发者的创作动机，引领创新发展良好风气。无论是对于国家还是个人而言，知识产权保护存在积极的影响，只有牢牢掌握自主创新能力，才能获取长久发展。

4.2.2 知识产权保护国内外研究

自2008年国际金融危机以来，全球各国经济发展都遭受巨大的重创，很长时间以来难以恢复。"再工业化"发展战略推上浪尖，各国都在积极创新发展，尤其是一些西方国家，希望通过重塑工业发展，提高竞争力，带动经济恢复。根据已有文献进行总结，得出应该重视知识产权保护，从而提高企业创新发展力，并健全完善相关制度，紧跟国家发展步伐，致力于提高企业绿色创新效率，更好地服务企业的发展。

有关知识产权保护对企业绿色创新效率的研究，主要有以下几个方向：（1）正向激励。唐药和吴超鹏（2016）的研究表明，增强知识产权保护力度，有利于减少研发损失；魏浩（2018）从产品的多样性与质量两个角度为研究切入点，表明在激烈的市场竞争中，通过提升知识产权保护力度，能有效地提升企业创新发展。（2）反向阻碍。例如，周方圆（2019）经过研究最终得出，引入国外技术会阻碍企业自身的绿色创新发展能力；余志林（2019）研究得出我国以技术创新代替企业自主创新能力。（3）非线性影响。是指两者之间的关系不具有直线相关性，呈不均匀分布状态。众多的研究学者，通过多次实验总结出，知识产权保护程度与绿色创新能力之间存在"倒U形"关系，由于企业所处产业阶段不同，知识产权保护对技术创新的影响能力有所不同。

4.3 研究设计

4.3.1 长三角工业企业绿色创新效率测算方法

综合绿色创新效率综述，本章选取可以研究多个项投入和产出的数据包络分析法，多个决策单元的效率值是1，普通的DEA无法进一步进行比较。其具体形式如下：

$$\begin{cases} \text{Min } \theta \\ \text{s.t. } \sum_{j=1,j\neq q}^{n} \lambda_j x_{ij} + S_I^- = \theta X_{l\theta} \quad i=1,2,\cdots,m \\ \sum_{j=1,j\neq q}^{n} \lambda_j y_{ij} - S_I^- = y_{r\theta} \quad r=1,2,\cdots,s \\ \lambda_j \geq 0 \quad j=1,2,\cdots,q-1,q,q+1,\cdots,n \\ S_I^- \geq 0, S_r^- \geq 0 \end{cases} \quad (4-1)$$

式中：θ模型代表求取的效率值；x与y代表投入和产出变量。当$\theta=1$同时松弛变量是0时，决策单元DMU则是有效的；当$\theta<0$时且松弛变量中至少不为0时，决策单元为非有效；当只满足$\theta=1$时，则表明决策单元弱有效。

4.3.2　长三角工业企业绿色创新效率测度指标选择与说明

本章主要以知识产权保护为背景，关于长三角工业企业绿色创新效率的测算，选一个合适的且与知识产权保护相关的指标非常重要。首先，选取的指标要符合本章研究的要求，保障选取指标能够准确、客观、合理地测算企业绿色创新效率；其次，事先搜集、整理已有文献资料，选取数据来源充足以及比较广泛的指标进行研究；最后，针对不同文献中的测评指标体系，所得结果会存在差异，因此，指标的选取是为了更好地辅助研究结果，所以应该符合实际要求。本章为了更好地测评长三角地区企业绿色创新效率，在确定长三角地区绿色创新发展水平时，要充分考虑多因素的影响，构建科学、可信的评价体系。为了更好地测算结果，应该遵循如下原则：

（1）科学性。是指数据的选择、指标的选取等工作，都应该以科学为依据；同时要结合研究内容、绿色创新发展要素，选择合适的投入与产出指标，同时选择合适的测算方法。

（2）完备性。在进行研究时，要充分了解有关知识产权保护、绿色创新等相关含义，并依据已有文献，了解知识产权保护对企业绿色创新的影响方面与影响效果；同时结合长三角地区的发展特征，保障数据的完整性。

（3）可操作性。在数据搜集时，应重视数据的可操作性，充分利用多种途径，搜集、整理大量数据，确保数据的真实性、可靠性，以及内容的完整性，避免因数据存在的问题而影响整个研究过程。

（4）可比性。是指不同数据之间可以进行横向或者纵向的比较，因为文中指标的选择具有多样性，所以针对不同指标类型，在进行数据选择时，也应该考虑这个因素，便于从时间和空间角度进行比较。

在测度指标选取与说明方面，本章以上述原则为基础，在知识产权保护为背景的前提下，主要从主体与资源等方面对长三角地区绿色创新效率内涵进行全面的探讨，从不同视角选取指标。

(1) 投入指标。

本章主要是为了从绿色和创新两方面,着手研究长三角各城市的绿色创新效率,同时考虑到知识产权保护的大背景下,根据现有文献,不同研究者选取的指标存在差异,结果也存在不同,但绝大多数都会构建绿色与创新体系。其中,大部分学者采用研究和试验(R&D)人员作为人力投入。但因为长三角一些城市的 R&D 人员数缺失值比较多,因此选择各省市年鉴里有的并且和其相近的从事科技活动人员数量代替。本章以绿色发展为核心,在选取指标时会着重考虑绿色创新效率因素,借助于资源消耗情况,反映企业的创新效率。同时,结合知识产权保护背景,通过企业引入律师数量的多少,直接反映企业对于知识产权保护力度的强弱,从而反映企业对创新的支持力度,间接反映知识产权保护推动企业的创新发展。

(2) 期望产出指标。

产出指标的选取,主要是为了更好地反映企业的投入效果,本章主要通过创新技术、对企业经济的影响价值等方面。关于科技创新最直接的反映就是专利数量,也间接反映了律师人数多少对于企业创新的影响,反映了知识产权保护对于企业的发展起到促进作用。换言之,专利数量的多少,能反映一个地区创新产出能力。同时,选取 GDP 反映企业经济价值的变化。借助长三角地区 GDP 数值的多少,来衡量该地区的市场价值。

(3) 非期望产出指标。

环境因素作为一个重要因素,企业在生产过程中,会对环境带来一定的危害,废气、废水、废弃物的排放,都会违背企业绿色发展方针,结合现有文献资料,本章选取工业 SO_2 排放量与工业废水排放量衡量绿色创新对环境的影响,以此来衡量工业发展对环境造成的影响。所以,依据长三角空气污染的严重性,工业产业比较多,因为 DEA 模型要求产出越大越好,所以需要对非期望产出作出转换,此处将环境污染排放转变为正向的期望产出,期望产出的结果与原本的环境污染数据呈负相关,其公式为:

$$F(X_{sj}) = \text{Max}(X_i) + 1 - X_{ij} \quad (4-2)$$

式中,X_{ij} 为第 j 年第 i 个省份的污染物排放的原始指标数据,$\text{Max}(X_{ij}) + 1$

为第 j 年污染物的排放原始指标数据中最大值，这样能确保所有转化期望产出不会出现负值。有关绿色创新效率指标评价表的选择见表4-1所示。

表4-1 绿色创新效率评价指标体系

指标类别	指标要素	指标
投入指标	人力资本投入	人力资本中的科技人员数（人）
	执法力度投入	引入的专业律师数（人）
	资本经费投入	经费支出（亿元）
产出指标	经济产出	GDP（亿元）、人均GDP（亿元）
	创新产出	专利授权量（件）
	绿色产出	废水、废气、废弃物等排放量

4.3.3 样本选择与数据来源

本章主要以长三角地区工业企业的投入、产出等相关数据构建指标体系，目的是分析以知识产权保护为核心下的工业企业相关因素对企业绿色创新效率的影响，而且我国作为工业大国，以工业企业为例进行分析，有助于工业企业制定长远发展战略。

本章数据来自于《中国科技统计年鉴》《中国统计年鉴》等数据库。鉴于数据的准确性、完整性和真实性，本章选取的数据是工业企业的数据。

4.4 长三角城市绿色创新效率实证分析

4.4.1 现状分析

为了更好地实现经济发展与环境保护保持一致，本章在知识产权保护的大背景下，关注人力资本、执法力度、经费投入等几个因素影响企业的绿色创新效率相关状况。例如，将律师引入人数作为知识产权保护水平的测评标准,依据律师人数的变化,测评不同地区执法力度的强弱,知识产权保护强度大,执法力度就强,则企业的专利授权量也会随之增加。在财力资源投入方面,根据已有文献研究,资源投入会影响新产品的开发以及相关的专利授权量,所以文中用内部经费支出代替财力投入力度。现状分析如下。

4.4.1.1 人力资本投入

人力资本作为知识产权的控制变量之一,也是企业创新基础的一个非常重要的影响因素。本章人力资本投入选择的是科研人员数,企业科技人员数的多少,将影响一个企业从事创新活动能力的强弱,这对于长三角地区企业的绿色创新能力的提高与未来长久可持续发展,有着重要作用。有研究表明,随着人力资本增多,企业会更倾向研发活动。因此,随着企业人力资本水平提高,其创新产出的可能变大。2019 年长三角地区从事科技活动的人员数达 156.50 万人,同比增长了 9.78%,增长比较迅速,相较于 2018 年,增长率上升了 3.68 个百分点。图 4-1 是长三角地区三省一市从事科技活动的人员数变化。

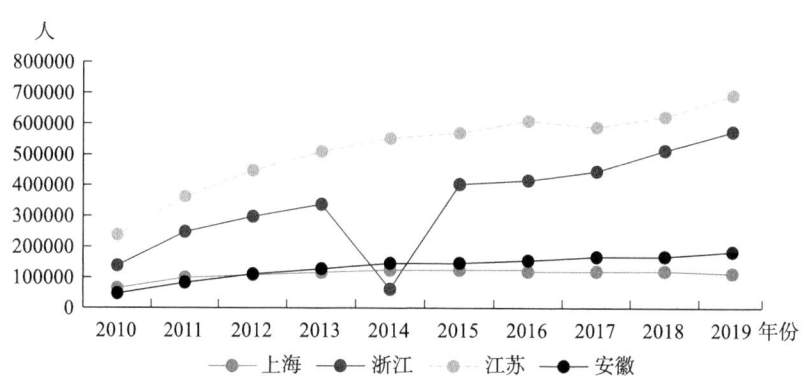

图 4-1 长三角地区三省一市从事科技活动人员数

由图 4-1 可知,2019 年三省一市中,江苏省从事科技活动的人员数量位居第一,其次是浙江省;随着时间的发展,各地从事科技活动人员总数整体呈现稳步增长趋势,但安徽省与上海市增长速度比较缓慢。且不同地区之间存在非常大的差异,其中,浙江省在 2014 年科技活动人员因为某些原因有所波动。

4.4.1.2 律师人数投入

知识产权保护的好坏与重视程度,最直观的一个数据就是长三角地区企业为"知识产权保护"提供法律服务的律师人数的投入数量。考虑到发展中国家在专业律师人数、维法意识、执法力度等方面存在一定的差异。很多学者一致认为,由于不同地区知识产权执法力度不同,地区之间的知识产权保护水平也存在着差异。为了更准确地测算长三角地区的知识产权保护水平,应充分考虑各地方政府在法律法规执行方面会存在的差异、数据的可得性和各地区的执法力度。此外,本章通过律师人数的多少,来预判执法力度的强弱。图4-2所示为长三角地区三省一市近几年的律师人数变化情况。

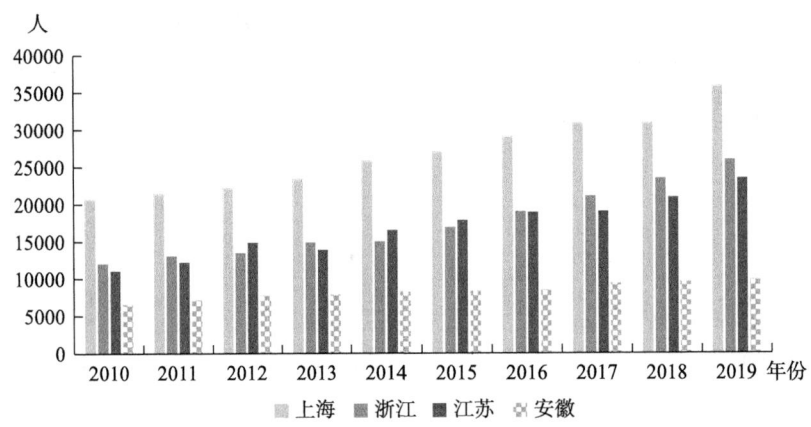

图4-2 长三角地区三省一市律师人数

经济发展较好的地区,法律法规也能得到较好的执行,从而执法力度也越强。2010—2019年,长三角地区各个省份企业的专业律师人数也在不断增加,总体趋势上海市律师人数最多,浙江省紧随其后,而安徽省律师数最少。根据图4-2,在2019年知识产权保护水平最高的省份是上海,而最低的是安徽省,且低于平均值。

4.4.1.3 资本投入

资本投入主要体现在绿色创新过程中财力投入规模,当资本投入充足时,会影响其新产品开发项目数,也体现在对于企业绿色创新活动的支持与重视,增加政府资金扶持,有利于创新发展。长三角地区 R&D 内部经费支出由531.76 亿元增至 1608.15 亿元,增长了约 2 倍,2019 年 R&D 内部经费支出相较于前一年增长 16.68%,增长率提高了近 7 个百分点。

从图 4-3 可以发现,长三角地区三省一市中,江苏省经费支出增长速度最快,到 2019 年时,达到 513.34 亿元;2010—2015 年,上海市、浙江以及安徽省,经费支出增长比较缓慢,2015 年作为转折点,之后呈现较高的增长速度。研究经费的大幅增长,也体现出了各企业绿色创新意识与重视程度的稳步提升。

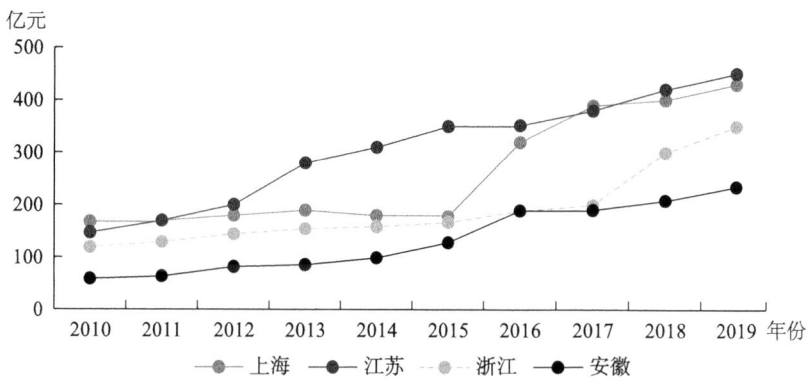

图 4-3 长三角地区三省一市 R&D 内部经费支出

4.4.2 长三角绿色创新产出现状分析

4.4.2.1 经济产出

经济产出主要是对上述投入的结果反映,经济与社会环境和整个地区的绿色科技创新间也存在着影响关系,经济产出为绿色创新产出的主要内容。长三角工业企业 GDP 也呈逐年上升趋势,从 98673.1 亿元增长到 221239.35 亿元,年均增长了 12.42%。

由图 4-4 可得,长三角地区不同省市 GDP 值存在比较大的差异,GDP 随着时间的变化在不断增加,也意味着经济不断发展;其中江苏省 GDP 位于首位,安徽省位于尾端,仍需要增强发展,带动经济增长。图4-5是长三角地区人均GDP变化趋势图,不仅与总额有关,还与地区人数有关,两者应该结合起来看待发展。

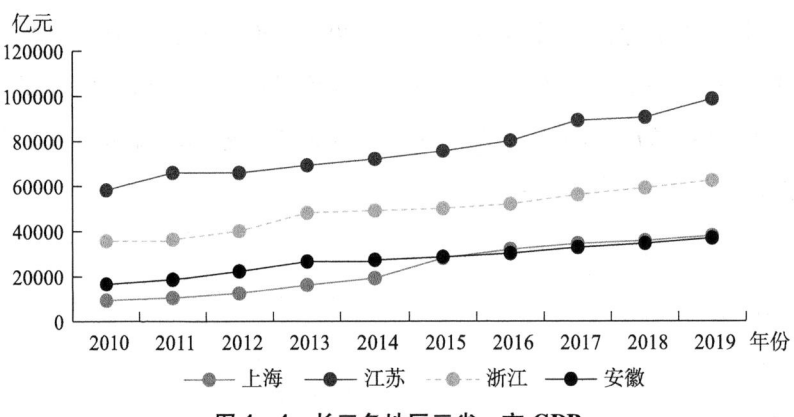

图4-4 长三角地区三省一市GDP

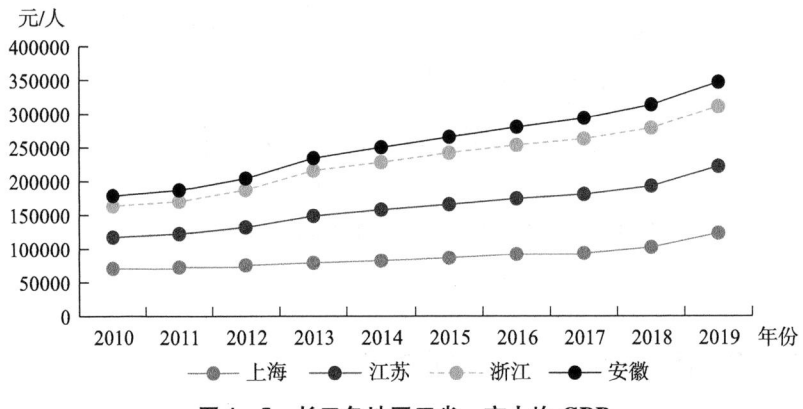

图4-5 长三角地区三省一市人均GDP

4.4.2.2 科技产出

科技成果产出水平作为知识产权保护结果最有力的证明材料,所反映的是长三角地区企业绿色创新发展状况。本章以专利授权量多少为依据,来评测产出的好坏。2019年,长三角地区各省份专利授权总量是773825件,相比较于前一年的722012件,增加了51813件,年增长率达到了7.18%;2013年作为增长高峰点,增长速度明显提升。此后的几年内,也呈现稳步增长趋势。

第四章　知识产权保护背景下长三角企业绿色创新效率的研究

根据图4-6所示，江苏省专利授权量最大，而安徽省专利授权量最小；其中由于受到地区范围大小的影响，上海市城市单一，所呈现专利数比较小，以此总体来看，安徽省创新发展水平还有待提高。从时间上看，上海市从48215件增长到92460件，增长了91.77%；江苏省从138382件增长到306996件，增长了121.85%；浙江省从114643件增长到284621件，增长了148.18%；安徽省从16012件增长到79768件，增长了398.18%。

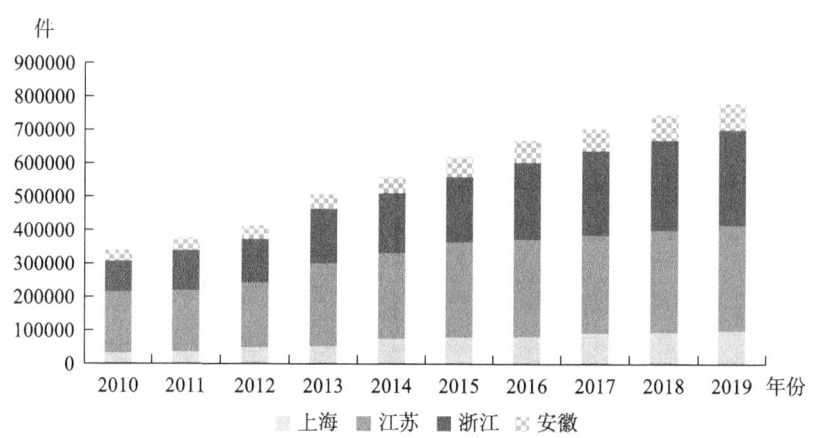

图4-6　长三角地区三省一市专利授权量

4.4.2.3　环境污染产出

主要是从绿色发展角度来评价企业的发展状况。依据废气、废水等污染物的排放量的变化情况，侧面反映人民对于环保意识的重视程度。拒绝走先污染后治理的道路，经济发展作为地区经济升级的关键，但也应该紧跟绿色发展理念。为了更好地评价长三角地区的绿色发展程度，本章选取了工业废水排放量、二氧化硫（SO_2）气体排放量等作为代表，衡量长三角地区的污染物排放量。

图4-7是长三角地区整体环境污染排放情况。可以看出，三种污染物的排放量整体呈现下降趋势，只有工业烟（尘）的排放量，在2012年到2016年间，发生了一定的波动；而二氧化硫的排放量下降速度最快，从约为25000

万吨下降到约 5000 万吨；相反，工业废水下降速度最小，基本没有发生波动，有待进一步加强。

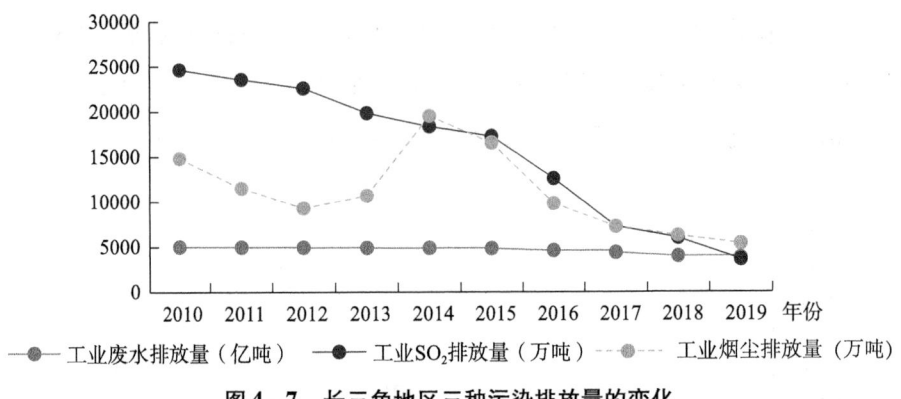

图 4-7　长三角地区三种污染排放量的变化

图 4-8 呈现近几年长三角地区工业二氧化硫排放量的同步变动趋势。由图可以看出，随着时间的变化，各省份二氧化硫排放量都有所减少，其中江苏省的下降趋势最快；上海市作为基数最小的地区，逐年减排，达到非常可观的结果。由此可看出整体情况比较可观。

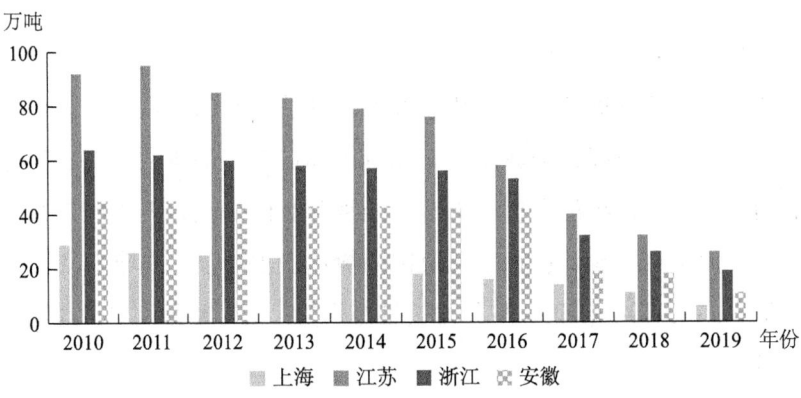

图 4-8　长三角地区三省一市工业二氧化硫排放量

4.5 长三角城市绿色创新效率测度分析

从上一节绿色创新效率实证研究来看,在知识产权保护背景前提下,不同地区的状况存在差异,因此各城市的绿色创新效率水平也有所不同。本节通过构建长三角地区绿色创新效率评价指标体系,立足于以知识产权保护为背景下测算绿色创新效率,总结与分析因时间变化趋势与空间差异性存在导致的差异。

4.5.1 超效率测算结果

基于相关数据的搜集与整理,构建 DEA 模型,测算出各城市的绿色创新效率值,测算结果分地区,详细数据见表 4-2 和图 4-9。

表 4-2 三省一市绿色创新效率

省市	2011	2012	2013	2014	2015	2016	2017	2018	2019	均值
上海	1.321	1.718	1.714	1.842	1.869	2.301	2.632	2.403	2.671	2.052
江苏	0.990	0.973	1.095	1.756	1.207	1.040	1.413	1.257	1.218	1.217
浙江	0.832	0.869	0.857	1.010	1.026	1.069	1.144	0.808	0.960	0.953
安徽	0.582	0.396	0.490	0.569	0.496	0.482	0.604	0.650	0.831	0.567
均值	0.931	0.989	1.039	1.294	1.150	1.223	1.448	1.280	1.420	1.197

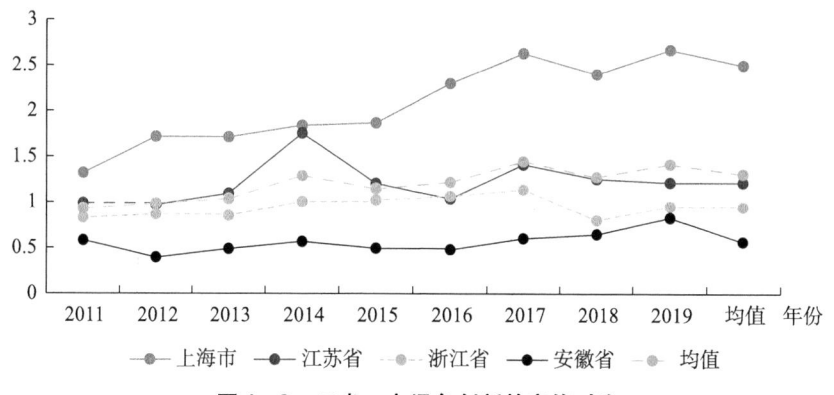

图 4-9 三省一市绿色创新效率值对比

4.5.2 绿色创新效率测算分析

根据以上数据显示，随着时间的发展，长三角各城市绿色创新效率总体呈上升趋势，而且在2017年与2019年这两年绿色创新效率值达到前沿水平；同时，我国在建设环境友好型、资源节约型的绿色发展社会，主张将经济发展与生态保护相结合，杜绝先破坏后保护，实现经济与绿色生态协调发展。

根据图4-9与表4-2信息可得，从时间发展来看，各省份绿色创新效率趋向增长，但也有些地区有所下降；2017年到2018年，除了安徽省外，各地的绿色创新效率值均有所下降，其中江苏省在2014年上升幅度比较大，随后几年有所下降。依据折线图可以看出，上海市的绿色创新效率一直较高，最高点达到了2.671，均值为2.052；安徽省绿色创新效率值最低，且增长速度比较缓慢，均值仅为0.567，远远小于上海市。从整体来看，江苏省与上海市绿色创新效率均值大于1，而安徽省与浙江省均值小于1，且低于长三角地区的均值水平，拉低了整个地区的绿色创新水平。

根据表4-3、表4-4、表4-5、表4-6，分地区来看，江苏省与上海市各城市的总体效率一直都较高，上海市从2011年的1.321增长到2019年的2.671，稳居长三角地区首位；而江苏省各市中，苏州市绿色创新效率区域稳步增长，且其值除2017年外一直居于上海市之上，到2019年达到了3.201的高峰。城市创新效率值存在较大差异，其中常州市均值仅仅为0.592。可见绿色创新效率的高低不仅不同省份存在巨大差异，同一省份的不同城市也会存在较大差异。值得注意的是镇江、泰州等市，从2017年开始走反向发展趋势。浙江省各城市整体差异较小，但金华市的反向增长趋势变动比较大，需要引起重视；且各城市均值低于长三角地区平均水平。安徽作为长三角地区经济发展最落后的省份，不仅经济较其他地区不发达，绿色创新效率值也最低，但随着响应国家绿色创新发展的号召，整体数值呈现增长趋势，但仍需加强，努力追赶发达地区的发展步伐。

表4-3 上海市绿色创新效率

城市	2011	2012	2013	2014	2015	2016	2017	2018	2019	均值
上海市	1.321	1.718	1.714	1.842	1.869	2.301	2.632	2.403	2.671	2.052

表4-4 江苏省绿色创新效率

城市	2011	2012	2013	2014	2015	2016	2017	2018	2019	均值
南京市	0.975	0.824	0.823	0.787	0.846	0.825	0.927	0.891	1.089	0.887
无锡市	0.803	0.794	0.879	0.991	0.958	0.996	1.274	1.279	1.351	1.036
常州市	0.587	0.467	0.501	0.423	0.589	0.563	0.775	0.619	0.802	0.592
苏州市	2.113	2.061	3.072	2.383	2.862	2.423	2.146	2.878	3.201	2.571
南通市	1.093	0.918	1.062	1.078	1.006	1.182	1.176	1.351	1.501	1.512
盐城市	1.346	1.289	1.312	1.686	2.029	0.931	1.108	1.399	0.891	1.332
扬州市	0.568	0.653	0.709	0.747	0.823	0.837	0.967	0.908	0.721	0.770
镇江市	0.447	0.678	0.473	0.623	0.698	0.667	0.832	0.982	0.623	0.669
泰州市	0.978	1.072	1.023	0.965	1.056	0.941	1.089	1.009	0.787	0.991
均值	0.990	0.973	1.095	1.076	1.207	1.040	1.144	1.257	1.218	1.217

表4-5 浙江省绿色创新效率

城市	2011	2012	2013	2014	2015	2016	2017	2018	2019	均值
杭州市	0.739	0.662	0.742	0.793	0.740	0.762	1.042	0.885	0.965	0.814
宁波市	0.662	0.733	0.961	1.273	1.233	1.216	1.137	0.897	0.836	0.994
嘉兴市	0.654	0.789	0.807	0.901	1.052	1.201	0.912	0.532	0.661	0.834
湖州市	0.529	0.587	0.604	0.661	0.853	0.876	1.023	0.601	0.743	0.720
绍兴市	1.543	1.462	1.415	0.716	0.771	0.947	1.021	0.991	1.273	1.127
金华市	1.397	1.501	1.273	2.122	2.067	2.091	2.024	0.734	0.813	1.558
舟山市	0.388	0.412	0.393	0.473	0.441	0.547	0.854	0.891	1.222	0.625
台州市	0.743	0.801	0.661	1.143	1.051	0.912	1.140	0.932	1.180	0.951
均值	0.832	0.869	0.857	1.010	1.026	1.069	1.144	0.808	0.960	0.953

表 4-6 安徽省绿色创新效率

城市	2011	2012	2013	2014	2015	2016	2017	2018	2019	均值
合肥市	0.432	0.465	0.687	0.781	0.794	0.729	0.656	1.017	1.242	0.756
滁州市	1.770	0.467	0.801	0.960	0.550	0.507	0.434	0.283	0.356	0.681
马鞍山	0.280	0.534	0.332	0.582	0.867	0.763	1.021	0.937	1.342	0.740
芜湖市	0.371	0.324	0.334	0.351	0.301	0.300	0.588	0.583	0.783	0.437
宣城市	0.558	0.541	0.781	0.832	0.367	0.475	0.347	0.427	0.601	0.548
铜陵市	0.321	0.362	0.320	0.314	0.328	0.274	0.551	0.705	0.952	0.459
池州市	0.542	0.234	0.210	0.251	0.323	0.332	0.662	0.741	0.761	0.451
安庆市	0.383	0.239	0.451	0.481	0.441	0.472	0.574	0.508	0.609	0.462
均值	0.582	0.396	0.490	0.569	0.496	0.482	0.604	0.650	0.831	0.567

根据以上对长三角地区绿色创新效率的分析可以看出，城市的发展水平在一定程度上决定了该地区绿色创新发展水平，从而影响地区的经济发展速度；但长久的经济发展离不开对环境的保护，只有保护好"绿水青山"才能赢得"金山银山"，只有做到绿色创新与环境保护协调发展，方能为企业的发展提供稳定的基础。

4.6 本章研究结论与展望

4.6.1 结论

本章根据近10年的长三角地区绿色创新发展数据进行整理，采用实证与构建DEA模型进行分析，从而得到长三角地区绿色创新结论如下：

第一，在知识产权保护的背景下，长三角地区绿色创新投入与期望产出呈现上升趋势，但内部各城市的投入量占比与增长率都存在较大差距。其中，安徽各城市的投入相对于产出较少，而上海市比较多。非期望产出各城市也存在比较大的差异。

第二,通过实证分析,以专业律师人数为依据判断企业执法强度,从而判断企业知识产权保护的强弱对长三角地区的绿色创新效率的影响;发现随着专业律师引进人数的增加,执法力度增强,且执法力度乘以国家层面的GDP指数得到各地区知识产权保护水平也在随之增加,有利于企业的创新发展,同时也在影响着企业重视绿色创新技术的发展。

第三,从绿色创新效率的超效率 DEA 结果显示,三省一市近十年的平均效率为 1.197,且自 2013 年起平均效率一直在 1 以上,效率平均值比较大。从上述测算数据中可以看出,不同城市之间的效率值存在比较大的差异,随着时间的变化,数据呈现上涨趋势。其中上海、苏州、金华等市绿色创新平均效率值比较大,而安徽省的多数城市平均效率值普遍较小。

4.6.2 建议

长三角地区拥有发达的经济、富饶的资源,作为我国经济重地,但仍存在众多的挑战,比如环境绿色发展受阻、创新动力不足等问题。因此,为了更好地发展,提高绿色创新效率是长三角城市实现可持续发展的必经之路。依据上述研究结论,总结以下几点建议:

第一,在知识产权保护的呼声下,企业不仅要重视绿色创新发展,也要重视知识产权保护,为了促进长三角的绿色创新发展,应该转变长久以来的发展模式,提升资源配置,引进的高科技技术与专业的科技人才,从政策到落实严格把关,加强政府监督力度,为提高资源利用率不断努力。同时着重关注绿色发展,将创新与绿色相结合,可以从以下几点改进:①强化长三角地区的资源配置,构建特色绿色创新体系,以企业发展为目标导向;②以知识产权保护作为研究背景,借助知识产权保护推动科学技术的发展,从而促进绿色创新资源的利用;③加强政府的辅助作用,积极与各人才聚集部门合作,加强资源的利用与交流,减少企业因人才缺失而发展停滞的情况,合作共同推动发展,从而提高长三角地区绿色创新效率;④增强企业知识产权保护意识,从多角度鼓励企业创新,同时兼顾绿色发展战略,积极引进专业律师团队,保障创新知识得到保护,提高知识产权保护力度。

第二，结合实际状况制定针对性发展战略。城市的开放程度很大程度上影响企业的创新效率，根据上述数据，应着重加强安徽各市的发展。具体措施有很多，可以通过国家和政府的财政支持、加强人才引进、对外积极扩展招商引资等措施，旨在促进绿色创新发展。同时，还应该关注低消耗、低污染行业的发展，对于引进的人才，做好安抚工作；对于引进行业，注重是否符合适应当地发展，还应该制定相应政策、法规，对于以破坏环境为发展代价的企业行为，严惩不贷。

第三，应该加强长三角地区各城市之间的绿色创新合作，有助于促进地区一体化发展，例如，上海、江苏等地是绿色创新发展状况比较好的省市，应该加强和浙江省、安徽省的合作，努力缩小地区差异。因地制宜制定发展战略，发挥不同城市的特长与优势，积极构建合作平台，提升各省市的竞争力，共促各个城市的绿色创新发展。

第四，在知识产权保护为核心背景下，利用知识产权保护的优势，鼓励人才积极创新发展，不断改善企业发展模式，提升企业现代化、高技术发展水平，不断提升节能减排措施，走"低消耗、低污染、高效率、可持续发展"路线。利用知识产权保护，构建高技术研发平台，为推动企业绿色创新发展提供充足的技术支撑。并且加强信息的交流与沟通，充分利用大数据的优势，互相学习，共同进步。例如，上海等发展超前的城市，可以进行一对一辅助，利用已有的资源、技术等，辅助一些发展落后的城市，给予它们帮助，也可以利用发展落后地区的低劳动力成本辅助自己的发展，从整体上转变长三角地区的传统发展模式，为促进地区绿色创新发展提供支撑。

4.6.3 不足与展望

但本章的研究还存在许多的不足之处，主要问题如下。

（1）指标选取具有局限性。因为以知识产权保护作为背景前提，选取指标具有一定的约束范围，尤其是现有相关研究较少，缺少相关数据资料。

（2）数据准确度不高。由于本章的研究在进行数据搜集时，存在短缺与不全的问题，未来的相关研究应该尽可能采用更科学的方式搜集与整理数据，提高研究的准确度。

（3）本章主要研究的是长三角地区三省一市的绿色创新效率情况，而未对其他省份的相关情况作研究，缺少对比标准，使得研究具有局限性。

长三角地区作为我国经济发展的重要地区，能吸引大量学者研究该地区的发展。因此，对于未来发展方向与研究重心应放在以下两点：其一，将其他地区或者其他国家的绿色创新发展情况与长三角地区的发展进行对比，努力挖掘更好的发展途径；其二，丰富研究内容，不仅局限于工业企业的研究，还应从各行业下手，依据行业差异进行比较，丰富研究。

第五章 长三角节能环保企业绿色创新动力机制质性研究

5.1 本章研究背景

在当今的时代，我们不能仅仅着眼于经济的快速发展，不能仅仅追求工业化水平，更应当强调"绿色工业化"。由于我国在工业化前期采取的是较为粗犷的发展方式，这种经济发展方式在快速提升我国各地经济发展水平的同时也极大地破坏了生态的平衡，造成了资源的流失，严重威胁到下一代人的生存发展。水污染、水土流失、大气污染等一系列的生态环境问题严峻，资源匮乏与资源浪费的矛盾突出，人口激增等社会问题显著，这迫使人类不得不去寻求解决的办法，也使得我国逐渐意识到不能盲目为追求经济的快速增长而牺牲掉环境利益，绿色发展、绿色创新也渐渐成为时代的共鸣。

我国在不断发展经济的进程中，提出和完善协调经济与环境矛盾的理念与政策。在20世纪80年代，我国提出"三同步""三统一"的要求，但是受制于特定的阶段，一些地区片面强调"发展才是硬道理"，导致对生态环境保护的忽视。随着我国经济快速增长，巨大的生态环境代价也在不断地凸显。进入21世纪，我国又前后提出了循环经济、"两型社会"建设、低碳发展等新理念，不断深化对环境与发展关系的认识。党的十八大以来，生态文明建设逐渐上升为党的执政理念，逐步由"增长优先"向"保护优先"转型，极大地提升了绿色环保的主动性和自觉性。我国越来越多的企业开始重视绿色经营，将可持续发展融入企业文化和价值观中，不断响应党的号召，不断适应社会的需要,共筑绿色健康中国。

虽然国内有不少企业加入到绿色创新的队列中,但是仍然有许多的中小型企业未有足够的能力进行绿色创新,导致中国的环境状况仍然需要加强。在最新发布的《中国环境状况公报》中,截至2019年,中国仍有部分支流和湖泊受到中度污染,上海和浙江近岸海域水质极差,448个日排污水量大于100立方米的直排海污染源监测结果显示,污水排放总量约801089万吨,不同类型污染源中,综合排污口污水排放量最大;全国水土流失面积273.69万平方千米;重金属是影响农用地土壤环境质量的主要污染物。这些环境污染大部分是发展经济带来的代价。

在绿色经济的趋势下,绿色创新已然成为时代热点,然而,如何才能顺应这一绿色经济发展趋势实现企业的绿色创新?如何更加有效率、更加快速地促进和激励企业建立绿色创新机制?如何引导政府对于绿色创新的相关政策作出合理化的制定?基于此,对于节能环保企业的绿色创新影响因素以及作用机制的研究便显得极为重要。

本章运用更适合对"社会现象进行整体性探究"的质性研究方法,研究驱动我国长三角地区节能环保企业绿色创新影响因素以及各影响因素在绿色创新不同阶段所起的作用,从而构建出绿色创新动力机制模型,旨在为企业进行绿色创新提供一定的理论指导,使得企业能够更加高效地识别出哪些关键影响因素会对提高本企业的绿色创新水平具有显著作用,能够使得企业以最低的创新成本获取最高的经济效益和社会效益,提高企业绿色创新实践的成功率,提高企业的核心竞争能力。也为政府设计发展路径、制定与可持续发展的相关的政策提供参考依据,促进社会的绿色创新发展,探索生态文明与经济发展相协调的可持续发展新路径,为引领我国高质量发展作出贡献。

5.2 我国长三角地区节能环保企业发展现状研究

5.2.1 节能环保企业的定义与分类

国际上一般认为,节能环保产业的定义有狭义与广义之分。狭义的节能环保产业是指企业提供防污减排、治理"三废"（废气、废水、废渣等）的产品和服务以解决环境问题的末端处理产业；广义的节能环保产业不仅包括环境问题的最终解决，还包括在企业生产经营的全过程中提供节能环保技术、产品和服务。

但是，世界各国对于节能环保企业的分类尚未形成统一的观点。例如，美国将绿色环保企业分为节能环保服务、节能环保设备和环境资源三大类；欧盟按照节能环保企业的产品和服务的功能类别，将节能环保企业分为污染控制型、污染治理型、清洁生产型和自然资源开发与保护型四大类。

本章将采用李碧浩（2012）的观点，把环保企业分为三大类：创新型节能环保企业、制造型节能环保企业、服务型节能环保企业。创新型节能环保企业是属于知识密集型企业，将绿色创新技术的研究与发明作为企业的发展战略，企业的各个经营阶段无不体现着自主创新理念，从而使得企业能够获得有自主知识产权的核心竞争能力，开拓全新的消费市场。创新型节能环保企业体现着蓝海战略的思想，企业更加重视为买方提供价值，从而摆脱已知市场空间的激烈竞争"红海"，开创全新的市场空间"蓝海"。制造型节能环保企业近似属于劳动密集型企业，在设计出环保产品之后通过提高生产率来降低企业产品的单位生产成本，从而获取成本竞争优势，提高市场占有率。服务型节能环保企业则是以知识为主体的整合营销，为顾客，包括消费者和企业，提供绿色服务，实现环保需求。环保企业的分类如表5-1所示。

表5-1 环保企业分类

环保企业分类	定义
创新型节能环保企业	以知识为主体的研究型企业
制造型节能环保企业	以劳动为主体的生产型企业
服务型节能环保企业	以知识为主体的整合营销、服务企业

5.2.2 长三角地区环保企业现状

在国家大力推进节能环保产业发展的背景下，长三角地区作为我国经济发展最活跃、开放程度最高、创新能力最强的区域之一，其节能环保产业的发展水平相对于全国水平来说较高，发展速度也较快。据《中国环保产业发展状况报告》显示，2019年各地区的节能环保产业的发展状况存在差异。列入统计的环保企业数量的地区分布见图5-1，营业收入分布见图5-2。

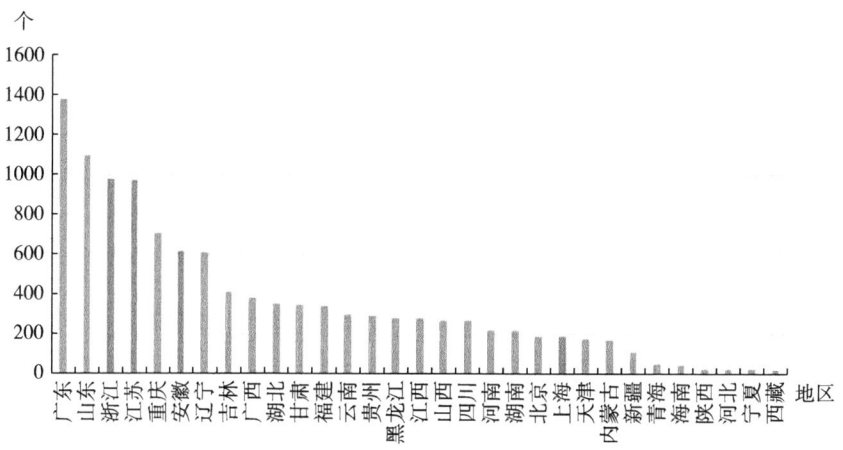

图5-1 2019年列入统计的企业数量的地区分布

由图5-1所示，绿色环保企业分布高度集中，在列入统计的遍及国内的11229家绿色环保企业中，广东、山东、浙江、江苏等省企业数量较多，排名前四的省市中位于长三角地区的就占了一半，并且位于长江三角地区的绿色环保企业在全国占比将近30%，这表明长三角地区的节能环保行业的总体发展水平较高。

由图5-2所示，在绿色环保企业营业收入超过1000亿元的北京、广东、浙江、湖北和江苏五省市中，浙江和江苏便位于长三角地区。同时可以看出，长江经济带11省（市）以45.6%的企业数量占比贡献了将近一半的产业营业收入。2019 年，长江经济带纳入统计的环保企业 5125 家，占统计范围内企业数量的 45.6%，营业收入 7815.2 亿元，占统计范围内企业营业收入的 48.7%，企业数量及营业收入均接近企业总数量和营业总收入的一半，对我国环保产业发展支撑能力较强，而长三角地区作为长江经济带的龙头，更发挥着不可或缺的作用。长三角地区绿色环保企业营业收入之和在全国占比超过 27%，排名靠后的 15 个省（市、区）企业营业收入之和占比仅为 5.8%，可见长江三角洲地区与国内其他地区之间环保企业的收入差距较大。

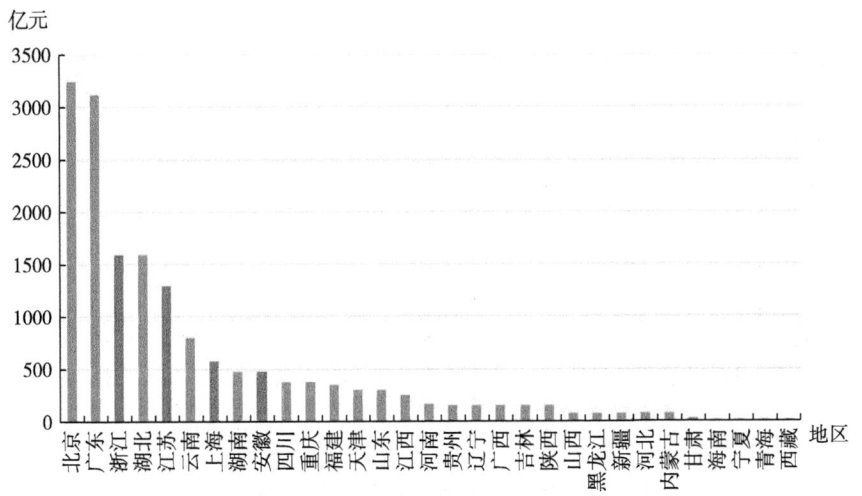

图 5-2 2019 年各地区绿色环保企业营业收入分布

虽然长三角地区作为中国最大的节能环保产业集群之一，拥有全国领先的创新水平、雄厚的产业基础、强劲的科研实力，但其环保产业创新发展仍然存在一些问题：第一，策划创新的能力不高。在长三角地区，节能环保产业的整体水平相比于国内较高，但国内创新能力的优势并不明显，与国际领先水平存在较大差距。第二，产业与创新跨区域协同不足。节能环保产业只有将创新与生产进行有机结合，才能够发挥更明显的作用。只懂得发明创新，却不能有效地转化成具有实用价值的产品，那么无异于浪费资源和精力；反之，只单纯注重企业的产出产值，而不善于创新升级，那么这些企业最终将会被淘汰。第三，缺乏世界一流的龙头企业。长三角节能环保产业的企业规模普遍较小，且缺乏关键核心技术，导致缺乏具有全球影响力的领先企业和品牌。第四，节能环保产业创新缺乏高水平的创新功能平台支持。第五，节能环保产业创新资金的支持力度不够。

针对长江三角洲地区节能环保企业的发展现状，《长江三角洲区域一体化发展规划纲要》提出要建设长三角世界级节能环保产业集群，2020年8月举行的扎实推进长三角一体化发展座谈会也指出"长三角地区是长江经济带的龙头，不仅要在经济发展上走在前列，也要在生态保护和建设上带好头"。所以从长远来看，长三角地区不仅要加大对绿色环保产业的投入，同时还要保证绿色环保产业能够又快又好地发展。

5.3 环保企业绿色创新影响因素识别质性研究

5.3.1 问题提出

多年来，许多发展中国家以牺牲环境为代价来换取经济的快速发展，但是，随着环境的急剧恶化、水污染、生物变异等问题的不断涌现，环境问题日益严峻。要想人类和谐永续地生活在这个蔚蓝的星球上，就必须要重视环境的保护，必须要将保护环境与发展经济有机结合，让"发展"穿上"绿色"战袍。中国提出以"高质量"发展为主题，这充分体现出中国在不断加强绿色创新水平，推进绿色发展。我国绿色创新产业在此背景下，尤其是长三角地区的绿色创新产业集群，获得了大力发展，未来也必将为我国的经济作出重大贡献。但同时，长三角地区的产业转型升级速度较为平缓，宏观税负偏高，不利于企业技术创新。

虽然国内外对于绿色创新的研究不少，但是到目前为止，仍然没有形成统一的结论。多数学者会依据自己的专长，针对某一个或者某几个绿色创新的影响因素进行详细的阐述与研究，然而，一件事物总是会受到多重因素的共同作用，而且这些因素之间也会相互作用。所以，本章将从网状思维出发，以长三角地区环保企业为研究对象，基于扎根理论，识别出尽可能多的节能环保企业绿色创新行为的影响因素，并且找出关键影响因素，分析各个关键影响因素对不同类型企业的作用效果以及不同创新阶段中具有显著影响的关键因素的差异，从而为创建绿色创新动力机制模型奠定坚实基础。

5.3.2 研究设计

5.3.2.1 研究方法

扎根理论是指在经验资料的基础上建立的理论，研究者一般在研究之前不提出理论假设，直接从实际观察出发，从原始数据资料中进行归纳总结，再不断进行资料的对比和补充，最后提炼出核心概念，上升到理论，是一个自下而上的分析过程。

扎根理论是由格拉泽（Glaser）和斯特劳斯（Strauss）两人共同提出的实用主义版本。格拉泽的编码分为开放编码和理论编码，他非常反对轴心编码，认为轴心编码违背了扎根理论的原则，同时提出了拥有18个理论代码的家族系列，反对过分依赖编码家族，但在国内外的相关研究中运用格拉泽版本的文献总体来说较少。格拉泽和斯特劳斯认为经典版本对于如何做扎根理论并没有给出详细的论述，所以可能会误导对扎根理论有兴趣的研究者，从而导致错误的操作。因此，他们发展了扎根理论，提出实用主义版本，其包括开放式编码、轴心编码和选择性编码三个层次的编码，对具体的步骤进行了极为详尽的描述。在开放式编码中，将繁多冗杂的数据资料拆分成细小部分，拆分的过程是一个非常微观的分析，使得数据尽可能检索到底可以用哪些种不同的编码方式，所有的编码可能都能呈现出来。开放式编码之所以作为所有编码的第一步，是因为它需要命名和定义类属，还需要通过不断比较分析的方式在属性和维度两个层面发展类属。在轴心编码过程中，研究者不仅要考虑到这些类属本身之间的各种关联，而且还要将被研究者的言语结合当时的社会文化背景加以考虑。开放式编码与轴心编码之间是循环往复、交叉进行的，并非按照顺序依次进行。在选择性编码过程中，研究者需要确定核心类属,核心类属也就是频繁出现而且对整个研究起主导作用的类属,然后将与核心类属相关的其他的内容单独筛选出来,最后将核心类属与周围相关类属进行一个体系化的呈现,在选择性编码之后,理论化的表述便形成了。

5.3.2.2 样本选择

本章研究的是我国长三角地区节能环保企业的绿色创新,为了能够使得研究结果更加具有代表性和说服力,将从2016—2020年度被评为全国"十大绿色创新企业"和2020年中国环境企业前50强中筛选出位于长三角地区的企业,并对其关于绿色创新材料进行收集,按照创新型节能环保企业、制造型节能环保企业、服务型节能环保企业这三类划分标准,选取了其中24家位于长三角地区的典型企业(12家创新型节能环保企业、6家制造型节能环保企业、6家服务型节能环保企业)为样本。为了更好地分析样本企业的数据资料,笔者将资料分为网站资料、报道和期刊三类。最终,随机选取20家样本企业,其基本信息如表5-2所示。

表5-2 样本企业的基本信息表

序号	企业简称	绿色创新成果	数据资料来源	份数	成立时间
1	江苏启能新能源材料有限公司	无机相变储热技术	网站资料(1份);报道(7份);期刊(3份)	11	2011
2	安徽国祯环保节能科技股份有限公司	污水处理	网站资料(1份);报道(4份);期刊(5份)	10	1997

续表

序号	企业简称	绿色创新成果	数据资料来源	份数	成立时间
3	常州江南冶金科技有限公司	焦炉上升管换热器及系统	网站资料（1份）；报道（8份）；期刊（5份）	14	2014
4	杭州纤纳光电科技有限公司	钙钛矿新材料光伏技术	网站资料（1份）；报道（3份）；期刊（6份）	10	2015
5	江苏恒智纳米科技有限公司	纳米净化技术	网站资料（1份）；报道（2份）；期刊（3份）	6	2012
6	聚光科技（杭州）股份有限公司	高端分析仪器产品	网站资料（1份）；报道（11份）；期刊（7份）	19	2002
7	南方中金环境股份有限公司（杭州）	生态环境综合治理服务	网站资料（1份）；报道（4份）；期刊（1份）	6	1991
8	上海艾尔贝包装科技发展有限公司	高科技材料、环保包装材料	网站资料（1份）；报道（4份）；期刊（4份）	9	2003
9	上海环境集团股份有限公司	固体废弃物和城市污水处理	网站资料（1份）；报道（1份）；期刊（4份）	6	2004
10	上海绿墙绿化有限公司	绿化工程	网站资料（1份）；报道（4份）；期刊（2份）	7	2010
11	上海三瑞高分子材料股份有限公司	工程浆体和工业涂布浆体	网站资料（1份）；报道（4份）；期刊（1份）	6	2006
12	宿迁宇能电力发展有限公司	电力工程	网站资料（1份）；报道（2份）；期刊（2份）	5	2016
13	维尔利环保科技集团股份有限公司	垃圾处理	网站资料（1份）；报道（8份）；期刊（5份）	14	2003

续表

序号	企业简称	绿色创新成果	数据资料来源	份数	成立时间
14	无锡井通网络科技有限公司	区块链底层技术	网站资料（1份）；报道（11份）；期刊（1份）	13	2011
15	盈创建筑科技（上海）有限公司	3D打印建筑	网站资料（1份）；报道（12份）；期刊（7份）	20	2003
16	浙江菲达环保科技股份有限公司	燃煤电站烟气净化	网站资料（1份）；报道（1份）；期刊（9份）	11	1969
17	浙江富春江环保热电股份有限公司	固废（垃圾、污泥）处置协同发电及热电	网站资料（1份）；报道（9份）；期刊（7份）	17	2003
18	浙江瑞明节能科技股份有限公司	节能门窗	网站资料（1份）；报道（2份）；期刊（7份）	10	2002
19	浙能锦江环境控股有限公司	异重循环流化床技术	网站资料（1份）；报道（8份）；期刊（2份）	11	1998
20	中国天楹股份有限公司	城市环境服务和废弃物末端处理及再利用	网站资料（1份）；报道（8份）；期刊（8份）	17	1984

5.3.2.3 资料收集

想要对我国长三角地区的节能环保企业的绿色创新情况有更为准确的了解，就必须要收集和整理一些位于长三角地区的典型环保企业的相关资料和数据，然后再对其运用扎根理论，获取整体性的认识。一般来说，企业的官网会有本企业最为全面的以及最新的资料，内容极其丰富，涉及面也非常广泛，包括企业简介、企业发展历程、企业产品介绍、企业文化、企业荣誉证书与专利证书、组织结构、管理者演讲与寄语、企业年度社会责任报告等，这些资料对于提取影响该节能环保企业的绿色创新行为的因素具有非常重要的作用。首先，笔者先到企业的官网，对企业的一些基本信息与资料进行收集、整理与下载；其次，从各大网站中搜寻与该企业相关的新闻资讯与人物访谈，将其转换成文本进行收录，同时查找该企业所在行业的相关政策与行业情况；最后，为了尽可能保证资料的全面性，笔者还从知网等下载了该企业相关的期刊和文献，对已有的资料进行补充。笔者将收集到的所有企业资料与数据整理到了文件夹中，并命名为"长三角节能环保企业"，如图5-3所示。下文将基于质性研究中的扎根理论，采用Nvivo12 Plus质性研究的软件对所收集到的资料进行分析。

图5-3 "长三角节能环保企业"文件夹

5.3.3 编码分析与模型构建

5.3.3.1 开放式编码

开放式编码是将繁多冗杂的数据资料拆分成细小的部分，使数据尽可能检索到底可以用哪些种不同的编码方式，最终使得所有的编码都能呈现出来。然后，再对性质相似的类属进行整合。最后，使得资料概念化、类属化、范畴化。本章将基于笔者之前所收集的20家具有代表性的长三角节能环保企业相关资料，从中发现概念类属，然后对类属进行命名。

第一步，对20家长三角节能环保企业资料进行逐字逐句的编码分析，依据其原始概念进而浓缩为初始概念，笔者所收集到的所有资料经过整合分析编码总共获得了176个初始概念，例如设计研发能力、国家专利技术、国家科研项目、参与制定地方或行业标准、环境保护教育基地、融资投资、定制化服务、科研实验室、社会责任与义务、政策支持与鼓励、信息公开、产品定位、市场推广等。具体编码过程如图5-4所示。第二步，将性质相同的初始概念进行罗列整合，从而归纳出相应的初始范畴。根据本章所研究的问题以及参考相关文献，笔者对之前获得的176个初始概念进行了归纳和整合，最终得到了节能环保企业绿色创新影响因素的20个初始范畴。为了使得开放

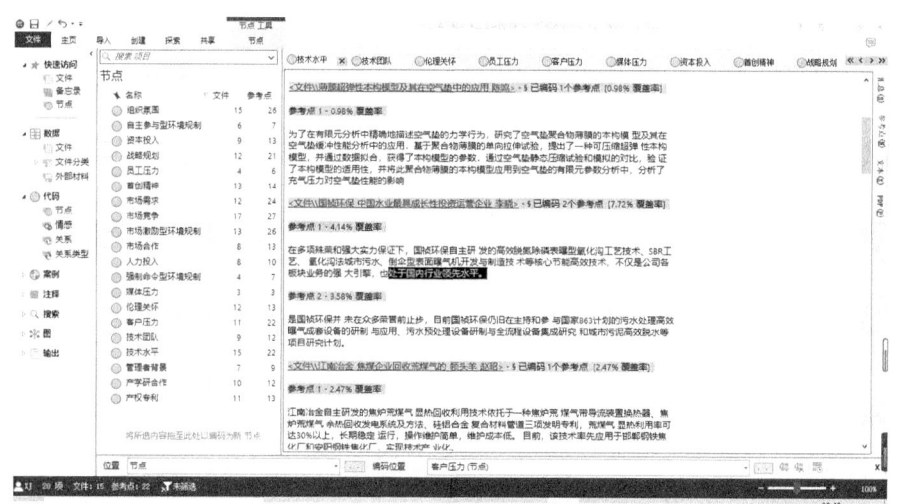

图5-4 开放式编码过程展示

式编码结果更加清晰明了,笔者根据各个初始概念出现的频率高低,最终选取了出现频率较高的具有典型性的部分初始概念绘制出表 5-3。表 5-3 中的"材料来源"指的是初始范畴所涉及材料的来源数目。

表 5-3 开放式编码产生的初始范畴与初始概念

初始范畴	材料来源	初始概念
市场需求	27	市场潜力、市场空间、应用场景、政府需求、客户公司需求、消费者需求
市场竞争	19	产品成本竞争、产品差异、管理服务、生产效率、物流模式、竞争环境、价格战、销售网络、营销策略、产品优势、产品定位
市场合作	19	战略合作、技术交流、技术共享、产业联盟、资源共享、政企合作
强制命令型环境规制	6	政策规定、法律规范、行业标准、机构监管、税收政策
市场激励型环境规制	26	政府支持、政府鼓励、政府投资、政府扶持、成果奖励、立项支持、税收优惠、补贴强度
自主参与型环境规制	10	积极参与项目、带头签署协议、响应国家战略规划、信息公开
产权专利	20	技术专利、产品资质、知识产权、新型专利、荣誉认证、软件著作权
产学研合作	19	校企合作、科研合作、重点实验室、产学研模式、交流平台
管理者背景	14	学历背景、成长经历、工作经验、创新意识、出国深造、回国创业
技术团队	20	精英人士、研发人员、专业人才、创新团队、海外人才、跨专业人才队伍、专家队伍

续表

初始范畴	材料来源	初始概念
技术水平	34	领先水平、突破性进展、国际水准、研发能力、科研体系、自主创新、经验丰富
伦理关怀	16	公益理念、社会责任、社会担当、社会效益、道德伦理、环境效益、慈善活动
员工压力	9	员工健康、工匠精神、员工激励
客户压力	20	客户需求、定制化服务、环保意识、绿色需求、客户议价能力、客户转换成本
媒体压力	6	舆论监督、媒体报道、新闻采访、网络传播
资本投入	15	战略投资、企业上市、募集资金、融资渠道、融资模式、研发费用
人力投入	17	员工素质、员工分布、员工结构、员工数目、人才战略、人才梯队
首创精神	21	创新理念、技术壁垒、技术蓝海、技术先河、技术突破、创新精神
战略规划	25	发展目标、发展前景、产业战略、未来规划、产业转型、企业愿景
组织氛围	30	企业价值观、企业宗旨、企业精神、企业使命、质量意识、道德理念

5.3.3.2 轴心编码

在开放式编码完成以后，下一步便需要对文本进行轴心编码。轴心编码是需要研究人员能够发现各类属之间的相互关系，同时试图寻求表达这些类属的被研究者的动机与意图，在其社会文化背景和所处的语境中加以理解，最后将初始范畴发展成为主范畴。笔者对 Nvivo12 Plus 质性研究软件分析得出的 20 个初始范畴进行分类，最终发展出 6 个主范畴。这 6 个主范畴分别为市场因素、环境规制、创新技术与能力、利益相关者压力、资源整合与投入以及企业文化。其中,"市场因素"主范畴主要包括市场需求、市场竞争和市场合作这3个初始范畴;"环境规制"主范畴主要包括强制命令型环境规制、市场激励型环境规制以及自主参与型环境规制这3个初始范畴;"创新技术与能力"主范畴主要包括产权专利、产学研合作、管理者背景、技术团队和技术水平这5个初始范畴;"利益相关者压力"主范畴主要包括伦理关怀、员工压力、客户压力和媒体压力这4个初始范畴;"资源整合与投入"主范畴主要包括资本投入和人力投入这2个初始范畴;"企业文化"主范畴主要包括首创精神、战略规划和组织氛围这3个初始范畴。笔者通过对资料进行轴心编码过后,形成了6个主范畴,主范畴与初始范畴的罗列以及主范畴与初始范畴之间的内在关联如表5-4所示。

表5-4 轴心编码形成的主范畴、初始范畴及其内在关联

编号	主范畴	初始范畴	内在联系
1	市场因素	市场需求	通过政府需求、客户公司需求、消费者需求从而对市场空间和需求有个大致把握,这有助于企业有针对性地进行绿色创新
		市场竞争	企业可以通过提供差异化的新产品、建设新型销售网络、制定新的营销战略等各种竞争手段获取优势,这恰恰促使企业更加注重各方面的创新
		市场合作	通过技术交流、技术共享、产业联盟、战略合作等有利于企业提高创新效率,共同应对商业对手
2	环境规制	强制命令型环境规制	政府通过政策规定、法律规范、行业标准、机构监管、税收政策对企业进行规制
		市场激励型环境规制	政府通过成果奖励、立项支持、税收优惠、补贴强度等对企业创新进行激励
		自主参与型环境规制	政府通过建设项目、签署协议、信息公开等进行规制

续表

编号	主范畴	初始范畴	内在联系
3	创新技术与能力	产权专利	企业通过技术创新获取技术专利、产品资质、知识产权、新型专利、软件著作权等，同时注重专利的保护，也有利于企业持续绿色创新
		产学研合作	企业与各高校联盟进行科研合作有利于企业的绿色创新
		管理者背景	管理者的学历背景、成长经历、工作经验、创新意识等会对企业的绿色创新有明显的影响
		技术团队	研发人员、专业人才、创新团队的知识素养决定了企业绿色创新的水平
		技术水平	技术水平是企业绿色创新的评价指标，同时企业在高技术水平下才会有更显著更突出的绿色创新
4	利益相关者压力	伦理关怀	企业具有较高的社会责任感有利于企业树立良好形象，从而促进企业的快速发展和绿色创新
		员工压力	员工的高素质、高创新意识等有利于企业的绿色创新
		客户压力	消费者的绿色环保意识、客户企业的绿色需求等有利于推动企业的绿色创新
		媒体压力	舆论的监督、媒体对绿色环保企业的宣传报道等对各企业绿色创新意愿有促进作用
5	资源整合与投入	资本投入	企业在各方面的绿色创新都需要资本的支持
		人力投入	企业对人才战略、人才梯队的投入有助于企业的绿色创新
6	企业文化	首创精神	管理者的创新精神、企业的创新文化有助于企业的绿色创新
		战略规划	企业的绿色发展目标、发展前景、产业转型、企业愿景有助于企业朝着绿色创新道路前进
		组织氛围	企业使命、企业宗旨、企业精神等是企业长期形成的，渗透到企业各方面

5.3.3.3 选择性编码

在完成轴心编码之后，则需要进行选择性编码。对于选择性编码，研究者需要确定那些频繁出现而且对整个研究起主导作用的类属或范畴，然后将与核心范畴相关的其他的内容单独筛选出来，最后将核心范畴与周围相关的范畴进行一个体系化的呈现，也就是通过"故事线"的形式进行描述。

经过详细的对比分析，笔者确定了"绿色创新意愿"为核心范畴，围绕这一核心范畴的"故事线"可以概括为：市场因素、环境规制、创新技术与能力、利益相关者压力、资源整合与投入以及企业文化这6个副范畴对绿色创新意愿都有显著影响；市场因素与环境规制是企业绿色创新意愿的导向因素，具有指引方向的作用；创新技术与能力是企业绿色创新意愿的驱动因素，具有促进作用；利益相关者压力和资源整合与投入是企业绿色创新意愿的强化因素，具有巩固的作用；企业文化是企业绿色创新意愿的维持因素，具有润滑剂的作用。依据此"故事线"，构建出"长三角节能环保企业绿色创新影响因素模型"，如图5-5所示。

5.3.3.4 理论饱和度检验

扎根理论要求研究者在完成选择性编码之后需要进行理论饱和度检验，理论饱和度检验是用来判断研究者是否需要继续进行额外资料的收集与整理，如果在样本数据中出现了全新的初始概念或者初始范畴，那么表明理论未达到饱和状态；反之则达到饱和。为了提高本研究的效度与信度，笔者总共收集了位于长三角地区的24家具有代表性的节能环保企业的数据资料，其中随机抽取20家节能环保企业的数据资料利用Nvivo12 Plus质性研究软件进行编码分析，而剩下的4家节能环保企业则作为预留样本进行编码分析，以检验理论的饱和度。对预留的4家样本企业再次进行编码分析之后，并没有出现与之前相比较而言具有较大争议的或全新的概念与范畴，因此可以得出结论，本研究所得到的编码范畴和所构建的长三角节能环保企业绿色创新影响因素模型在理论上基本达到饱和。

第五章　长三角节能环保企业绿色创新动力机制质性研究

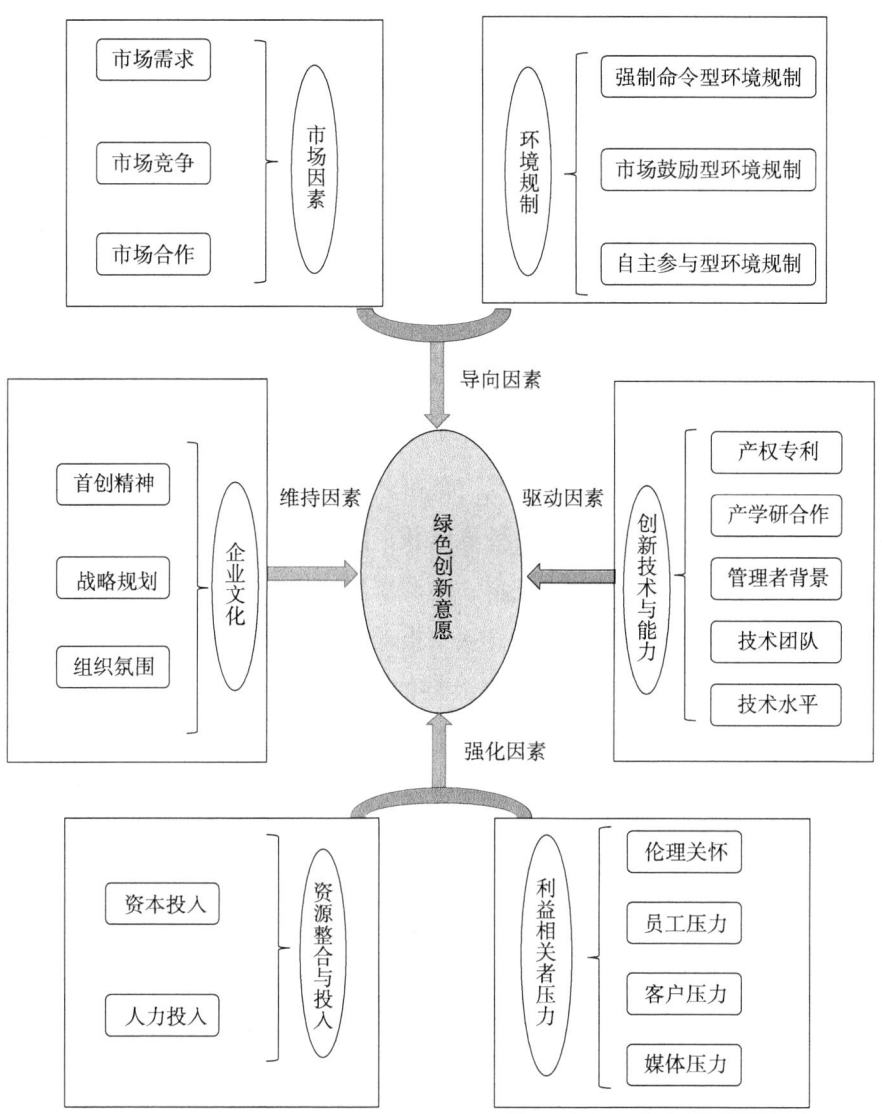

图 5-5　长三角节能环保企业绿色创新影响因素模型

5.3.4　模型阐释

5.3.4.1　市场因素

在以绿色创新为实现路径,加快经济发展转变方式、推进生态文明建设的进程中,市场必须要起到决定性作用。市场是企业的外部宏观环境,市场上的一系列因素都会或多或少影响企业的生存与发展。市场需求将会为企业未来的发展方向提供指引。随着现在全球生态环境的不断恶化,消费者的绿色环保意识在不断地增强,消费观也逐渐绿色化;许多企业客户也在不断向绿色节能方向转型,对绿色能源、设备与服务的需求不断增加;政府对绿色环保也越来越重视,不断加大对绿色领域的投入力度,政府对环保设备的采购不断攀升。这些都表明绿色市场的空间还在持续扩大,对于许多节能环保企业来说,这无疑是拉动其绿色创新的重要因素。

在绿色环保方面市场还有很大的发展空间,那么必然会引起企业之间的竞争。市场竞争是市场因素的灵魂,企业之间的良性竞争有利于调动市场主体积极性,提高经济效益,推动科技创新,优化社会资源配置。企业通过提供差异化的新产品、降低生产成本、建设新型销售网络、制定新的营销战略等各种竞争手段来获取竞争优势,从而推动企业持续发展。但是,企业要想提供比竞争对手价格更低同时质量上乘的产品与服务,就必须要进行创新,唯有不断创新和不断突破才能够保证企业长久生存与繁荣。在积极构建环境友好型社会的大趋势下,企业的创新朝绿色环保方向靠拢,将绿色融入创新的方方面面,从而树立起企业的绿色形象以获得消费者的认可和信赖,最终在市场竞争中脱颖而出。

实际上,市场竞争与市场合作的关系非常重要,市场主体之间不单需要自由竞争,市场主体之间的合作,可以有效减少甚至避免过度竞争和无节制竞争所带来的负面影响。所以,市场竞争与市场合作是相互统一的。企业通过战略合作、技术交流、技术共享、产业联盟等合作手段有利于提高创新效率,共同应对商业对手。而长三角地区一直是中国最大的节能环保产业集群之一,拥有全国领先的创新水平、雄厚的产业基础、强劲的科研实力,所以区域间的市场合作有利于企业的绿色创新水平的提升。

综上所述,市场因素是节能环保企业绿色创新的导向因素,决定了节能环保企业绿色创新的发展方向。

5.3.4.2 环境规制

政府作为外部主体,对企业的绿色创新行为也存在显著的影响。不同的环境规制类型对区域绿色创新系统协调发展的驱动效果也存在不同。根据主动和被动关系可将环境规制分为三类:第一类是强制被动即强制命令型环境规制,第二类是鼓励被动即市场激励型环境规制,第三类是积极主动即自主参与型环境规制。

对于强制命令型环境规制是否能够促进企业的绿色创新,不少学者仍然持有不同的观点。张娟(2019)利用博弈模型探讨了企业绿色技术创新的内部机制,并利用数据模拟环境规制对企业绿色技术创新绩效的影响,结果表明:环境规制对绿色技术创新产出的影响呈现U形关系,即随着规制强度的增加,绿色技术创新效率会不断降低,之后又会随着规制强度的增大而增大。吴力波等(2021)通过构建有关企业创新选择的理论模型,证明政府垂直化监管能够促进企业进行绿色创新,并且与缺乏创新能力的企业相比,创新能力强的企业会进行更多的绿色创新。但总体来看,大部分的学者都一致认同强制命令型环境规制对企业的绿色创新有一定的促进作用。比如政府通过起草相关绿色环保政策和法规对高污染企业依法取缔、制定严格的行业污染排放标准、设立环境监察机构进行监管等都属于强制命令型环境规制。

对于市场激励型环境规制,使得企业采取绿色创新行为更加具有灵活性,对绿色创新具有拉动作用。我国的市场激励型环境规制主要包括对企业的绿色创新成果予以奖励、对政府联合企业建立的绿色环保项目进行支持、对那些对环境有突出贡献的节能环保企业给予税收优惠和减免、加大对节能环保企业的补贴强度,等等。

自主参与型环境规制是公众通过信息公开、协商举报等手段表达其利益诉求从而促使企业主动进行绿色创新。自主参与型环境规制也在一定程度上依靠企业的绿色环保意识,对于那些绿色环保意识强的企业,往往会自觉主动配合国家环保政策、发展战略。

综上所述,环境规制对长三角节能环保企业也具有导向作用。

5.3.4.3 创新技术与能力

节能环保企业相对于其他企业来说，对技术创新与能力的依赖性更强，而且对于这种高新技术产业，其技术创新的难度更高、风险性也更大，因此对企业未来的发展状况有很重要的影响。企业对于自主研发的产品积极申请技术专利和知识产权，有助于企业增强技术创新的热情和积极性；企业通过与各大知名高校进行科研合作、联合建立重点实验室、搭建技术创新交流平台等各种产学研模式，更有助于企业绿色创新升级；各企业管理者的高学历背景、丰富的成长经历和工作经验以及创新意识都会提高企业的创新意愿；专业技术团队以及一流技术水平会为企业搭建更加稳固的地基，使得企业的绿色创新技术与产品更有价值与现实意义。

综上所述，创新技术与能力是长三角节能环保企业进行绿色创新的驱动因素。

5.3.4.4 利益相关者压力

利益相关者压力是影响企业推行绿色创新战略的外部因素，是绿色创新战略的强化因素。它反映了企业推行绿色创新战略的外部约束，其形式是重要个人或团体对企业行为决策的影响。在日趋复杂的社会环境中，企业会受到来自各方群体的压力，包括员工压力、媒体压力、客户压力以及伦理关怀等，但是企业很难清晰地判断出是哪些群体给予了压力，一般来说会笼统地感受到外界不断给予企业压力，使得企业不得不去加强自己的绿色创新能力与技术能力。例如，企业中员工的高素质、高要求和高创新意识使得他们不断地去刻苦钻研，努力寻求技术的突破与创新，这无形中的员工压力会使得企业不断去创新；随着环境的恶化，社会公众非常重视环境保护，企业需要承担起社会责任，将社会、经济与环境三者利益相统一，在进行技术创新时要考虑绿色节能环保，在社会公众面前树立起绿色环保的形象，从而获取社会公信力与消费者好感，客户压力也会促使企业的技术创新绿色化；随着互联网的不断发展，舆论监督、媒体报道使得那些对环境具有破坏性影响的高污染企业无处遁形，而节能环保企业的绿色化发展为企业带来了可观的经济效益，这反过来又促使企业继续坚持绿色创新与发展。

综上所述,利益相关者压力是长三角节能环保企业进行绿色创新的强化因素。

5.3.4.5 资源整合与投入

资源对企业的重要性犹如土壤对于树苗的重要性,土壤给予树苗养分,一旦树苗离开了土壤,那么即使再粗壮再顽强的树苗也长不成参天大树,企业也是一样,没有资源的企业无法持续发展壮大,要想赢得未来,就必须要有充足的资源来支持。首先,企业得进行资本投入。企业可以通过企业上市、募集资金、融资等手段来获取资金,当资金充足时企业才能够购进先进的研究设备、建设研发基地、引进专业人才,才能够进行创新发展。其次,企业需要进行人力资源的投入。人是企业的核心,人力资源是企业最重要的资源,企业应提升对人力资源的利用效率,不断优化内部配置,为企业创新打好基础。

综上所述,资源整合与投入是长三角节能环保企业进行绿色创新的强化因素。

5.3.4.6 企业文化

企业文化渗透到所有的商业领域,影响和支配各种企业活动之间的关系。企业文化反映在组织的各个层面,并传承到组织的下一代员工的运作方式中。本章将企业文化分为三大类,分别为首创精神、战略规划和组织氛围。企业文化对企业的绿色创新有着导向、教化、激励的作用。例如当企业遇到创新瓶颈的时候,企业的首创精神可以促使员工将困难化为动力,将挑战视为机会,更加坚定地为设定的目标而努力;以绿色创新为发展目标的企业会引导职工为企业发展而奋勇拼搏,迸发出无穷的创造力,为企业发展献计献策、不断创新;企业为技术研发人员设立激励机制等手段能够刺激员工的创新意识,从而使得员工获得归属感、满足感和成就感;企业为员工举办一些团建活动能够使得员工身心健康,减少工作带来的压力,从而提高工作效率和创新效率。

综上所述,企业文化是长三角节能环保企业进行绿色创新的维持因素,渗透到企业各个方面。

5.4 绿色创新影响因素动态作用的案例研究

5.4.1 问题提出

上文运用 Nvivo12 Plus 质性研究软件对我国长三角节能环保企业绿色创新影响因素进行了编码分析，得出了市场因素、环境规制、创新技术与能力、利益相关者压力、资源整合与投入、企业文化这六个因素对长三角节能环保企业绿色创新有重要影响。由于所收集的 20 家节能环保企业包括了各种类型和不同规模大小企业，有创新型节能环保企业、制造型节能环保企业、服务型节能环保企业，有成立三十多年的上市企业，也有刚刚成立没几年的中小企业，所以它们面临的外部环境不尽相同以及内部资源和能力水平也存在差距，所以上文编码所得出的六个关键影响因素对节能环保企业的作用机制也仍需进一步分析和探究。针对这六大影响因素，下文将围绕以下几个问题展开研究：

(1) 这些关键影响因素对不同类型的节能环保企业有哪些不同的影响？

(2) 在创新的不同阶段哪些影响因素起到最关键作用？

由于案例分析更能够立体化的呈现出结果，所以下文将采用案例分析的研究方法对节能环保企业绿色创新的关键影响因素的影响效果差异、影响阶段等问题进行深入研究。

5.4.2 研究设计

为了保证研究的信度与效度达标，笔者采用了各种收集方法，包括：到企业的官网对企业的一些基本信息与资料进行收集、整理与下载；从各大网站中搜寻与该企业相关的新闻资讯与人物访谈，将其转换成文本进行收录；从知网等学术网站下载该企业相关的期刊和文献对已有的资料进行补充；实地到企业进行调查走访、采访企业内部员工，等等。为了更好地研究提出的问题，笔者选取了具有代表性的两家节能环保企业，分别用 X 企业和 Y 企业表示。首先，这两家样本企业的类型不同，X 企业为服务型环保企业，Y 企业为创新型环保企业,这符合"关键影响因素对不同类型的节能环保企业有哪些不同的影响"这个问题的研究;其次,这两家企业的存在年限不同,X企业自创立以来将近有40年的历程,Y企业创立20年。虽然这两家环保企业多方面存在显著差异,但是仍然具有共同点。首先,这两家环保企业均位于我国长三角地区,这符合本章的研究主体特征;其次,X企业是2020年中国环境企业前十强,Y企业获得过全国"十大绿色创新企业"荣誉,均是绿色环保行业的典型代表。所以,本章的案例抽样充分考虑了研究问题的相关性,这有助于本研究最终获得结论的准确性的提高。

5.4.3 案例企业简介

本章选取了位于长三角地区的两家节能环保企业作为研究对象,下文将对 X 企业和 Y 企业的基本信息进行介绍,如表 5-5 所示。

(1) X 企业。

公司成立于1984年,是从事城市环境服务和废弃物末端处理及再利用的国际上市公司。公司的主营业务包括市政环境基础设施项目的投资、建设、运营、维护以及环保装备的研发、生产和销售,涉及各种类垃圾处理、污水处理、废气处理等。公司坚持"全场景、全品类、全智能、全过程、全处置"的"5A"环境服务,对所有城市服务实施人性化、智能化和数字化的产业链管理。该公司还致力于社会的可持续发展,致力于回收材料和再利用能源,为全球发展和改善人们的生活环境作出贡献。

(2) Y 企业。

公司成立于2002年,是国内高端分析仪器仪表领军企业,主营业务包括以高端分析仪器产品技术为核心的研发、生产、销售和基于行业客户需求深度融合的创新应用开发。企业拥有多产品线、多领域的解决方案,为各领域提供分析仪器、信息化软件、环境治理装备的创新产品组合,等等。公司自成立以来一直秉承"科技基因、研发基石",坚持打造国内自主研发高端分析仪器空白的初心,致力于打造"中国造"的高端分析仪器领军企业,到目前为止,公司已经取得了800多项专利技术。

表 5 – 5   案例企业基本信息

公司代号	成立时间	主要业务	资料来源	所在地
X	1984 年	从事城市环境服务和废弃物末端处理及再利用	网站资料（1 份）；新闻报道（12 份）；期刊、杂志（8 份）	江苏省
Y	2002 年	以高端分析仪器产品技术为核心的研发、生产、销售	网站资料（1 份）；新闻报道（11 份）；期刊、杂志（7 份）	浙江省

5.4.4 案例分析与结果

5.4.4.1 绿色创新影响因素作用机制

(1) 市场因素与绿色创新意愿。

对于 X 企业所处的市场，其市场需求很乐观。"十四五"期间垃圾焚烧市场在多因素影响下预计增速持续放缓，新增市场需求可达 51.8 万吨/日。所以综合考虑，X 企业的市场需求将会持续扩大。同时，X 企业与商业伙伴之间建立了战略共享机制，形成长期战略合作意向，及时进行信息沟通，这有利于 X 企业及时把握行业绿色创新趋势、调整创新战略。

而 Y 企业，环境业务已经成为公司的最主要业务，其作为国内外监测仪器产品线最全的公司，在国内一些细分领域已实现了市场占有率第一。Y 公司创始人姚先生接受采访时说："一家龙头企业的增长速度若不能高于或者远远高于市场的增长速度，那么企业是失败的。中国的仪器仪表市场的潜力巨大，预计未来至少 10 年内每年都会有两位数的增长。因此，我们公司对下属子公司与业务板块每年的最低增长要求不低于 20%。"虽然仪器仪表行业市场需求巨大，但同时市场竞争也非常激烈。Y 企业作为一个技术密集型企业，面对激烈的市场竞争，其不断致力于新技术研究和新产品开发，定位于高端市场，拒绝打价格战。

（2）环境规制与绿色创新意愿。

为鼓励污染防治企业绿色发展，2019年5月各政府机构联合发布公告，对符合政策条件的从事污染防治的第三方企业实施税收减15%政策。而X企业作为第三方企业的一员，也享受了国家的税收减免政策，这有利于X企业减轻资金压力从而加大绿色创新的投入力度。X企业除了受到激励型环境规制，同时也受到自主参与型环境规制。X企业遵循《中华人民共和国环境保护法》《中华人民共和国大气污染防治法》等有关要求，自2020年1月2日起，主动每日公开生活垃圾焚烧发电厂前一日相关污染数据标记。政府通过信息公开等措施进行环境规制有助于企业自主进行绿色创新。

对于Y企业所面临的环境规制情况，Y企业的孙总经理表示对未来充满信心："近些年来，各企业的环保理念和法治观念不断提升，中央生态环保督察和各种专项督查的高压化、常态化，促使许多地方政府与工业企业不断增加环境监测的投入力度，然而环境监测垂改带来了监测权上收，这有利于解决过去存在的权责不清、跨区域环境问题解决机制实施困难、地方保护主义泛滥等问题，打破限制环境监测行业发展的壁垒。"

（3）创新技术与能力与绿色创新意愿。

X企业拥有优质的炉排焚烧发电技术和先进的等离子技术及建筑垃圾、厨余垃圾、废油脂等核心处置技术，截至2020年底，公司共拥有授权专利544件，其中发明42件、实用新型486件、外观16件。与此同时，X企业有强大的"一体两翼"研发平台，在中国、北美和欧洲均设有研究中心进行技术研发。除了具有丰富的产权专利和高超的研发水平之外，X企业的管理者也具有超强的创新意识，其旗下子公司通过实施"调研+发展+创新"的管理战略来创造更多的企业价值，在创新项目的管理和开发中，系统地促进公司所有成员、客户和供应商参与技术创新研发。

Y企业在2003年成功地研制出"半导体激光在线气体分析系统"，这项技术在国内是前所未有的，并且该企业在2010年将自主研发的Mars-400投入市场，Mars-400是我国首台由中国企业独立研发的便携式离子阱气质联用仪。Y企业除了技术水平在行业内遥遥领先，其知识产权和专利也非常突出，高达800多项。如今，Y企业的激光产品市场占有率达95%，居世界首位。此外，Y企业研发团队人数将近1000人，占企业总人数的20%，其中硕博士占比58%。

（4）利益相关者压力与绿色创新意愿。

X企业举办许多场环保活动，宣传垃圾分类回收再利用的知识，呼吁并指导大众自觉实现垃圾分类从自我做起，给社区带来了更好的生活状态。X企业积极倡导企业内部员工民主管理，对绩效表现更为突出的员工给予更高的劳动报酬，这激发了X企业员工的积极性和创新性。

Y企业20—30岁的研发人员占70%左右，这些年轻的研发人员具有非常高的创新潜能和较强的学习能力，同时Y企业始终坚持唯才是用，让合适的人承担合适的岗位，如果员工能力强便会承担更多的责任，所以Y企业的内部研发人员创新能力普遍较高，而且该企业已拥有分析仪器领域国内最具规模和创新实力的创新团队。此外，Y企业的董事长非常重视社会责任，Y企业每年都会有上百个实习岗位提供给大学生，还主动出资设立了"创新奖学金"，鼓励大学生积极创新。

从上述分析可以看出X企业和Y企业的员工创新压力较高，但这反而有利于企业的绿色创新水平的提高。同时，两家企业高度的社会责任意识使其在社会公众面前树立了绿色良好形象，增加了社会公信力与消费者好感。所以，利益相关者压力促使企业的技术创新绿色化。

（5）资源整合投入与绿色创新意愿。

人才的培养与发展是公司战略达成和业务发展的重要保障。X企业每年都会拟订员工整体培训计划，培训计划"聚焦重点，统筹兼顾"：紧跟公司"十四五"发展规划，满足年度核心业务及新业务板块发展所需人才队伍的快速培养；建设覆盖各级各类员工的课程、制度培训体系，为公司可持续发展提供保障。除了重视人力资源的投入之外，X企业也非常重视资本的投入。X企业有A股上市公司平台，产业与资本高度融合，同时还拥有多支产业发展基金。X企业的强大的资本优势能够为其绿色技术创新提供保障。

与国内同行业相比，Y企业作为国内分析仪器行业的领头羊，始终专注高端分析仪器技术的研发，不断追赶国际标杆，如今已掌握了光谱、色谱、质谱等多技术平台，在国内同行中拥有最全的产品线，产品也在各个行业领域中得到较广泛的应用。企业成立到现在已经投入近20亿的研发经费，Y企业大量的资金投入使得其绿色创新水平不断提高。

（6）企业文化与绿色创新意愿。

X企业始终以"我赢非赢，共赢为赢"作为企业价值观，以"成为高价值的环境服务专家"为企业愿景，以"一切为了价值创造与表达"为管理理念，不断创新，将顶尖的技术、优质的产品和全方位的服务呈现给客户，这样的绿色创新氛围不断激励着X企业持续突破，领先行业。

Y企业自2002年成立以来，一直秉承"科技基因、研发基石"，坚持打造国内自主研发高端分析仪器空白的初心，打造"中国造"的高端分析仪器领军企业。Y企业的创新精神从其诞生之日即镌刻在企业的DNA中，指引着Y企业人不断突破自我，开拓技术"蓝海"，这种创新精神也成为Y企业做强主业的动力支撑，形成持续进行技术创新、模式创新、管理和思维创新的推动力。管理者的创新精神也是维持企业不断创新的重要因素。Y企业的创始人回国之后一直致力于高端仪器研究，填补了国内空白。

从抽取的两家典型节能环保企业的案例资料来看，6个影响因素对不同类型的节能环保企业的影响效果差异并不显著，均能够对企业的绿色创新实践起到一定的推动作用。

5.4.4.2 绿色创新影响因素的作用阶段

企业的创新过程，一般来说，可以描述为"模糊前端→研究与开发→生产制造→商业化运用"这四个过程。对于创新过程的每一个不同阶段，都会有一个最为关键的影响因素发挥作用，下文将对每个不同创新阶段进行研究与分析。创新过程如图5-6所示。

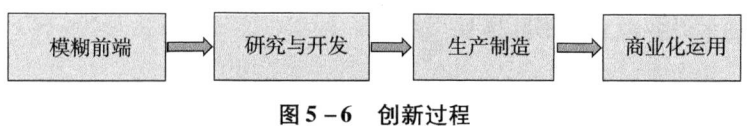

图5-6 创新过程

(1) 模糊前端阶段。

模糊前端是指产品创新过程中，在正式的和结构化的新产品开发过程之前的活动，包括机会识别、机会分析、创意的产生和丰富、创意的选择，以及概念和技术发展五个部分。在模糊前端阶段，Y企业根据市场的需求来进行新产品创意的识别。例如，Y企业管理层要求本企业要能够对重大事件需求作出快速响应和预测开发。江苏响水特大爆炸事故发生后引发了政府、企业、公众对于应急监测改进的迫切需求，Y企业则针对特定需求设计出自动切换排放量程和应急量程的"双量程"污染源在线监测设备；随着渤海综合治理攻坚战的启动，海洋高氯离子浓度下COD测定不准的问题进入研究视野，Y企业为此开发的碱性高锰酸盐指数设备和抗高氯的流路设计，能有效消除氯离子干扰和影响。由此能够看出市场因素对企业绿色创新过程中的模糊前端阶段影响非常大，对其绿色创新起到导向作用。

(2) 研究与开发阶段。

研究与开发过程指企业在明确客户需求对应的产品概念之后需要通过研究与开发从而实现创意向产品原型转换的过程。技术的研究与开发首先需要各方面的投入，包括人力、物力和财力等，但是并不是投入的越多创新效果就越明显，最终企业的创新实践效果还是取决于创新技术与能力。X企业尤为注重企业自主创新水平的提升，拥有世界一流的城市环境服务技术团队，在布鲁塞尔、上海等地设立多个研发平台。

(3) 生产制造阶段。

在生产制造阶段，资源整合与投入对其产生重要作用。企业想要大规模生产创新产品，就必须要有足够的资金去购买生产设备以及原材料，同时还要招收专业生产人员，尤其对于节能环保企业，对产品生产制造人员的专业性要求更高。X企业总员工数将近7.3万人，同时多年来连续收购了多家企业，其技术设备也随之不断增加。

(4) 商业化运用阶段。

在新产品和新技术研制出来之后，企业要想持续获取竞争优势，就必须要实现产品和技术的市场化推广。在商业化运用阶段，利益相关者的压力对企业的绿色创新实践有促进作用。X 企业注重新产品和新技术的宣传,同时其销售网络布局全国各地,注重环保意识的宣传,多次举办绿色环保公益活动,在客户面前树立起了良好形象,这对于企业绿色产品与技术的推广有重要影响。

所以,在绿色环保企业绿色创新实践过程中,市场因素对模糊前端阶段产生关键影响,创新技术与能力是研究与开发阶段的关键影响因素,资源整合与投入对生产制造阶段产生重要影响,利益相关者压力是商业化运用阶段的关键影响因素,如图 5-7 所示。

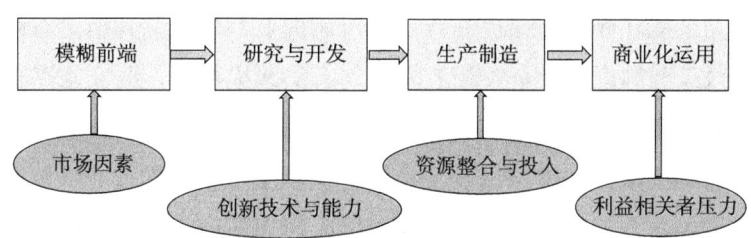

图 5-7 绿色创新影响因素的作用阶段

5.5 本章研究结论与展望

5.5.1 研究结论

本章收集了 24 家位于长三角地区的典型企业的相关资料与数据,随机选取 20 家样本企业通过扎根理论质性研究的方法,借助 Nvivo12 Plus 研究软件分析研究了长三角节能环保企业绿色创新的影响因素,研究结果表明,市场因素、环境规制、创新技术与能力、利益相关者压力、资源整合与投入以及企业文化这六个影响因素对绿色创新意愿具有显著影响。市场因素与环境规制是企业绿色创新意愿的导向因素,具有指引方向的作用;创新技术与能力是企业绿色创新意愿的驱动因素,具有促进作用;利益相关者压力和资源整合与投入是企业绿色创新意愿的强化因素,具有巩固的作用;企业文化是企业绿色创新意愿的维持因素,扮演润滑剂的角色。在此基础上,本章创造性地构建了长三角节能环保企业绿色创新影响因素模型。同时，本章又采用了案例研究方法对节能环保企业绿色创新关键影响因素的影响效果差异、节能环保企业在创新的不同阶段中起到关键作用的影响因素等问题进行了深入研究。研究结果表明，六个影响因素对不同类型的节能环保企业的影响效果差异并不显著，均能够对企业的绿色创新实践起到一定的推动作用。在绿色环保企业绿色创新实践过程中，市场因素对模糊前端阶段产生关键影响，创新技术与能力是研究与开发阶段的关键影响因素，资源整合与投入对生产制造阶段产生重要影响，利益相关者压力是商业化运用阶段的关键影响因素。通过对长三角节能环保企业绿色创新动力机制的质性研究，其结论对政府推进绿色环保政策与制度以及企业开展绿色创新实践提供了一些实施路径与参考建议。首先，政府应当因地制宜地制定高质量的环境规划。在制定绿色发展规划时，可围绕建立城市绿色发展目标，抓住主要矛盾推进环境治理。政府除了采取强制命令型的环境规制之外，更应当加强市场激励型以及自主参与型环境规制。其次，企业自身要树立起绿色环保意识，在社会公众面前树立起绿色形象，同时要将绿色创新精神贯穿于企业的各个方面，包括产品创新、管理创新、技术创新、工艺创新等。最后，政府与企业都要注重提升绿色创新技术的投入力度，通过政企合作、产学研一体化、建立研究实验室等手段提升创新水平。

5.5.2 研究展望

本章仅仅是通过质性研究对长三角节能环保企业绿色创新动力机制进行了较为初步的探索，编码的数据资料均来自企业网站、媒体报道、学术期刊等二手信息，而且收集的总样本数有限，这会在一定程度上影响研究结果的普适性。所以，未来研究仍需提高样本企业信息资料的质量，另外，也需要增加案例企业的数量，对不同规模和类型的典型企业进行深入调查研究。

第六章　环境规制对长三角企业绿色创新的影响研究

6.1　本章研究背景

近半个世纪以来，我们国家的经济高速发展，综合国力不断攀升，我国在国际社会的影响力和地位不断提高。但是在我国几十年的发展进程中，粗放式的发展模式带来了较为严重的环境污染问题以及能源过度消耗的问题，引起了社会各界的广泛关注。

在全球化的社会中，科技和创新的地位和重要性已经深受关注，并将在未来持续受到越来越多人的重视。我国亦意识到了在这样的全球环境中，想要保持我国的竞争力，不能仅仅依靠劳动力和资本。因此早在2012年的全国科技创新大会上，中央政府就提出了创新驱动发展战略，党的十八大报告中明确了"创新"在我国发展中的核心地位。党的十九大报告又一次指出了创新的重要性。从我国实施这一伟大战略起，科技实力稳步提高，获得了显著的成就。对此相关部门2018年年末公布的测算数据显示：我国的主要科技创新指标均呈现上升趋势；就研发人员的总人数、发明专利的申请和授权数目而言，我国排在了世界第一的位置。至2019年，我国科技领域的贡献率达到了59.5%，2020年统计年报中指出，中国该年度的研发支出相比2019年增长了10.3%，除此之外，我国这一年里技术合同的签定量共有55万项。

在肯定我国在经济发展和科技创新方面取得的快速发展和进步的同时，我们也必须正视在发展过程中造成的严峻的环境问题和能源问题。国务院相关文件指出，我国各种污染物的排放已达到环境自身承载能力的上限。近年来我国的水污染、大气污染以及土地污染日益严重，对能源的消耗也逐年增长。同时，随着近年来雾霾等天气现象的日益频繁，人们的环保意识不断增强，对美好生活的向往日益强烈。

在经济快速发展过程中，随之而来的一系列生态环境问题促使各国政府及国际组织开始关注"绿色发展"。聚焦国内，党的十八届五中全会确定了我国"绿色"的发展理念。2018 年习近平总书记在相关会议中的发言，也提出了生态文明建设的原则和准则，体现了我国在今后将走上由绿色发展引领生态文明建设的全新道路。在党的十九大报告中，习近平总书记重申加强环境治理、加速完善和创新环境政策，为我国刻画了清晰的未来绿色发展道路。由此可见，鼓励开发和使用清洁能源，提高企业绿色创新能力，优化产业结构和提高原料与能源利用率将是我国解决目前所面临的能源与环境危机和挑战的必经之路。那么我国现存的环境规制是否有效，怎样才能使我国在绿色发展的道路上顺利走下去，如何在最大程度上刺激企业在绿色创新方面作出积极响应，成为当下的重大问题。

为了满足人们日益增长的美好生活需要，同时兼顾人们对环境友好型社会的向往，中国政府相继推出了一系列政策、方案和计划来实现资源节约和环境保护。尽管政府的环境规制执行力度、监督方式都在不断升级和完善，这些政策究竟是否适应不断变化的宏观环境，企业在绿色技术创新方面的投入和力度是否会因此得到发展和改善仍不确定。这个领域的研究不但能够促进中国经济发展和转型，更为资源和环境保护提供依据。此外，中国各地区的自然条件和发展程度各有不同，因此环境规制的有效程度也不尽相同。如何结合长三角地区的情况，指导和引领长三角地区企业开展绿色技术创新活动，是十分有价值的问题。本章选取浙江省、上海市、江苏省和安徽省的上市企业进行研究，分析环境规制对长三角地区企业绿色创新的影响，进而希望能为政府环境政策的制定、修改和执行提供有效参考和建议。本章选用理论分析的同时，结合实证检验，探究长三角地区企业在绿色技术创新道路中，环境规制对其的影响，由此凸显环境规制在我国现阶段进行环境问题治理和缓解上的必要性,进而发现其在推动企业绿色创新上的作用,特别是对于长三角地区产生的影响,并促进该地区政府和企业制定相关的政策措施,旨在提高长三角地区企业的绿色技术创新水平,实现区域全面协调可持续发展。

6.2 概念界定与文献综述

6.2.1 相关概念界定

6.2.1.1 环境规制

(1)环境规制的概念。

"规制"一词是指当局控制和管制某些行业或公司有可能危及社会环境和安全的投资决定所采取的行动。在长达很多年的研究中,相关专业方向的研究人员和专家,对于环境规制这一概念的定义仍是存在差异的。起初,人们认为环境监管完全来自政府,由政府直接通过颁布禁制令等强制性手段进行干预。随后,人们发现了市场在环境规制中的作用,开始实施征收环境税、罚款、发放政府补贴等经济手段,由此政府和相关机关通过直接和间接的方式,以行政手段和经济手段相结合的形式进行干预。到目前为止,在人们实际运用各类环境规制工具的过程中,学者们对环境规制有了更深一层的认识,企业的某些自愿行为以及公众的监督行为受到了学者们的关注,至此,自愿性环境规制也被纳入其中,最终也形成了当前的环境规制概念。

(2)环境规制的分类。

当前,该领域的研究人员对环境规制的分类有多种。第一种将环境规制分为命令控制型、经济激励型和商业政府合作型(任荣明、彭海珍,2003),这种分类方式是从政府角度出发的分类方式。第二种根据对主体(企业等)的约束方式的差异,将其分成正式和非正式环境规制两大类(张嫚,2005)。由于环境规制的适用范围的不同,又产生了第三种分类方式,即分为出口国环境规制、进口国环境规制以及多边环境规制(张驰等,2005)。赵玉民等(2009)在发表的文章中提出了第四种分类方式,即将环境规制分为显性环境规制和隐性环境规制。显性环境规制指利用真实存在的规章制度和协议等进行约束；而隐性环境规制则是使用一系列直接和间接的方式引导人们形成环保意识，从而达到目的。

6.2.1.2 绿色创新

为了实现资源节约和生态环境保护而进行的一系列研发创新活动被称为"绿色创新"。20世纪之初，"创新理论"这一概念首次被提出，正是在熊彼特的《经济发展理论》中，并在1939年的《经济周期》中对此进行了补充完善，形成了他的理论体系。他认为作为经济增长的核心要素的创新涉及社会的各个领域。从20世纪50年代起，西方学者以此为基础，发展了技术创新经济学。

20世纪80年代开始，国内的学者们向西方的学者们学习，并在之后进行了我国自己在这方面的研究。自1990年起，我国专家学者通过问卷调查的方式，对部分企业的技术创新情况进行了调查，在此基础上，学者们对技术创新的层次、模式、机制等方面进行了研究。

绿色技术是指能减少污染，改善生态环境，降低能耗或提高资源利用率的技术。整合现有文献资料可得，绿色技术包含三个方面：

(1) 凭借节约资源、减少污染物排放和降低能耗等措施，减少对资源的过度消耗，促进人类社会的可持续发展。

(2) 用绿色新能源来代替传统制造过程中的原材料，通过选择先进的技术，对企业的工艺生产流程进行改进，提升资源和能源的利用率。

(3) 提高绿色技术以实现个人、自然、社会的和谐统一，同时保证经济稳步发展。

绿色技术创新兼顾环境保护和经济发展的目标，是在人们的生态意识和生态观念逐步形成，以及全球资源和环境问题越来越受关注的过程中，在技术创新的基础上发展起来的活动。

6.2.1.3 新《环境保护法》

我国自2015年1月1日，正式实施新《环境保护法》，从条目上看，本次新法的修改新增了23条，对我国企业污染行为的惩处力度有了一个相当大幅度的提高。同时，新《环境保护法》促使相关信息能够更好地被公众所获取，通过提高信息透明度的方式使我国公民的监督权和检举权能够更有效行使。而且，在新《环境保护法》中，职能部门监管职责更加明确、环保举措更加丰富具体，且切实可行。此外，其中规定的一系列奖惩措施不但有利于增强企业的环保意识，而且进一步激发企业进行绿色技术创新的积极性。另外，在新《环境保护法》中增加了对政府官员虚报、谎报、瞒报环境问题这一类行为的约束，在一定程度上遏制了某些地区有关部门相关领导充当企业"保护伞"的现象。

6.2.2 国内外文献综述

波特曾提出环境规制在一定程度上能够刺激企业进行技术创新，随后的新古典经济学却提出了与之相反的观点，因此这个主题开始受到国内外学者的关注，对于这个问题的研究也越来越成为国内外学者关注的重心。

6.2.2.1 国外研究现状

国外学者在这方面的研究相较于中国要提前较多，研究成果亦层出不穷。波特（1995）基于动态视角提出了"创新补偿理论"，认为环境规制能促使企业凭借技术创新来取得竞争优势。梅尔（Meier，2003），滨本（Hamamoto，2006）分别以美国和日本这两国的制造业为研究对象，通过实证分析提出环境政策与专利之间存在正相关关系。反之，阿杜伊尼和切萨罗尼（Arduini & Cesaroni，2002）依据企业案例，分析发现环境规制对企业的技术创新动力有抑制作用。瓦格纳（Wagner，2007）在研究德国的制造业环境管理与专利申请的关系后，提出环境法规对企业专利申请活动有负向影响。另外一些学者主张环境规制对绿色技术创新的影响是不确定的，因为还受到其他多方面的影响。列文（Leeuwen，2013）指出，某个国家经济发展的速度会在一定程度上影响环境规制对绿色创新能力的作用。

6.2.2.2 国内研究现状

纵观国内研究文献，虽然我国在这方面的研究起步比国外晚，但是由于我国对环境保护及可持续发展的日益重视，我国学术界在这方面的研究也硕果累累,对于环境规制及其与绿色创新的关系进行了大量深入的探究。由于我国幅员辽阔,学者们进行相关研究所选取的地域各异,且切入点各有不同,因此这些研究尚未达成相对统一的结论与方法,其观点大致分为三种:第一种观点,认为环境规制对绿色创新具有促进作用。持有该观点的学者许士春等(2012)分析发现排污税率和排污许可价格对企业绿色技术创新存在正向影响;王锋正、郭晓川(2015),王洪庆、张莹(2020)通过收集行业面板数据,对部分地区资源型产业、制造业企业等进行实证分析得出结论。王宇(2019)采用双重差分法来研究环境规制对省域绿色技术创新的影响并得出相关结论。王雯玉(2020)通过理论分析和案例分析(振华重工)得出命令式和市场激励型环境规制对绿色创新具有促进作用。第二种观点,认为环境规制对绿色创新具有抑制作用。持有该观点的学者以山西煤炭产业等数据为例,通过实证研究分析得出结论。第三种观点,认为环境规制对绿色创新的作用具有不确定性。相关学者,如何小钢(2014)、郭进(2019)通过对中国存在的研发补贴为案例进行分析,对不同规制工具进行分析,以及对构建理论模型等方法进行研究,结果表明环境规制工具的差异、政策类型的差异以及所处时间阶段的不同等都会对企业绿色创新产生不同的影响。王韧(2020)分析各类环境规制工具与企业绿色技术创新之间的关系,得出环境规制对企业绿色技术创新的影响会因环境规制工具类型和执行强度的差异而不同。

6.2.2.3 简要评述

梳理相关文献发现,目前关于环境规制对绿色技术创新影响的观点主要有以下三种:(1)环境规制对企业绿色创新有正向促进作用;(2)环境规制对企业绿色创新有反向抑制作用;(3)环境规制对企业绿色技术创新的影响效用尚不确定。从这些文献中不难发现,学者在研究的过程中很难全面考虑各地区之间存在的差异,并对特定的环境规制对某个地区的影响效用进行专门的研究。学者们丰硕的研究成果不仅为我们提供了参考,更帮助我们发现更值得进行进一步研究的方向。首先,各个国家和地区的环境规制工具都在不断修正更新,每个阶段环境规制的修订或新规制的推出和实行是否切实有效都是值得研究的内容。其次,长三角地区企业亦是绿色技术创新的重要载体，上市公司也是创新发展的重点依托，但是现有文献对环境规制与长三角地区上市公司的绿色技术创新的研究较少，以新《环境保护法》为切入点的研究更少。基于此，本章选择长三角地区的上市企业，对相关环境规制政策对该地区企业绿色创新的影响进行实证研究。

6.3 研究设计

根据以往学者的研究，环境规制对绿色技术创新的影响关系可以分为两个机制，正向激励机制和负向抵消机制。

一方面，环境规制在企业污染物排放量、是否有排污许可证等方面均作出了明确的规定，这么一来，企业势必要作出支付高昂的排污治理费的选择，以达到相关政策要求，并且企业作出的选择清洁能源等决策，也将导致企业生产成本的提高。那么，相关公司为了持续盈利和保持自身竞争力，就不得不被动进行一系列创新活动来提高技术创新水平；此外，从长远发展的角度看，为了应对环境规制带给企业的成本增加的问题，企业很有可能更加积极主动地进行自主创新（进行工艺改进、治污技术改进等）以达到减少污染物排放的目的。同时政府制定的市场激励型环境规制（如政府补贴）也能够给企业带来一定的资金扶持，激发企业进行绿色技术创新活动的主动性。

另一方面，"不适用"的环境规制政策可能会给企业绿色技术创新带来反向的效用，即可能会抑制相关企业开展绿色创新活动。如果政府实行环境规制强度过低则没有效果；如果强度过大，企业为了遵守环境政策，只能将企业的部分资金投资到后期污染治理方面，那么投入到技术研发领域的资金就会减少，影响它们进行绿色创新的热情。此外，大量增加的成本也会使企业财务状态恶化，甚至影响地区经济的发展。

由于环境规制类型的区别、环境规制工具实施的地区相异的实际情况等原因，环境规制对于绿色技术创新的影响具有不确定性。尽管如此，随着近几年我国环境治理的深入，特别是新《环境保护法》的施行，明确将环境治理的诉讼制度等内容增加到其中，进一步丰富了三种类型的环境规制，目前我国环境规制取得的成果还是非常显著的。

基于上述分析,本章认为新《环境保护法》等环境政策的修改、出台和执行有助于刺激企业进行绿色创新活动,即环境规制对企业绿色技术创新具有激励作用,提出本章的假设:

H1:环境规制对长三角企业绿色创新有显著的促进作用。

对比轻污染企业,大多数重污染企业对资源的依赖程度是比较强的。如果这类企业的管理者期望利用减产等途径降低资源消耗和环境污染程度,非常有可能直接危害企业盈利。那么在企业采取减产的方式所需要承担的成本与进行绿色创新研发的成本持平的情况下,企业将倾向于通过创新研发新技术的方式来保持自身的竞争优势,形成"补偿效应"。另外,我国不断推出和修改完善的环境规制政策针对不同经济主体,通过增加细则的方式进行法律责任的进一步明确;并更加丰富了公众参与监督的渠道,因此面对政策和公众监督的双重压力,无论是出于为了符合环境规制政策的目的或是满足公众的目的,重污染企业都会产生更为强烈的进行绿色创新的动力。根据以上分析,提出本章的假设:

H2:环境规制对重污染企业的绿色创新研发活动的影响比对轻污染企业的影响要大。

国有企业需要比非国有企业承担更多的社会责任,并且对环境保护的重视程度一直以来都比较高,一方面,国有企业能够更多地得到政府等各方的资金支持,本身就致力于实现环境保护与经济发展的平衡;另一方面,国有企业的管理层较少地看重盈利(陶林,2018)。可见,长时间以来国有企业更重视遵守各项规章制度,规范自身行为,因此相比而言,非国有企业对新《环境保护法》等规制所作出的反应可能更大。基于上述分析,提出本章的假设:

H3:环境规制对非国有企业绿色创新活动的影响比对国有企业的影响要大。

6.4 数据收集和变量选取

6.4.1 数据来源和数据收集

本章选取2012—2019年上海市、浙江省、江苏省、安徽省的上市公司作为研究样本。对于相关数据的选取主要遵循下述三大原则：(1) 以2012版证监会行业分类为依据，对重污染企业进行定义，并选取长三角地区的上市公司；(2) 剔除财务数据异常和相关指标缺失的样本；(3) 剔除部分业务复杂，或者同时存在重污染以及轻污染行业业务的公司。最终，本研究选择了其中的687家上市公司。在本章研究过程中用于上市公司研发投入相关的各项数据和控制变量均来自于企业年报、CSMAR数据库，研究使用Excel和Stata13.0软件对数据进行分析，具体分析结果见图6-1。

根据图6-1可以发现，本章所研究的行业主要为上市制造业企业(61%)，同时涵盖了十余个行业。除此之外，本章选择了322家重污染企业和365家轻污染企业，相对比较均衡，由此可以认为，研究所选取的样本较为全面。

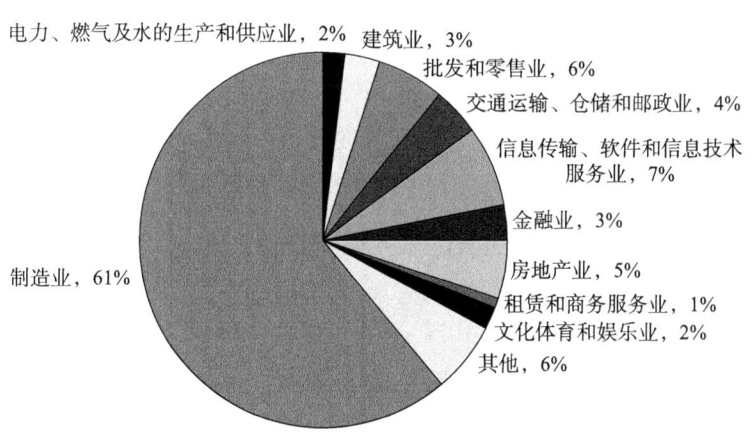

图6-1 行业大类统计

6.4.2 变量选取

6.4.2.1 被解释变量

本研究的被解释变量是企业研发投入的强度。现有对绿色技术创新的研究测量的变量较多,如专利数(件)、研发投入与能源消耗量的比值、单位产值能耗等,具体可参考如下。本章参考目前多数学者的观点(见表6-1),认为绿色技术专利申请数据和R&D投入强度能够有效衡量绿色技术创新能力,出于对数据的可得性的考虑,决定选用长三角地区企业研发投入占营业收入的比例来衡量企业绿色创新水平。

表6-1 绿色创新指标

学者	绿色创新指标
许庆瑞等(2002)	新产品产值
李广培等(2015)	R&D资本存量,R&D人数等
林春艳等(2019)	绿色专利授权总量
杨国忠等(2019)	无形资产的增加值与企业总资产的比值
斯丽娟(2020)	绿色专利申请总量

6.4.2.2 解释变量

本章选择用新《环境保护法》的实施来衡量环境规制的程度。有必要指出的是,这一新法于2015年1月1日起在我国开始施行,本章把time作为时间虚拟变量,研究中,时间在2015年以前time赋值为0,时间在2015年以后time赋值为1。本章将环境规制作为分组虚拟变量treat,企业若为重污染企业,treat取值为1;若为轻污染企业,treat取值为0。

6.4.2.3 控制变量

本章认为,其他因素对绿色创新水平这一变量的影响是不可避免的。那么为了最大程度上让研究的结果客观、准确,参照以往学者的研究,本章将公司规模、企业前十大股东持股比例、企业现金流、资产规模等因素列为控制变量进行后续研究。主要变量说明及其计算方式见表6-2。

表6-2 研究变量一览表

变量	变量名称	指标释义
研发投入强度	R&D	研发投入占营业收入比例（%）
公司规模	SIZE	总资产对数
现金流	CFO	经营活动产生的现金流量净额占比（%）
净资产收益率	ROE	净利润/净资产
第一大股东持股	CSA_1	第一大股东持股比例（%）
前十大股东持股	CSA_9	前十大股东持股比例（%）
股权性质编码	SOE	国企：1，非国企：0

6.4.3 构建双重差分模型

新《环境保护法》是一项最新的环境保护法律。对于其施行之于企业绿色创新的影响效果的检验，我们可以通过比较企业研发投入强度在该法实施前后的差异进行。然而，由于地区各方面因素对绿色技术创新均有影响，因此忽略其他因素可能导致对法规政策实施效果的评估有失偏颇。所以本章采用双重差分法进行研究。双重差分法非常普遍地被用于法规政策效果评估，因为该方法严格控制了各个样本之间的个体差异性以及变量之间内生性的问题，相较于传统方法而言更具可信度。本章研究该法律对长三角地区企业的影响，按照企业是不是重污染企业，将重污染企业作为实验组，将轻污染企业作为对照组，通过比较新《环境保护法》实施前后两组企业研发投入的强度来分析该法律对企业绿色技术创新的影响。使用虚拟变量 treat 来指公司的分组，如果公司的主营业务是重污染行业的业务，即公司为重污染企业，则其 treat 所获得的值为1；反之，如果该公司是一个轻度污染企业，那么它的 treat 为0。使用 time 代表时间的虚拟变量，在新法执行年度及其之后（2015年及其后），time 取1；在新法执行之前（2015年之前），time 为零。这项研究把实验小组和对照小组,在新法实施之前和之后进行差分,然后将实验小组和对照小组在新法实施前后被解释变量之间的差异进行比较,从而产生法规政策的净影响。

根据上述分析,本章计量模型可表达为:

$$y_{it} = \beta_0 + \beta_1 treat_i \cdot time_t + \beta_2 treat_i + \beta_3 time_t + \gamma Z_t + \varepsilon_{it} \quad (6-1)$$

在模型(6-1)中,y_{it}为被解释变量,表示第i个企业第t年的绿色技术创新水平,本章将分别通过企业研发投入强度进行测量;对于双重差分估计量$treat_i \cdot time_t$,当$treat_i$和$time_t$均取1时,$treat_i \cdot time_t = 1$;否则,$treat_i \cdot time_t = 0$。$treat_i \cdot time_t$是政策实施的影响效用是否显著的判断依据。Z_t是一系列控制变量,包括企业规模、前十大股东持股比例、资产规模、现金流等;ε_{it}指随机扰动的因素。对于实验组,在新法实施之前和之后的研发投入水平分别是$\beta_0 + \beta_2$、$\beta_0 + \beta_2 + \beta_3$;至于对照组,新法实施之前和之后的研发水平则是$\beta_0$和$\beta_0 + \beta_3$。$\beta_1$系数在这里就是要研究的法规政策效应,即环境规制对企业绿色技术创新的影响。

6.5 数据分析与假设检验

6.5.1 描述性分析

表6-3描述了各个变量的统计特征,表中通过R&D表示企业绿色技术创新程度,其最小值为0,最大值为76.35,标准差为4.218,可见法规政策实施前后以及各企业间绿色技术创新的差距显著。

表6-3 变量的描述性统计

变量		平均数	标准差	最小值	最大值
year		—	—	2012	2019
被解释变量	R&D	4.473	4.218	0	76.35

续表

变量		平均数	标准差	最小值	最大值
解释变量	time	0.625	0.484	0	1
	treat	0.257	0.437	0	1
	did	0.418	0.493	0	1
控制变量	SIZE	22.07	1.357	18.16	29.92
	CFO	5.061	7.377	-76.17	48.86
	ROE	4.649	7.842	-140.3	40.12
	CSA_1	35.12	14.63	3.890	89.85
	CSA_9	25.62	13.35	0	76.70
	SOE	0.255	0.436	0	1
观测值		687	687	687	687

由图 6-2 可知，在 2015 年到 2016 年，企业研发投入占营业收入的比例明显升高，且根据折线图趋势发现，重污染企业的上升趋势比轻污染企业明显；同样，在之后的几年中，虽然环境规制对企业研发活动产生了较为明显的抑制作用，但是相关法规政策对重污染企业的抑制作用相较于轻污染企业更大。初步说明 H2 成立，将在后续分析中进一步阐述。

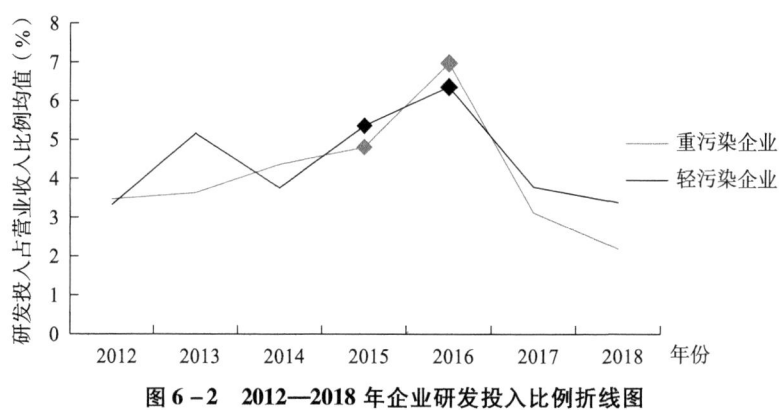

图 6-2 2012—2018 年企业研发投入比例折线图

6.5.2 模型适用性检验

6.5.2.1 多重共线性检验

由于本章采用面板回归模型衡量新《环境保护法》对企业研发投入的影响,为避免各个解释变量之间存在严重的多重共线性,使得 OLS 估计量方差增加,导致模型结果的不确定,本章首先对多重共线性问题进行了检验。

从表 6-4 可以得出结论:各个变量之间相关系数均较低,没有在 5% 的显著性水平下相关系数大于 0.7 的情况,因而本章初步判断,没有严重的多重共线性问题。

表 6-4 相关系数矩阵

变量	-1	-2	-3	-4	-5	-6	-7	-8
R&D	1	—	—	—	—	—	—	—
did	0.032*	0.032*	—	—	—	—	—	—
SIZE	-0.206*	-0.206*	-0.206*	—	—	—	—	—
CFO	-0.02	-0.02	-0.02	-0.02	—	—	—	—
ROE	0.004	0.004	0.004	0.004	0.004	—	—	—
CSA_1	-0.117*	-0.117*	-0.117*	-0.117*	-0.117*	-0.117*	—	—
CSA_9	0.131*	0.131*	0.131*	0.131*	0.131*	0.131*	0.131*	—
SOE	-0.166*	-0.166*	-0.166*	-0.166*	-0.166*	-0.166*	-0.166*	-0.166*

注:* 显著性在 0.05 水平

为了能够进一步确定检验的稳健水平,本章随即通过方差膨胀因子法验证,结果如表 6-5 所示。

第六章 环境规制对长三角企业绿色创新的影响研究

表6-5 方差膨胀因子法结果

变量	方差膨胀因子	1/方差膨胀因子
CSA_9	1.36	0.734041
ROE	1.31	0.764517
CSA_1	1.28	0.779415
CFO	1.24	0.808504
SOE	1.23	0.813098
SIZE	1.16	0.864477
did	1.02	0.982429
平均VIF	1.23	

据表6-5显示的结果，能够得出方差膨胀因子值均不超过2，因此，本章认为该模型并没有面临严重的多重共线性问题。

6.5.2.2 豪斯曼（Hausman）检验

在处理面板回归分析中，本章使用Hausman检验来确定使用固定效应模型还是随机效应模型，结果如表6-6所示。

表6-6 Hausman检验

变量	(b) 固定效应	(B) 随机效应	(b-B) 差值	sqrt (diag (V_bV_B)) 标准差
did	0.658242	0.206128	0.452113	0.133306
SIZE	-0.564274	-0.579909	0.015635	0.022386
CFO	-0.010734	-0.013402	0.002668	0.003875
ROE	-0.010443	-0.004389	-0.006054	0.003792
CSA_1	-0.021657	-0.01869	-0.002967	0.001846
CSA_9	0.013578	0.014011	-0.000433	0.002098
SOE	-0.865826	-0.949846	0.08402	0.064049
_cons	17.31477	17.65434	-0.339574	0.514532

续表

变量	(b) 固定效应	(B) 随机效应	(b-B) 差值	sqrt (diag (V_ bV_ B)) 标准差
Hausman 检验				
				系数
卡方检验值				16.479
P 值				0.036

在表 6-6 中,观测到 P 值为 0.036,小于 0.05,因此决定使用固定效应模型进行后续分析。

6.5.3 回归分析

本章利用双重差分(DID)方法,使用固定效应模型研究新《环境保护法》的施行对于长三角地区上市公司企业研发投入的影响,进而得出环境规制对长三角企业绿色技术创新的影响效应是双重差分回归分析的结果,其中的 did(treat·time),表明执行新法对于该地区重污染上市公司研发投入的净影响。

表 6-7 双重差分回归结果

变量	(1) R&D	(2) R&D
did	0.906***	0.658***
	(5.62)	(3.89)
SIZE	—	-0.564***
	—	(-10.32)
CFO	—	-0.011
	—	(-0.74)
ROE	—	-0.010
	—	(-0.43)
CSA_1	—	-0.022***
	—	(-4.30)

续表

变量	(1) R&D	(2) R&D
CSA_9	—	0.014**
	—	(2.23)
SOE	—	-0.866***
	—	(-5.67)
Constant	4.250***	17.315***
	(107.05)	(14.32)
Observations	4.651	4.546
R-squared	0.005	0.065
Number of id	687	687
ID FE	YES	YES
Year FE	NO	NO

注：括号中为稳健 t 统计量，*** $p<0.01$，** $p<0.05$

对于（1）列，我们可以看到在使用了固定效应模型、不添加控制变量后，模型整体在1%显著性水平下显著，其中 did 系数为0.906，因此我们可以得出新法对重污染企业研发投入总体有显著的促进作用，H1成立。

对于（2）列，我们可以看到在使用了固定效应模型、添加控制变量后，模型整体在1%显著性水平下显著，其中 did 系数为0.658。此外，公司的规模、公司股份的性质以及股东们股份的集中程度对公司研发投资产生重大影响。在这些因素中，我们可以看到 SIZE 的系数为-0.564，且根据表可以看出，其在显著性水平1%的情况下是显著的，得出结论认为，一个公司的规模将对公司研发投入产生重大的负面影响，而且当一个企业的规模增加1%时，该企业的创新研发投资将会减少0.564%；就 SOE 而言，可以看到其系数为-0.866，在1%的显著性水平下表现为显著，这表明公司股权性质对该公司决定是否要进行研发投入活动以及其程度产生重大的负面影响，可以进一步解释为：与对国有企业的影响相比，法规政策对非国有企业的影响要更突出，这也就验证了H3；关于 CSA，CSA_1 的系数为-0.022，在1%的显著性水平下显著，而 CSA_9 的系数是0.014，在5%的显著性水平下显著，因此我们有理由认为企业股份集中程度对研发投入会产生显著的影响,并且企业第一大股东的持股比例对企业创新研发活动具有抑制作用,而前十大股东的持股比例对此表现出促进作用。除此之外,还能看出第一大股东所拥有的股份的多少对企业研发投入的影响更大。随着第一大股东份额增加1%,公司研发投入就相应下降0.022;前十大股东的份额比例每增加1%,公司研发投入就会增加0.014。

6.5.4 平衡性检验

本章数据的时间跨度是2012—2019年,为了检验新《环境保护法》的效果,进行进一步分析,实验设置了几个年份的时间虚拟变量。pre_3、pre_2、current、post_1、post_2、post_3,分别表示2012年到2018年期间的法规政策净效应,用该年份所对应的时间虚拟变量和分组虚拟变量的乘积,即 treat·time 表示。结果如表6-8所示。

表6-8 平衡性检验结果

变量	(3) R&D	(4) R&D
pre_3	-0.888***	0.081
	(-4.52)	(0.36)
pre_2	-0.715***	-0.599***
	(-3.25)	(-2.73)
$current$	0.348	0.217
	(0.97)	(0.61)
$post\_1$	2.508***	1.964***
	(7.78)	(6.75)
$post\_2$	-1.262***	0.041
	(-4.28)	(0.13)
$post\_3$	-2.025***	-0.692***
	(-8.61)	(-2.70)

续表

变量	(3) R&D	(4) R&D
SIZE	—	-0.506***
	—	(-8.95)
CFO	—	-0.006
	—	(-0.45)
ROE	—	-0.014
	—	(-0.58)
CSA_1	—	-0.021***
	—	(-4.01)
CSA_9	—	0.013**
	—	(2.00)
SOE	—	-0.724***
	—	(-4.42)
Constant	4.499***	16.057***
	(79.73)	(13.13)
Observations	4,651	4,546
R-squared	0.042	0.079
Number of id	687	687
ID FE	YES	YES
F test	0	0
R^2_a	0.0409	0.0764
F	41.69	41.43

注：括号中为稳键 t 统计量，*** $p<0.01$，** $p<0.05$

从（3）列中可以发现在不控制变量的情况，在新法正式施行之前几年（2012年和2013年），其系数分别为 -0.888 和 -0.715，且在 1% 的水平下显著，即新法在实行前对重污染企业的研发活动有明显的抑制作用。本章认为虽然新法没有正式实施，重污染企业对此政策存在预期效应，企业在预测到会有新的环境法规政策推出时，为了最大限度降低法规政策对企业盈利的影响，会在法规政策正式实施之前将更多的成本和费用花费在认为能够为企业带来最大收益的其他活动中，同时相应缩减在企业绿色技术创新上的投入。$post\_1$ 为 2016 年的法规政策实施效果，其系数为 2.508，且在 1% 的显著性水平下显著，说明在 2016 年，新法对重污染企业研发投入的促进作用明显提高；$post\_2$、$post\_3$ 表示 2017 年和 2018 年新法实施的滞后效应，其系数分别为 -1.262、-2.025，均在 1% 的水平下显著，说明新法的影响存在一定的滞后性。

根据表中（4）列我们发现，在控制变量的条件下，新法对重污染企业研发投入整体看呈与（3）列一致的趋势，同时，可以看出，公司的规模、公司股份的性质和股份的集中程度对公司在创新研发方面的投资产生重大影响。对 $SIZE$ 而言，0.506 在 1% 的显著性水平下显著且为负值，这意味着公司规模越大，研发投入的强度就越弱；对 SOE，它的系数是 -0.724，在 1% 的显著性水平下显著，这说明政策对非国有企业的影响要比对国有企业的影响大，这也进一步验证了 H3；此外，从法规政策实施整体看，在 2015—2016 年，新《环境保护法》的实施对长三角地区重污染企业的研发投入有非常显著的正向影响，可以验证 H1。但是从 2017 年开始，新法对企业研发投入的影响表现为抑制，本章认为这是因为由于政策具有滞后性，而在新法实施的这几年里，企业整体的情况（企业规模、股东持股比例等）发生了改变，同时我国的环境问题、相关机构的执法力度、相关企业对法规政策的回应和遵守程度等相较于刚开始实施时也在不断发生改变。

6.6　本章研究结论与展望

通过对现有文献的整理分析发现，在很长一段时间里，学者们对环境规制对于企业绿色技术创新的影响持有不同的立场。中国近年来在关注经济增长的同时，越来越强调和重视绿色技术创新和环境保护，根据上述考虑，本章以"环境规制对长三角企业绿色创新的影响"为题,选取 2012—2019 年长三角地区 687 家上市公司的面板数据,通过双重差分法进行实证分析,讨论环境法规政策对长三角地区企业绿色技术创新的影响。基于以上研究思路及分析,本章的研究结论主要包括以下五个方面:

(1) 本章的模型分析认为环境规制在施行初期对长三角地区企业绿色技术创新具有促进作用。从实证结果可以看出,显然,在新法实施的两年内,该法对该区域四省市上市公司的研究和开发投入产生了积极的影响,也就是有效地促进了公司在创新研发上的投资,调动了企业绿色技术创新的积极性。

(2) 企业规模、企业股权性质、股权集中度在新法施行过程中,对企业研发活动的投入均存在较大的负影响。根据回归分析结果,从企业的性质角度来看,非国有企业受到的影响更为显著。

(3) 企业股权过度集中对企业的创新研发活动有负影响。在环境法规政策执行过程中,一个企业的股权如果过度集中于一人,即最大股东,会减少企业在绿色创新活动中的投入。本章认为这是由于在这样的情况下,企业的相关决策过度受到第一大股东的影响。

(4) 环境规制对重污染企业的影响较大。根据描述性统计分析和绘制的折线图所呈现的趋势,以及模型分析结果,能够发现环境法规政策的出台和执行对重污染企业研发活动的影响要大于对轻污染企业的影响。

(5) 环境规制对长三角企业绿色创新的促进作用具有滞后性。根据平衡性检验结果可以发现,环境规制对企业研发创新活动的促进作用在执行两年后呈现出逐年减弱,甚至抑制的作用。本章认为这一结果是企业对相关法规政策的预期效应以及法规政策的滞后性、企业内外部环境的改变、环境问题和现状的变化、地方政府监督监管力度的削弱等因素导致的。

本章的研究结论显示,新法在正式实施的两年对长三角地区企业绿色技术创新具有显著的促进作用,这表明从实际出发,根据我国宏观实际情况以及企业情况制定的环境规制政策能够在达到减污环保的同时,激励企业开展绿色技术创新活动,实现"双赢"局面。但同时环境规制效应随着实施时间推移具有动态性和滞后性。

基于上述分析，提出以下政策建议：

（1）不断修改和完善环境规制政策。实证分析结果表明，适应我国实际情况，顺应变化的环境规制政策的实施能够在一定程度上"倒逼"企业绿色技术创新。但是由于规制政策的滞后性，一旦脱离了宏观环境，其有效性就会大打折扣，甚至抑制企业进行绿色技术创新的积极性。因此，相关部门应顺应环境问题等情况的变化，及时对环境规制作出调整和修改。

（2）重视环境规制政策的持久性。缓解和解决环境污染问题本身就不是一蹴而就的事情，实施环境规制是一个长期的过程，政府和有关部门应用长远的目光看待这个过程，关注长期利益。环境规制政策在施行的初期，由于各方监管比较严格，且企业在初期表现出积极配合，因此在短期内，环境规制政策可能会表现出比较明显的积极影响。但随着环境规制政策的实施时间推移，由于各方面情况和企业内外部环境的不断变化，以及监管部门的松懈等原因，环境规制政策在几年后可能会表现出与初期相反的效应，基于此，相关部门和负责人应该意识到环保是一个长期的过程，并能够始终如一地保持严格的监督和管理，并不断设计更适合国情的环境规制。

（3）严格规制政策的执行与监督。规制政策的效果在实际执行的过程中才能体现，再好的环境规制，如果无法被严格执行也只能是空谈。新《环境保护法》在施行初期之所以能对长三角地区企业绿色技术创新产生积极的影响，除了新法本身的合理性之外，更离不开外部约束和监督。所以，在制定了良好的规制政策之后，有关部门在执行环境规制政策以及后续实时监督的工作中也不可掉以轻心。可以将规制政策的执行效果作为相关负责人的一项考核内容，充分调动地方政府的主动性，尽量避免执法不严、违法不究等行为。

（4）对不同性质的企业分别制定规制。由于企业性质的不同，所涉及的主要业务和行业的区别，企业的管理层对环境保护的重视程度，对规制政策的响应程度，以及其为了达到环保目的而需要投入的资金成本是不尽相同的。因此相关规制政策的制定者和执行者应根据不同行业和企业的实际情况，制定相对应的规制政策，以保证规制政策合理。

第七章 环境信息披露对长三角企业绿色创新的影响研究

7.1 本章研究背景

近年来随着科学技术的发展，人类活动对大自然的影响越来越大，人类的社会生产力大大提高，经济也迅速发展。但与此同时，人类对自然的破坏以及对资源的过度消耗也更加严重，这使得自然环境情况变得越来越糟糕。过去很长一段时间，我国生产技术发展较为落后，采取以经济效益为先、高投入、低产出、不惜以牺牲环境来获取经济增长的传统经济发展模式。长此以往，生态环境遭到破坏，水源浪费、大气土壤污染、能源短缺及结构不合理等环境问题危害人们的身心健康，这不仅仅会带来生态问题和社会问题，还会反过来抑制经济的进一步发展。

企业作为社会经济体系的主要构成要素，在践行绿色发展理念中具有重要地位。2009年《中国企业公民报告》中揭露："中国的工业企业造成的环境污染占总比例的70%。"因此，我国企业应当主动承担起保护环境、治理污染的责任，加强内部生产经营管理，积极披露企业环境信息，推进可持续发展。然而目前我国整体的环境信息披露水平并不高，一是环境信息披露制度不规范，尚未出台明确的披露准则及标准，企业自愿选择是否披露及披露内容，由此导致我国各地区、各行业的披露质量存在较大差异，披露内容较为简单，给予利益相关方的信息传递也不充分；二是披露内容缺乏可靠性，企业的披露内容多集中在正面的环保信息上，而较少披露负面信息，同时多使用定性描述，缺乏定量描述，不利于环境信息的纵向及横向比较；三是披露内容缺乏实用性，企业所披露的环境信息多为历史信息，具有滞后性，缺乏对不确定信息的发布，不能完整反映企业的生产情况。

企业要想实施可持续发展战略、提高绿色生产效率，便离不开绿色创新，只有加强绿色创新，才能使企业在当今激烈的竞争下占得先机，实现经济、环境和社会三方共赢。需要注意的是，只要是创新就不得不面临开发周期长、成本高、成果不稳定、信息不对称等困境，创新所付出的时间及成本是不可避免的，但是环境信息披露则可以在降低企业与其他利益相关方之间的信息不对称上起至关重要的调节作用。

随着环境问题日益严峻，建立健全环境信息披露制度，构建绿色创新体系已十分必要。环境信息披露作为利益相关方，是对企业的环境行为进行监管的有力工具，既可以反映企业环境责任的履行情况，又可以倒逼企业转变传统的粗放型发展模式，促进企业绿色生产、绿色创新、可持续发展。但是对于大多数企业来说，实现经济利益最大化才是它们的目标，企业所承担的治污责任、环境责任必然会与提高经济效益存在一定的冲突，这就导致部分企业不够重视环境信息披露，不愿进行披露或是披露质量较差。因此，本章想通过研究环境信息披露对绿色创新的影响机制，为企业改进自身环境信息披露质量提供理论依据，从而让企业实现经济、环境以及社会三重的效益共赢。

7.2 概念界定与文献综述

7.2.1 环境信息披露研究综述

7.2.1.1 环境信息披露概念

环境信息披露是指企业将经过确认、记录、计量与报告后得到的环境信息通过一定的方法、各种途径向用户进行披露的过程，它也是将企业生产经营活动中产生的环境信息传递给企业利益相关者的过程。由于环境信息的特殊性，它不仅仅通过企业投资额、消耗额来计量，也从企业的管理制度、绿色生产等方面体现出来，所以可根据是否能够通过货币计量将环境信息分为环境财务信息和非环境财务信息。环境信息披露的方式一般分为定性披露与定量披露，可使用列表列报和附注列报，例如企业对环境目标、环境影响等要素作定性披露，对企业环境投资负债、环境补助罚款等要素作定量披露。总的来说，披露的环境信息可以体现出企业的环境价值，反映其环境责任履行情况，降低信息不对称性，便于利益相关方衡量企业环境情况以进行投资活动等。

7.2.1.2 环境信息披露影响因素

影响环境信息披露的因素一般分为微观因素和宏观因素两大类。

(1) 微观因素。

针对影响企业环境信息披露的微观影响因素的研究主要包括企业特征和企业治理两个方面（闫海洲，2017；毕茜，2015）。其中企业特征主要指企业规模、企业盈利能力、财务杠杆、企业产品市场竞争等，针对这些因素的探究结论基本一致，前人普遍发现此三种因素与企业环境信息披露呈正相关关系。

企业治理则主要包括股权、监事会、董事会以及高管等。其中对股权的研究主要针对股权集中度、持股比例、股权制衡、股东大会召开次数等；对监事会的研究主要针对其规模以及会议召开次数；对董事会的研究主要针对独立董事比例、董事会人数、会议召开次数等，沈洪涛等（2010）认为董事会的规模与企业环境信息披露质量之间呈正向关系；至于对高管的研究则主要针对高管薪酬、高管素质、高管激励等，张国清和肖华（2016）的研究结果显示高层女性管理者往往妨碍公司披露环境信息，但同时高管的任职期限、岁数又都起到正面的促进作用。

(2) 宏观因素。

针对影响企业环境信息披露的宏观因素的研究主要表现为政府监管、行业特征、媒体关注、外部压力等（方颖，2018；Darrell，1997；唐国平，2019）。其中政府监管因素主要涉及政府颁布的相关法律法规、奖惩补助措施等，这些因素在一定程度上都能促进企业进行环境信息的披露；行业特征主要表现为行业种类以及产品市场竞争程度，特别是重污染行业、环保类行业会由于外部关注以及自身竞争优势而提高环境信息披露水平，至于企业的产品市场竞争程度与其环境信息披露的研究结果尚未统一，研究结果包括正相关、负相关、倒U形关系；媒体关注降低了社会公众的信息不对称程度，使得企业的被监督范围大大扩大，从而促进企业披露，张秀敏（2016）发现媒体对企业的关注度如果较高，企业会出于消除负面环境信息的角度来披露环境信息，进而获取利益相关方的信任；外部压力主要包括社会声誉、消费者市场需求等，为了营造良好的企业形象，迎合消费者的环保需求，企业也会积极地披露环境信息。

从目前的研究来看，影响企业环境信息披露的因素众多，各位学者的研究虽然存在一定的共识，但是由于选定的国家、企业和行业不同，研究方法不同，其研究结果也存在不少争议。

7.2.2 企业绿色创新影响因素

与一般的创新理论不同，绿色创新具有"双重外部性"的特点，在创新活动中，不仅仅要考虑技术和市场的推动作用，还应考虑政府的环境规制作用。根据现有文献，可以将影响企业绿色创新能力的因素归纳为两个方面：内部因素和外部因素。

（1）内部因素。

在企业内部因素中，学者们强调了企业规模、管理层特征、盈利能力等影响因素。从企业规模的角度来说，虽然目前的研究结果尚未达成一致，但是大部分的研究结果表明企业的规模与企业的绿色创新能力呈正向关系。一方面是因为大企业更容易受到社会公众的监管，从而倒逼企业重视其环保活动，主动进行绿色创新；另一方面企业规模大也可能导致企业内部生产发展固化，从而阻碍企业的绿色创新。

从管理层特征的角度来说，管理层的学历、性别、信仰、价值观、环保意识等特点均会影响企业的绿色创新行为。例如，田丹等（2017）认为高层管理者的受教育程度以及于政府任职的比重可以大大促进企业的绿色创新。

(2) 外部因素。

在企业外部因素中，学者们强调了环境规制、利益相关者的压力和合法性等影响因素。从环境规制的角度来说，杨朝均（2018）认为不同的环境规制政策对企业绿色创新能力的影响是不同的，环境投诉处理率、环境污染排放政策和"三同时"制度这些因素与企业的绿色创新水平呈现倒 U 形关系。贾军等（2017）认为环境规制不仅仅有利于企业提高国内市场的绩效，还可利用其对国外市场进行投资，以此获取发达国家的先进绿色创新技术，再反过来借助自身绿色创新能力的提升来增加对外的直接投资，进而拓展国际市场业务，提高企业的核心竞争力。总的来看，现有研究普遍认为环境规制对企业的绿色创新具有促进作用。

从利益相关者的压力及合法性的角度来说，Li 等（2017）认为源于企业利益相关者的合法性压力可以显著推动企业进行生产流程创新并开发绿色产品，此外，企业的盈利能力对其产品的绿色创新具有正向影响，而对工艺绿色创新的影响却较为微小。Kawai 等（2018）的研究发现源于东道国利益相关者的压力也能推动跨国公司子公司进行绿色创新。

综上所述，多方面因素都会影响到企业的绿色创新，只有进行多方协调才能高效率地提高企业的绿色创新能力。

7.2.3 文献评述

目前国内外关于环境信息披露对企业绿色创新影响的研究现状如下。

7.2.3.1 国内研究现状

纵观国内研究文献，虽然目前学术界关于企业环境信息披露、企业绿色创新二者之间关系的研究方法与角度有所不同，但大都认为前者对后者具有正向的促进效应，主要包括以下几种观点：

第一种观点，认为环境信息披露对企业的绿色创新在一定程度上具有激励效应。张秀敏（2016）发现公司披露环境信息对其研发质量有一定的激励作用，但这种激励作用对于不同产权、行业的公司也是不同的。王宇轩

(2019）则采取固定效应、系统 GMM 等研究手段，从静态与动态两个角度，结合行业、企业规模的异质性，研究了不同阶段环境信息披露对企业绿色创新的影响。在现阶段，由于挤出效应，环境信息公开不利于提高绿色创新水平。然而，随着挤出效应的逐渐减弱和激励效应的增强，披露环境信息将推动绿色创新水平提高。

第二种观点，强调了行业类型、市场竞争、融资约束等因素的中介作用。张文菲（2018）发现，信息披露能提升企业的创新水平；而且，与国有企业相比，民营企业的提升作用更为显著；此外，融资约束也在企业信息披露作用于创新的过程发挥中介作用。洪丽珺（2020）从会计学和经济学两个视角，研究发现对于重污染行业而言，绿色创新与企业的环境信息披露水平之间呈正相关，并且市场的竞争强度显著加强了企业绿色创新水平同其环境信息披露的关系。

第三种观点，强调企业社会责任报告是环境信息的重要载体。如果披露社会责任信息有助于减少企业环境信息的不对称，那么，强制性的企业社会责任披露政策作为信息披露的重要环境规制工具将推动企业进行绿色转型。于连超等（2019）研究发现，诸如环境税此种环境规制政策将会通过增加企业的合法性压力来推动企业进行绿色转型。毕茜和李虹媛（2019）的研究显示，绿色税收政策是通过降低企业绿色转型的调整成本来推动企业进行绿色转型的。相反，如果企业社会责任信息披露改善了企业环境信息的不对称，那么，强制性的企业社会责任披露就不可以被视为一项有效、严格的环境规制政策，也就不能倒逼企业进行绿色转型。

7.2.3.2 国外研究现状

国外针对企业环境信息披露对其绿色创新影响的研究较少，井上（Inoue，2016）基于欧盟企业碳披露项目的研究发现，披露环境信息可以增强企业同利益相关方的沟通，刺激企业主动扩展信息披露范围，进而增加企业创新活动的规模及数量。

7.2.3.3 研究评述

综上所述，前人对环境信息披露的现状、动力、影响因素，企业绿色创

新的概念、影响因素开展了相当丰富的研究,进行了理论与实证的深入探索。但仍存在以下几点不足:

(1)缺乏环境信息披露对企业绿色创新影响的作用机理研究,通过对过往文献的查询可发现,大部分学者重点集中于环境规制、社会责任信息披露等要素对绿色创新水平的影响研究,但是,和环境信息披露相比,环境规制更具有强制性,社会责任信息的范围也更为宽泛。

(2)缺乏对中介因素的作用机理研究,由于企业开展环境信息披露对其绿色创新的作用并不是单一的,还会受到诸如市场竞争、行业类型、高管特征等中介因素的影响,因此有必要展开对中介因素的研究。

(3)缺乏从动态视角来探讨现阶段和滞后期的企业环境信息披露行为对绿色创新水平的影响,因为披露环境信息的影响并不一定是当期生效,因此有必要从动态角度展开研究。

7.3 机理分析及研究假设

7.3.1 环境信息披露动因

20世纪40年代出现了社会责任披露,直到20世纪70年代,对企业环境信息披露的研究才开始脱离社会责任信息披露而独立存在。通过现今存在的诸多研究可发现,不同组织开展环境信息披露的原因有所不同,目前国内外学者主要从利益相关者理论、信号传递理论、受托责任观、合法性理论、社会声誉理论等角度,对企业的环境信息披露动因展开研究(闫雅洁,2018;李骏辉等,2020)。

7.3.1.1 利益相关者理论

该理论最早出现在弗里曼(Freeman)对企业战略管理的研究,他将企业解释为联系企业所有权、社会、经济等利益相关方的集合。陈璇等(2018)发现企业在进行环境信息披露时,会首先考虑满足利益相关方的需求,尽可能消除他们对企业所披露的环境信息的怀疑,进而得到利益相关方的支持,然后才会考虑相关法律制度的要求。其他学者也发现企业的股东和员工等利益相关者在促进企业实施绿色环保战略的过程中发挥了重要作用，同时由于各利益相关者对企业的环境信息需求各有不同，他们都希望企业尽可能地披露自己所需的环境信息。

7.3.1.2 信号传递理论

该理论一开始由斯宾塞（Spence）提出用于解释劳动市场的信号显示问题，后来才逐渐延伸到了环境信息披露研究领域。事实上，企业披露环境信息的过程就是向外界传递环境信息的过程，这一行为降低了企业同外界的信息不对称程度，有利于塑造良好的企业形象，形成品牌效应，增加企业的可持续竞争力，以便获取外部投资以及政府补助。而现今环保观念逐步深化，一些对环境敏感的投资人会为环保表现较好的公司提供绿色溢价，从而为此类公司的环境信息披露提供动力，推动企业主动进行环境信息披露。

7.3.1.3 受托责任观

受托责任观也称作委托代理理论，该理论倡导企业经营权和所有权的分离。由于身为所有者的委托方追求的是自身利益最大化，而身为受托方的经营者也想要尽可能提高自身利益，所以在运营企业的过程中，受托方很可能做出有损委托方利益的行为。因此，委托方需要同受托方达成契约来降低双方的信息不对称，维持稳定。环境信息披露就是将管理层所掌握的环境信息通过报告的形式传递给委托人，是委托人和受托人契约的重要组成部分。企业受托者，只拥有环境资源的使用权，在使用环境资源时，必须对政府、社会公众以及投资方等委托人负责，不得滥用资源。披露高质量的环境信息对于缓解委托方同受托方的信息不对称是较为有效的，企业有义务披露环境信息，让外界了解其环境责任履行情况。在当今时代下，环境信息披露对于建立企业的隐形契约十分重要（Ahmadi Ali et al, 2019）。

7.3.1.4 合法性理论

该理论最早由马克斯·韦伯（Max Weber）提出，他认为合法性是企业组织权力结构的基础与前提。从合法性理论的角度来看，由于企业会受到社会契约的约束，它的环境表现在一定程度上要和公众群体的期望相一致，否则就会面临合法性的压力。因此，披露信息在企业的合法性生产管理中具有突出作用，企业必须披露环境信息来回应社会公众，从而缓解这种合法性压力。同一时期的不同企业和同一企业在不同时期所披露的环境信息质量差异，与其受到的合法性压力不同有关，当受到的合法性压力增加时，一般就会相应地提升其环境信息披露质量（Darrell，1997；Deegan，1996）。

7.3.1.5 社会声誉理论

该理论认为声誉是企业的无形资产，它能够帮助企业获取市场的认可与支持，通过转换为价格、销售量、市场占有率等形式来为企业带来经济收益。而企业披露环境信息正是形成承担环境责任声誉的重要方法之一，陈秋圻（2019）认为从产品市场上来看，此声誉可以为企业赢得环保类消费者的支持，获取更高的绿色溢价；从资本市场来看，此声誉可以降低企业同投资者间的信息不对称，使投资者可以客观评价环境风险，减少因风险不确定而向企业要求的风险补偿，进而带来股票流动性的提升，提高企业的财务表现。因此，出于这些声誉价值考虑也会提高其环境信息披露的水平。

综上所述，来自于内部的动力以及来自外部的压力共同推动着企业披露其环境信息，此行为是数个动因综合作用的结果。进一步探讨企业环境信息披露的动因，有助于更为透彻地理解乃至调整企业的环境信息披露行为。

7.3.2 环境信息披露对绿色创新的影响机制及研究假设

7.3.2.1 直接影响

纵观以往文献可发现，目前的主流观点是：环境信息披露可以显著地正向促进企业的绿色创新（张哲，2021；张文菲，2018；徐辉等，2020；Cailou Jiang，2020）。然而由于创新具有投入与产出两个环节，此过程具有高风险性和长周期性，这也就导致环境信息披露对企业绿色创新影响较为复杂，且具有一定的滞后性，因此，过往文献主要从挤出效应和激励效应两个角度来分析环境信息披露对企业绿色创新的影响机制。

从挤出效应上看，一方面，企业需要制定完善环境信息披露制度，规范披露体系，监管日常的环境管理，并形成报告，这增加了企业人力以及经济成本。另一方面，按照相关法规政策的要求，企业所披露的环境信息应当包括企业污染物的排放量以及减轻情况、企业环保技术研发、环保投资、生态环境改善措施等，这将导致企业为向公众展现出良好的环境形象，进而投资于污染治理，去引进先进的生产设备或采用高效绿色的生产方法来减少资源耗用及污染排放，而在企业资金有限的情况下，这部分成本就会占据原投于绿色创新的资源，发挥挤出效应（王宇轩，2019）。此外，由于目前我国对企业的环境信息披露并非强制性的，所以部分企业会有选择性地披露于自身有利的正面信息，而忽视那些负面信息，从而使得披露的环境信息价值不大，无法对促进企业绿色创新产生较大的实质意义。

从激励效应上看，首先，作为彰显公司社会责任意识的重要渠道之一，环境信息披露能够增强外界对企业生产经营的注意，企业在面临公众监督的情况下不得不提高其环境绩效，从而增加企业进行绿色创新的动力。其次，环境信息的披露可以有效降低企业同外界的信息不对称问题，避免环境监管成本对企业现金流量的负面冲击，同时也可以降低融资成本、增加预期现金流量，进而缓解企业在创新过程中的资金压力，确保创新投入的稳定与持续（李立，2019）。与此同时，环境信息的披露使得利益相关方更加了解企业的环境情况，有利于投资者及时获取企业的研发动态，从而使投资者协助企业制定更为合理的研发方案，降低创新失败的风险（胡元木等，2016；王亚妮等，2014）。此外，由政府主导制定的环境信息披露制度可以为企业开展绿色创新指明方向，降低企业创新过程中的不确定性和风险性。最后，由于环境信息披露在初期的挤出效应，会增加企业的生产经营成本，这在给企业带来压力的同时也增加了企业进行绿色创新的动力，企业通过创新所产出的新技术、新设备、新生产模式等都有利于企业形成竞争优势。从长期而言，由绿色创新带来的技术壁垒能够为企业提供超出平均的"经济租金"，进而带来大量的可持续收益。

综上所述，这种影响是在挤出效应和激励效应的共同作用下产生的。在披露现阶段，挤出效应可能会发挥主要作用，短期内挤占企业的研发资金，阻碍企业绿色创新的开展。但随着企业持续披露环境信息，挤出效应的作用开始下降，激励效应逐渐凸显并发挥主要作用，环境信息的披露缓解企业在创新过程中的资金压力和研发压力，确保创新投入的稳定与持续，同时通过绿色创新带来的竞争优势也将进一步驱动企业开展环境信息披露以及绿色创新，形成可持续的环境竞争优势。基于以上分析，本章提出以下假设：

H1：环境信息披露对企业的绿色创新具有正向的促进关系。

7.3.2.2 间接影响

通过对过往文献的总结可发现，融资约束、行业类型、企业所有制、财务绩效、企业规模、企业所处市场集中度等因素在环境信息披露对企业绿色创新产生影响的过程中发挥着不可忽视的作用（王晓祺等，2020；张文菲等，2018；张哲等，2021；张秀敏等，2016）。本章将主要从企业所有制、企业规模异质视角下展开研究。

从企业所有制视角来看，不同所有制的企业在履行社会责任、引进资金人才等方面存在一定差异。一般而言，国有企业更受国家关注，其环境方面的表现受到的关注也相对更大，因此，企业的国有化程度越高，其内部有关环境的制度要更为完善，对环境法规政策的执行也更为严格。但是，国有企业对环境信息披露政策的实施不够敏感。同时，由于国有企业受到更多的国家政策支持，能够规避部分环境政策限制，其生存压力与竞争压力都比较小，危机意识较弱，生产惰性比非国有企业更大，所以国有企业受到环境法规政策的影响相对较弱，披露环境信息对绿色创新的影响也不显著（张文菲，2018；占华，2021）。而对于非国有企业来说，其生存压力与竞争压力相对较大，无论是为响应国家政策的号召，还是迎合市场的环保需求，披露环境信息能帮助企业获取更多的资金支持并引进研发人员，对其绿色创新能力的影响也更为显著。基于以上分析，本章提出以下假设：

H2：企业国有化程度越高，环境信息披露对企业绿色创新的促进作用越弱。

从企业规模的视角下来看，企业的规模并不一致，导致其披露态度乃至绿色创新水平也会有所不同。对于规模较大的企业来说，一方面，这些企业的社会影响力较大，所受到的政府及社会监管力度更强，其违法成本更高，因此，为了避免惩处、获取投资，企业会严格遵守相应的环境法律法规，积极披露环境信息，加大对绿色生产的关注，进而有利于企业投入更多的资源进行绿色创新。另一方面，由于大企业的资源整合能力较强，在开展绿色创新时形成的规模效应可以抵消相当一部分由环境信息披露给企业绿色创新带来的挤出效应。然而，对于规模较小的企业来说，其社会影响力有限，企业进行披露环境信息不仅不足以为企业获取投资者的关注与资金投入，还会增加企业的经营成本，挤出效应将发挥主要作用。基于以上分析，本章提出以下假设：

H3：企业规模越大，环境信息披露对企业绿色创新的促进作用越显著。

7.4 数据分析与假设检验

7.4.1 各指标衡量方法

7.4.1.1 环境信息披露的衡量方法

通过梳理现有研究发现，目前大部分研究是通过查阅公司年报、社会责任报告等公开信息来掌握企业的披露详情，并制定统一的评价标准，从多维度对披露内容进行评分，进而得到衡量企业环境信息披露水平的 EID 指数。但是相关研究对环境信息披露水平的衡量手段并未形成权威的衡量体系与衡量标准，目前国内外学者衡量企业环境信息披露水平的方法大致有以下几种：

第一种方法是声誉评分法，该方法采用问卷调查的方式，将问卷上各指标的评价得分进行汇总，最终总得分就是该企业的声誉得分，以此来代表企业的环境信息披露水平（陈华，2013）。但由于该方法对调查对象的要求较高，调查结果受限于被调查者的工作经历、对企业的了解程度，所以很少有人使用此种方法。

第二种方法是内容评价法，即评分人分析企业所公开的环境信息，确定评价项目以及各项的分值，通过最终得分来衡量该企业的环境信息披露水平，这也是现如今研究企业环境信息披露水平最常用的一种方法（Li，2019）。由于评分人可以任意制定评价项目内容，所以内容评价法具有一定的主观性，如果选定的评价项目不同，测算出的企业的环境信息披露水平也有所不同，但是在确定了评价标准后，内容评价法的运行还是相对客观真实的。

第三种方法是指标替代法，考虑到环境信息披露是非强制性的，国家尚未制定完善的披露制度，企业大多在年报或社会责任报告上披露环境信息，因此国内的部分学者为了避免内容评价法的主观性，便会使用和讯网等专业评估机构所发布的社会责任信息披露数据来代表企业的环境信息披露水平。但是该方法的准确性较低。

本章采用上述的内容评价法，选定十项评价项目进行评分，在每个项目的量化方面，依据是否有定量披露，将无披露的记0分，一般定性披露的记1分，详细定性披露的记2分，定量分析记3分。具体评分细则如表7-1所示。

表7-1 环境信息披露评分标准

披露项目	披露项目具体内容	评分细则
I_1	年度能源消耗量	无披露记0分； 一般定性披露记1分； 详细定性披露记2分； 定量披露记3分； 企业的环境信息披露水平总得分为各项目得分总和
I_2	环保措施及其费用支出	
I_3	污染物排放量及其变动情况	
I_4	与环保相关的政府补助、奖励与税款减免	
I_5	与环保有关的罚款、赔偿及法律诉讼	
I_6	短期或长期的环保战略、目标	
I_7	有关环保的贷款	
I_8	有关环保的规章制度及专项研讨	
I_9	有关绿色创新研发支出	
I_{10}	其他与环境有关的收支项目	

衡量环境信息披露水平的计算公式为：

$$EID_{it} = \sum_{j=1}^{n} SCID_{ijt} \tag{7-1}$$

公式中，EID_{it}是企业i在第t年所披露的环境信息各标准的总得分，$SCID_{ijt}$是企业i在第t年在j披露标准中的得分，当EID的值越大时就代表企业环境信息披露水平越高。

7.4.1.2　企业绿色创新的衡量方法

现今针对企业绿色创新的研究十分丰富，各位学者采取的方法主要包括以下几种：

第一种方法是系统评价法，包括定性评价与定量评价两类方法。一类是通过设置诸多评价指标，使用问卷调查或参考企业社会责任报告等公开信息，对企业的绿色创新能力进行定性衡量（谢洪明等，2007）；另一类是通过参考企业社会责任报告等公开信息，对选定的评价指标进行评分的方式来衡量企业的绿色创新水平（田丹等，2017）。

第二种方法是定量指标法，主要包括 DEA 模型、SBM 模型和 Malmquist 指数三种方法。其中 DEA 模型属于非参数技术效率分析方法，包括基于规模收益可变的 BCC 模型和基于规模效应不变的 CCR 模型，此两类模型确保了生产可能性边界的凸性，然而忽略了松弛性问题，导致其计算结果可能出现偏差。此外，传统的 DEA 模型只考虑了生产过程中的期望产出，忽视了非期望产出。由此便有了第二类的 SBM 模型，该方法不仅引入了投入与产出的松弛变量，解决了松弛性问题，还解决了非期望产出下的评价缺陷，它从非径向、非角度的视角下评价效率，确保了计算结果的准确性。第三类的 Malmquist 指数法则在绿色创新效率的动态测算上具有显著优势，弥补了 SBM 模型的动态测算缺陷。

第三种方法是投入产出法，该种方法主要是从企业的投入与产出两个角度来衡量企业的绿色创新。目前学者们对于投入与产出的指标选取也各有不同，比如王锋正等（2018）以研发投入量与能源消耗量的比值来衡量我国重污染企业的绿色创新；文雯等（2019）以企业能源消耗量与其产量的比值来衡量企业的绿色创新；杨国忠等（2019）则以无形资产占企业期末总资产的比值来衡量其绿色创新。

本章考虑到数据获取以及计算的可行性，选择投入产出法，以单位能耗产值来衡量企业的绿色创新，计算公式为：

$$GI_{it} = \frac{Income_{it}}{Energy_{it}} \quad (7-2)$$

公式中，GI_{it}是企业i于第t年的单位能耗产值，$Energy_{it}$是企业i于第t年的能源消耗量，$Income_{it}$是企业i于第t年的主营业务收入。当该企业的单位能耗产值越高时，代表企业的能源利用率越高，从一定意义上来说，这也代表该企业的绿色创新能力越高。

7.4.2 样本选择及数据来源

本章在查阅长三角区域制造业上市公司近5年年报的基础上，根据调查数据的可得性与可操作性，将研究样本集中在长三角50家制造业企业2015—2019年的数据。

环境信息披露的数据来源采用内容分析法下对各披露项目的评分之和，各项目的披露情况源于企业年报。

企业绿色创新的数据来源为企业的单位能耗产值，即企业主营业务收入同能源消耗量的比值，其中，企业的主营业务收入由Wind数据库所得，企业的能源消耗量由企业年报整理所得。

控制变量等其他数据均源自企业年报或Wind数据库，以上企业年报下载自深圳证券交易所、上海证券交易所。

7.4.3 变量定义

（1）解释变量。

本章选取的解释变量是环境信息披露（EID）。本章将采用内容分析法来评估环境信息披露。具体来说就是选定十项评价项目进行评分，在每个项目的量化方面，依据是否有定量披露，将无披露的记0分，一般定性披露的记1分，详细定性披露的记2分，定量披露的记3分，企业的环境信息披露水平总得分为各项目得分总和。

(2) 被解释变量。

本章选取的被解释变量是企业绿色创新（GI）。本章将采取投入产出法，以单位能耗产值来衡量企业的绿色创新，单位能耗产值是企业主营业务收入同能源消耗量的比值。

(3) 控制变量（Controls）。

本章选取的控制变量包括：企业年龄（Age）、企业规模（Size）、资产负债率（Lev）、资本密度（Fixed）、现金资产比率（Cash）、总资产收益率（ROA）、企业所有制（Own），当企业为国有企业时，记为"1"，当企业为非国有企业时，记为"0"。

描述性统计结果及变量定义如表7-2所示。

表7-2 描述性统计结果及变量定义表

变量	样本数	均值	标准差	最大值	最小值	变量定义
EID	50	7.234	3.223	18.000	0.000	环境信息披露各项目评分之和
GI	50	36.340	385.068	634.550	1.420	绿色创新：单位能耗产值
Age	50	11.642	4.318	22.000	1.000	企业上市年限
Size	50	22.346	1.562	28.247	17.556	企业规模：年末资产取自然对数
Own	50	0.576	0.518	1.000	0.000	企业所有制：若为国有企业，取值为1；否则为0
Lev	50	0.463	1.161	0.875	0.016	资产负债率
Fixed	50	389.628	512.247	957.279	74.348	资本密度：人均固定资产净额（千元）
Cash	50	0.225	0.635	0.524	0.012	现金资产比率：现金资产占总资产比值
ROA	50	0.374	0.167	0.456	0.061	总资产收益率

7.4.4 构建模型

根据本章的研究变量，构建模型如下：

$$GI_{it} = \beta_0 + \beta_1 EID_{it} + \beta_2 Controls_{it} + \varepsilon_{it} \quad (7-3)$$

其中，GI 表示企业绿色创新能力；EID 表示企业环境信息披露；$Controls$ 是控制变量组；ε 表示随机扰动项；i 表示企业样本数（$i=1, 2, \cdots, 50$）；t

表示年度（$t = 2015$，2016，…，2019）。

7.5 环境信息披露对企业绿色创新影响的实证分析

7.5.1 描述性统计分析

7.5.1.1 长三角企业环境信息披露的描述性统计分析

从统计结果表7-3、图7-1来看，2015—2019年长三角制造业企业的环境信息披露水平整体上呈现上升趋势，EID指数由2015年的6.13上升至2019年的8.16，总体增长幅度为33.11%，但是EID指数的总体均值只有7.234，与30分的满分相比，仍有很大提高空间。虽然在国家新发展理念的引导下，企业开始越来越重视环境保护问题，但是根据数据EID指数最大值为18、最小值为0，可以发现各个企业间的环境信息披露水平具有较大差异，甚至存在两极分化现象。此外，从环境信息披露率上来看，在选取的50家长三角样本企业中，进行环境信息披露的企业数量比较稳定且进行披露的企业数量也比较多，平均披露率高达92.8%。

表7-3 2015—2019年长三角制造业企业环境信息披露统计表

年份	样本数量	披露数量	EID 均值	EID 最大值	EID 最小值
2015	50	46	6.13	18	0
2016	50	45	5.98	16	0
2017	50	47	7.83	18	0
2018	50	46	8.07	17	0
2019	50	48	8.16	18	0
平均	50	46.4(92.8%)	7.234	17.4	0

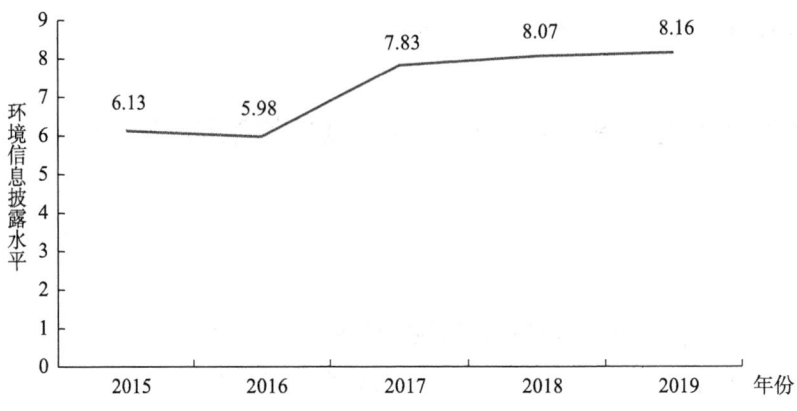

图 7-1 2015—2019 年长三角制造业企业平均环境信息披露变化趋势

7.5.1.2 长三角企业绿色创新的描述性统计分析

从统计结果表 7-4、图 7-2 来看，2015—2019 年长三角制造业企业的单位能耗产值在 35 左右波动，GI 指数由 2015 年的 33.86 上升至 2019 年的 43.32，总体增长幅度为 27.94%，整体上呈现增长态势，这些数据表现出长三角制造业企业近些年的绿色创新能力逐渐提高。但是，同时根据数据也可发现各个企业间的单位能耗产值存在显著差异，样本企业的 GI 值的最大值同最小值之间始终相差 300 倍以上，并且此差距随着年份的增长也在不断地拉大，到了 2019 年差值甚至高达 600 倍，企业间绿色创新水平的两极分化现象愈加严重。

表 7-4 2015—2019 年长三角制造业企业单位能耗产值统计表

年份	样本数量	GI 均值	GI 最大值	GI 最小值
2015	50	33.86	374.43	1.42
2016	50	34.74	397.05	1.77
2017	50	33.21	453.85	1.43
2018	50	36.56	542.72	1.56
2019	50	43.32	634.55	1.56
平均	—	36.34	—	—

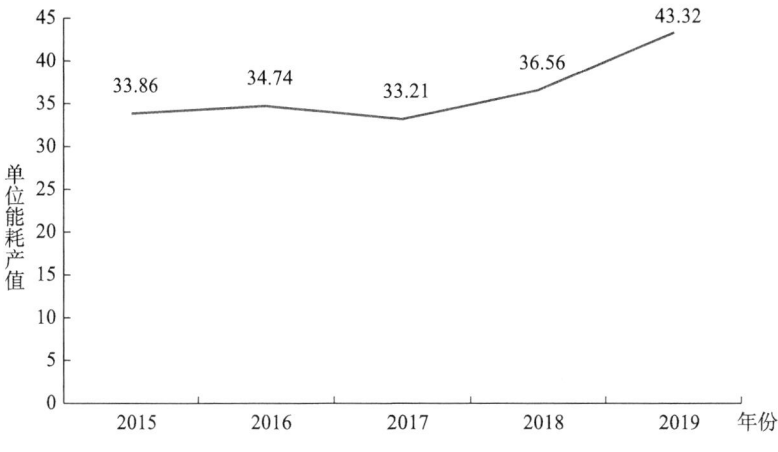

图 7-2 2015—2019 年长三角制造业企业平均单位能耗产值变化趋势

7.5.2 相关分析和回归分析

7.5.2.1 相关分析

为了检验本章选取的变量的合理性,并对变量间关系进行初步分析,本章将使用 SPSS 软件对所有变量进行皮尔森(Pearson)相关性检测,当所有变量的 Pearson 相关性系数都小于 0.8 时,便可以初步确认在后续的分析中将不会出现多重共线性问题。

对主要研究变量进行相关性分析,由表 7-5 可知,长三角制造业企业的环境信息披露同其绿色创新水平在 1% 的显著性水平下具有正相关关系,该结果与预期假设相符合,证明了在其他要素不变的情况下,企业披露环境信息可能会对其绿色创新水平起正向的促进作用,初步验证了假设 H1 成立;但是考虑到相关性检测只是初步验证变量间简单关系,更为具体的函数对应关系将在回归分析中进行研究。

表 7-5 主要研究变量间的 Pearson 相关系数

变量	GI	EID	Own	$Size$
GI	1.00			
EID	0.21***	1.00		

续表

变量	GI	EID	Own	Size
Own	0.07***	0.69***	1.00	
Size	0.16***	0.73***	—	1.00

注：***，**，*分别表示通过1%，5%，10%的显著性水平

7.5.2.2 回归分析

对假设 H1 进行回归分析，验证环境信息披露对企业绿色创新是否具有正向的促进关系，回归分析结果如表7-6所示，环境信息披露的回归系数显著为正，且通过了1%水平的显著性检验，这说明增强企业的环境信息披露质量有利于提高其绿色创新水平，假设 H1 得到验证。

表7-6 环境信息披露对企业绿色创新影响的回归结果

回归变量	回归系数	t值
EID	0.085***	2.86
Age	-0.002**	-2.04
Size	0.033**	2.25
Own	-0.011*	-1.73
Lev	-0.032	-1.43
Fixed	0.001*	1.79
Cash	0.131***	4.63
ROA	0.086	1.49
常数项	0.483***	10.76
R^2	0.289	

注：***，**，*分别表示通过1%，5%，10%的显著性水平

之所以得出这样的结果，其一，从外部压力来看，环境信息披露展现了企业的社会责任意识，提高了社会公众对企业生产经营的关注度，随之而来

企业所承受的外部压力也将逐渐增大，在如此严格的公众监督下，企业不得不提高其环境绩效，从而增加了企业进行绿色创新的动力。其二，从资金来看，环境信息的披露有效降低企业同外界的信息不对称问题，避免环境监管成本对企业现金流量的负面冲击，同时也可以降低融资成本、增加预期现金流量，进而缓解企业在创新过程中的资金压力，确保创新投入的稳定与持续。其三，环境信息的披露使得利益相关方更加了解企业的环境情况，有利于投资者及时获取企业的研发动态，从而使投资者协助企业制定更为合理的研发方案，降低创新失败的风险。最后，由政府主导制定的环境信息披露制度可以为企业开展绿色创新指明方向，降低企业创新过程中的不确定性和风险性。正是在多个要素的共同作用下，企业的环境信息披露才能够正向促进其绿色创新水平的提高。

对于控制变量来说，根据研究数据可以发现长江三角洲的制造业企业规模在1%的显著性水平上回归系数为正，说明当规模每扩大一个单位时，企业的绿色创新水平将会上升3.3%，这种正向关系也符合本章的预期，企业的规模越大，它的抗风险能力越强，内部资金运转更为稳健，而绿色创新活动正是一个高风险、长周期的投资活动，所以企业的规模对其绿色创新水平有正向的影响。此外，在10%的显著性水平上企业所有制类型的回归系数为负，这也符合本章预期，说明环境信息披露对企业的绿色创新的促进作用在非国有企业中更为显著。同时现金资产比率在1%的显著性水平下的回归系数为0.131，说明其对企业绿色创新的推动比较显著，由此可见当现金流状况良好时，可以有效地缓解企业在创新过程中的资金压力，确保创新投入的稳定与持续，进而提高企业的绿色创新水平。至于企业上市年限、资本密度等变量的回归系数不显著，代表此类变量对企业绿色创新的作用有限。

7.5.3 异质性视角下环境信息披露对企业绿色创新影响的实证研究

7.5.3.1 企业所有制异质下环境信息披露对企业绿色创新影响的实证研究

通过本章第三节的机理分析可初步得知，国有企业和非国有企业在环信息披露和绿色创新上均有显著差异。由此,将样本企业划分为 25 家国有制造业企业和 25 家非国有制造业企业,基于所有制的异质性视角来实证探究国有与非国有企业开展环境信息披露活动对其绿色创新的影响,在模型(7-3)的基础上构建模型如下:

$$GI_{it} = \beta_0 + \beta_1 EID_{it} + \beta_2 Controls_{it} + \beta_3 Own_{it} \cdot EID_{it} + \varepsilon_{it} \quad (7-4)$$

其中,GI 表示企业绿色创新能力;EID 表示企业环境信息披露;$Controls$ 是控制变量组;$Own \cdot EID$ 为企业所有制同环境信息披露的交互项;ε 表示随机扰动项;i 表示企业样本数($i=1, 2 \cdots, 50$);t 表示年度($t=2015, 2016, \cdots, 2019$)。

基于模型(7-4)进行回归分析,回归结果详见表 7-7。在解释变量方面,无论是国有企业还是非国有企业,环境信息披露的回归系数均为正,分别是 0.076 和 0.093,这说明环境信息披露有利于加强企业的绿色创新,结果符合模型(7-3)的回归分析结果。在交叉变量方面,国有企业样本组同环境信息披露的交互项回归系数为正,但并不显著;而非国有企业的交互项回归系数为 0.357,且通过了 1% 水平的显著性检验,这说明环境信息披露正向推动绿色创新的现象在非国有企业中更为显著,由此证明了假设 H2 的成立。

表 7-7 企业所有制异质下环境信息披露对企业绿色创新影响的回归结果

回归变量	国有企业	非国有企业
EID	0.076(1.47)	0.093*** (5.57)
$Own \cdot EID$	0.299(0.095)	0.357*** (2.59)
控制变量	控制	控制
常数项	0.437*** (8.37)	0.432*** (7.36)
R^2	0.287	0.291
经验 P 值	0.009***	

注:***,**,* 分别表示通过 1%,5%,10% 的显著性水平;括号内为 t 值

在企业所有制异质性下,造成国有与非国有企业差别的原因有:其一,

国有企业是政府法规政策制度实施的重要部分,其环境方面的表现受到的关注也相对更大,因此,企业的国有化程度越高,其内部有关环境的制度要更为完善,对环境法规政策的执行也更为严格。但是,国有企业对环境信息披露政策的实施可能不够敏感,即使企业的环境信息披露水平很高,但其绿色创新水平也可能很低。其二,由于国有企业受到更多的国家政策支持,能够规避部分环境法规政策限制,更为容易获取政府补助与贷款,其生存压力与竞争压力都比较小,所以国有企业所受到的由环境法规政策带来的影响较弱。而对于非国有企业来说,其生存压力与竞争压力相对较大,无论是为响应国家政策的号召,还是迎合市场的环保需求,企业进行环境信息披露能够帮助企业获取更多的资金支持并引进研发人员,环境信息披露对其绿色创新能力的影响更为显著。

7.5.3.2 企业规模异质下环境信息披露对企业绿色创新影响的实证研究

在本章第五节针对环境信息披露对企业绿色创新影响的回归分析中,仅把企业规模作为控制变量纳入模型,而不是模型的内生变量,本节将把企业规模当成模型的核心变量,来更深层次地探究企业规模在环境信息披露影响企业绿色创新的过程中所发挥的作用,模型构建如下:

$$GI_{it} = \beta_0 + \beta_1 EID_{it} + \beta_2 Controls_{it} + \beta_3 Size_{it} \cdot EID_{it} + \varepsilon_{it} \qquad (7-5)$$

其中,GI 表示企业绿色创新能力;EID 表示企业环境信息披露;$Controls$ 是控制变量组;$Size \cdot EID$ 为企业规模同环境信息披露的交互项;ε 表示随机扰动项;i 表示企业样本数($i = 1, 2, \cdots, 50$);t 表示年度($t = 2015, 2016, \cdots, 2019$)。

基于模型(7-5)进行回归分析,回归结果详见表7-8。在解释变量方面,环境信息披露的回归系数为0.157,通过了5%的显著性水平检验,这说明环境信息披露有利于加强企业的绿色创新,结果也同样符合模型(7-3)的回归分析结果。在交叉变量方面,交互项的回归系数为0.324,通过了5%水平下的显著性检验,这代表规模越大,披露环境信息就更利于提高其绿色创新水平,由此证明了假设H3的成立。

表7-8 企业规模异质下环境信息披露对企业绿色创新影响的回归结果

回归变量	回归系数	t 值
EID	0.157**	2.09
$Size \cdot EID$	0.324**	2.32
控制变量	控制	控制
常数项	0.442**	5.58
R^2	0.297	
经验 P 值	0.015**	

注:***,**,*分别表示通过1%,5%,10%的显著性水平

在企业规模异质性下,造成企业环境信息披露对其绿色创新影响差别的原因是:其一,大型企业相应地具有较强的社会影响力,所受到的政府及社会监管力度更强,其违法成本更高,环境信息披露作为彰显公司社会责任意识的重要渠道之一,其提升会推动企业主动加强绿色创新,展现出可持续发展的企业形象;其二,企业的规模逐渐增长,往往就能够将更多的人、财、物等要素投放到创新中,从而有利于促进企业的绿色创新;其三,大型企业具有较强的资源整合能力,规模效能有效控制环保投资和污染治理过程中的成本增加。然而,对于规模较小的企业来说,其社会影响力有限,企业仅披露环境信息不仅不足以为企业获取投资者的关注与资金投入,同时进行环境信息披露还会增加企业的经营成本,使其无力开展绿色创新。综上所述,企业规模会影响到二者间的作用关系,并且,当企业规模越大时,环境信息披露就越能促进企业的绿色创新。

7.6 本章研究结论与展望

本章利用2015—2019年长三角地区制造业上市公司的数据,探究了环境信息披露对企业绿色创新的影响及作用机制。研究发现:

第一,近年来,随着新发展理念的贯彻深入,企业的环保意识逐渐增强,

长三角制造业企业的环境信息披露质量整体呈上升趋势，但是目前仍保有较大的上升空间，且企业间的环境信息披露质量存在两极分化现象。

第二，长三角制造业企业的绿色创新水平整体较低，且两极分化现象愈来愈严重，如何提高企业的绿色创新水平仍是未来的工作重难点。

第三，环境信息披露对企业的绿色创新具有正向的促进作用。

第四，企业所有制类型也会影响环境信息披露对企业绿色创新的作用过程，环境信息披露对企业绿色创新的正向推动影响在非国有企业中更为显著。

第五，企业规模的大小会影响环境信息披露对企业绿色创新的作用过程，企业规模越大，开展环境信息披露对其绿色创新水平的促进作用就越强。

综合以上结论，并结合我国企业环境信息披露以及绿色创新现状，本章提出以下建议：

第一，各级政府应当大力推行创新驱动发展战略，制定完善的环境信息披露政策，在具体的政策实施中要采用行政同市场手段相结合的方法。一方面，将企业的环境信息披露行为同财税及金融政策融合起来，从根本上激发企业披露环境信息的积极性，进而提升企业的环境绩效；另一方面，加强对企业的监管力度，严格保障环境政策的贯彻落实，要做到有奖有罚，对于弄虚作假或长期消极应对的企业进行及时处罚、加大违法成本，而对于表现良好或有杰出贡献的企业进行政府补助或税收减免以资奖励。

第二，要因地制宜，以实效为导向结合行业、地区以及企业特征来制定相应的制度措施。针对不同行业的企业，应当制定差异化的环境信息披露体系，披露内容以及披露类型应有所区别，避免"一刀切"。针对大型公司，要适度提升其环境信息披露质量标准，做好正向激励工作。对于规模较小的企业，则可以给予相应的补贴以及税收优惠、设立专项基金，对其进行具有弹性的环境信息披露要求，逐步提高其披露质量。

第三，充分利用互联网资源，发挥媒体新闻等的外部治理作用，开放社会、政府、企业多方监管渠道，创新企业的环境信息披露模式。一方面，通过互联网平台披露企业环境信息，提高披露效率，扩大受众范围，满足不同信息使用者的需求。另一方面，互联网的特性使得企业环境信息的传播范围更广,企业环境违法违规成本增加,有利于增强企业的环境责任意识。

总的来说,如今,我们进入中国特色社会主义新时代,就更应该立足时代使命,正确把握生态环境同经济发展的依存关系,调整经济发展的步伐,转变经济发展模式,时刻谨记"绿水青山就是金山银山"的发展理念,尊重自然、顺应自然、保护自然,使经济列车与环保列车并行,推动经济社会的可持续发展。

第八章　开放经济对长三角工业企业绿色创新动力影响研究

8.1　本章研究背景

中国改革开放40多年来，成功实现了一个堪称世界罕见的新型国民经济奇迹——生产总量十年持续稳定快速增长。我国工业快速同步发展，现代化水平进一步提高。中国的现代化工业发展趋势和非凡的技术成就，不仅为其他国家的企业提供了重要的"中国发展的工作经验"，而且还为整个世界的工业现代化和工业智能化建设进程贡献了"中国智慧"。自21世纪初以来，随着全球经济布局的深刻转变和世界经济重心的东移，我国加快了社会和经济发展方式的变革，加快了产业布局，新一轮的产业集聚日趋完善。为了更好地实现我国工业可持续发展理念，我们必须继续改革"高投入，高成本，高耗能，低品质，不经济规模，低产出率"的发展模式，走"环境污染首先解决"的产业发展之路。资源合理节约和生态环境保护的国家绿色社会发展战略理念正在深入人心。2016年，工业和信息化部根据"十三五"国家战略发展布局和《中国制造2025》目标制定了"全国工业领域绿色社会发展行动计划（2016—2020年）"，明确了五个总体目标和十个重要的日常任务。

当前，我国生态经济已正式进入"新常态"发展阶段，处于不断提高我国生态社会文明建设、促进我国经济社会协调健康发展的关键时期。绿色创新是我国工业企业积极应对严重环境污染，摆脱自然资源巨大消耗率的危机，促进传统产业转型升级，资本、劳动力、技术和自由贸易的全球快速流动达到企业可持续发展的重要战略举措。开放型市场经济发展条件，将给我国工业制造企业的全球绿色经济创新发展带来重要发展机遇和巨大挑战。一方面，开放市场经济发展条件下的大量国际工业技术资本溢出增加了我国企业创新成功的国际可能性，降低了企业创新进入试错期的成本，从而大大提高了企业创新能力。另一方面，开放市场经济发展带来的巨大全球市场竞争也极有可能对我国工业企业技术出口产生较大挤出效应，或增加对外国技术的依赖，降低中国工业企业的创新积极性。

开放经济是工业企业绿色创新技术与研发过程中的关键影响因素，更是工业企业实现可持续发展的关键保障。工业企业绿色创新技术的研发与投入如何受到开放经济的影响是现阶段发展的重点问题，也是国内外研究理论的关键问题。在参考相关理论研究的基础上，对开放经济、绿色创新动力等有关理论进行阐述，根据工业企业绿色创新动力形成过程和环节进行具体分析，构建绿色创新动力提高的发展模型。介绍开放经济表现出的三种主要形式，并建立一个基于外商直接投资、对外直接投资以及进出口贸易的基础研究框架。本章研究开放经济对工业企业绿色创新能力的主要影响表现，收集并分析2010—2019年长三角地区工业企业的相关数据，总结开放经济对长三角工业企业绿色创新动力影响的主要表现形式。本章将重点研究工业企业绿色创新动力受到开放经济的影响，解析开放经济与工业企业绿色创新动力两者之间的理论联系，为数据分析提供理论基础；构建开放经济对长三角工业企业绿色创新动力具体影响的模型，同时用定量研究的方法，验证工业企业的绿色创新动力在开放经济背景下受到的影响作用，并提出相关政策建议，帮助工业企业借力开放经济优化提高企业绿色创新动力。

8.2 概念界定与文献综述

8.2.1 开放经济的理论基础

8.2.1.1 开放经济的内涵与表现

开放经济的特征具体表现如下：空间方面，从区域合作到整体交流的发展模式；国际合作方面，从置身事外到积极寻求参加全球经济活动；发展模式上，全面实行经济全球化从而达到多边共赢的多方位合作关系。开放经济的内涵体现在一个国家利用本身地理和自然的优势与其他国家开展深度合作以及合理地在本国范围内进行配置。同时在全方位深度改革开放的条件下，主动积极参与国际经济交流与合作，进而获得本国市场与世界贸易的全面合作，实现国家经济全面发展的战略目标。与非全球化经济相比，开放经济更能获得经济发展水平的提高。

8.2.1.2 开放经济的表现形式

外商直接投资以及对外直接投资这两种表现形式都能加快生产、技术、信息、资源的全面流动与扩散，有利于技术的传播与沟通。进出口贸易在宏观和微观方面都有着积极的作用。在宏观方面，由于其本身的性质，且在贸易过程中包含了高水平技术的传播与发展，这就使得国家层面的技术总量有所增长，继而促进国家经济发展；在微观方面，基于宏观的影响，由于以上传递的正向效应，个人在此过程中也就自觉地加强贸易行为。基于对以上影响的分析，进出口贸易也会对顾客产生一定的影响。其在一定程度上促进世界各地消费群体消费偏好和思想文化"百花齐放"，促进新的思想和文化相互影响与作用。这对创建一个有益于进行绿色技术自主创新的社会现状具备关键的使用价值。根据加快对外商直接投资和加速企业的对内直接投资这两种方式都很有可能在一定程度上促进资源和信息的多方共享，技术和生产要素等同于上述两种要素，同时还可能加快技术的发展与传播。

8.2.2 绿色创新动力的理论基础

绿色创新是指进行创新活动的个人或者集体着重考虑生态因素，主要目的就是为实现人与自然的和谐相处。创新动力是指所有能够促进创新行为发展和持续发展的能源。绿色创新动力是指创新主体自身乐于进行生态创新活动的积极性，并且该种创新活动与环境可持续发展本质上一致。要使绿色创新活动顺利推进就必须关注绿色创新动力，因为绿色创新动力与绿色创新活动存在一定的关系，前者会影响后者。

8.2.3 文献综述

8.2.3.1 国内研究现状

由于绿色贸易壁垒的存在，企业对于技术创新的热情也受到其影响，某种程度上起到了促进效应。在国际范围的贸易活动有利于促进本国企业对技术的更新与研发，也促进世界范围内企业相互作用、相互影响。周经等（2011）得出，技术创新会受到国际贸易的影响，但是这种影响会随着地域的不同发生改变。郑永杰（2014）认为技术创新不会受到贸易自由化的影响，二者并没有直接的联系。

分解创新视角下商品进口对中国创新产业动力促进影响的问题研究，在分析进口商品贸易对中国创新动力具有正向动力促进的主要研究导向方面，高静（2013）以中国制造业为研究对象，通过实证分析得出，进口产品市场对企业内的创新起促进作用，对企业技术变革也有同样的促进效应。有的学者持有对立观点，即认为会产生负面影响或呈倒 U 形特征。张杰（2015）认为，实用新型和外观设计会受到资本品的作用，且为促进效应，但是对于企业发明，二者则呈倒 U 形。但是中间品种的进口也将对这三项技术专利产生重大影响。

目前进行的绿色创新活动水平都亟待提高。其一，该类活动不能局限于普通创新活动的体系中；其二，该类活动应该着重"绿色"要素，重在突破资源环境的限制，而且这些研究还没有达成相对统一的结论与方法，其观点大致分为以下几种：

第一种观点认为东道国研发活动会由于跨国公司的影响而发生变化，且这种影响为积极影响。陈丽珍等（2015）认为，在促进方式上，直接促进效应随时间递减，起主要作用的实则为间接效应，即间接地促进我国科研活动水平。

第二种观点认为 FDI 的增加会对东道国自主创新活动积极性起到抑制作用，由于 FDI 的增加会让东道国在创新活动上产生惰性，从而不利于创新活动。胡静寅（2011）认为，中国科研活动能力的提高受外商直接投资的抑制。

目前市场模式为开放型,如果企业不进行自主研发活动就没有核心竞争力。毕克新(2017)得出,FDI 明显抑制了工业企业有关清洁能源方面的技术创新活动。

第三种观点认为 FDI 会有两种影响,在不同的状态下,FDI 会产生不同的效应。东道国技术创新水平只有在经济发展到一定程度时,才会受到外商直接投资的正向影响效应,反之是抑制效应。

8.2.3.2 国外研究现状

从 20 世纪 90 年代开始,绿色创新被相关学者关注之后,许多学者根据自身的研究重点,对绿色创新的定义进行了不同的解释。目的是提高对环境的保护,并促进生产效率提高。绿色创新研究理论体系有待完善。现阶段很少有课题研究开放经济与企业绿色创新的关系,对开放经济进行单方面考察或者是分类考察更是寥寥无几。

由于目前对绿色创新动力的研究较少,所以加强对该方面的研究意义重大。基于研究方向,目前大多数课题都是基于工业企业,或者是从国家层面出发进行研究;基于研究内容,目前大多数课题对于促进绿色创新的要素研究体系十分完善。

第一种观点,根据目前的经济水平发展现状,对于发展较好的城市省份,该地的技术水平和经济发展都会受到外商直接投资的正向促进效应。

第二种观点,开放贸易会抑制企业的技术创新,因为在企业处于技术转移阶段会产生一定的负向效应(Martin & Stepher,2010)。

8.3 研究假设与研究设计

8.3.1 研究假设

8.3.1.1 外商直接投资对绿色创新动力的影响

外商直接投资对工业企业绿色创新动力的影响分析。外商直接投资作为最前沿技术散播和蔓延的关键方法对我国的技术创新有明显的帮助。自开拓市场经济环境至今，很多外国工业企业进入我国市场，进行绿色产品的研究和创新，将先进的绿色科学技术带入我国并进行开拓研究从而促进我国绿色创新研究技术活动的开展。这将对我国绿色创新技术的发展起到积极作用，为我国通过绿色技术的创新来实现经济的提高提供了充分的保障。大体上来说，绿色创新技术的研发与投入会提高工业企业绿色创新技术的动力，外商企业在我国进行绿色创新技术的研究与投资，对我国的公司带来深远的影响，对我国绿色创新技术人员的增加起到正向影响，提高了我国绿色创新研究人员的总量，从而具有持续发展趋势的绿色技术创新工作能力一直可以衍化出更优秀的技术和创新观念，进而提升我国制造业企业的绿色创新驱动力，为绿色创新赋予充裕驱动力。将绿色创新技术应用在商业服务行业，作为使用价值互换的等价物总是能产生经济收益，并很有可能短时间形成经济利润。因此，投资者进行外商直接投资为我国工业企业的绿色创新发展提供了充足的动力，绿色创新技术因此可以得到全面发展，有利于企业绿色创新保持源源不断的发展活力。

H1：外商直接投资对长三角工业企业绿色创新动力的影响起主导作用，即外商直接投资促进长三角工业企业的绿色创新动力的提升。

8.3.1.2 对外直接投资对绿色创新动力的影响

对外直接投资对工业企业绿色创新动力的影响分析。首先对外直接投资对绿色工业企业绿色创新动力的影响可以通过技术共享、资源利用和技术交流的方式来实现，因此，通过技术交流来实现技术共享，更加有利于工业企业绿色创新动力的发展。其次是以绿色创新技术合作的形式建立研究机构，对外直接投资企业与当地企业结合当地实际发展情况展开交流合作，从事技术研究，学习和创新相关绿色技术。这种合作与研发模式有利于绿色创新动力的提高，最后通过对外直接投资允许通过收购发达国家的高科技公司和其他国家的研发部门获得先进的技术和开发资源。这可以迅速提高我们外资企业的竞争力和技术能力。通过这三种合作方式，对外直接投资对工业企业绿色创新技术发展产生深远的影响，从而实现技术扩散的反作用，更多的发达国家接受先进的科学技术，将人才和资源转移到发展中国家，推动国内外创新人才的知识交流和转移，促进国际绿色创新动力发展的交流与合作，这种交流与合作也有助于实现逆向技术发展。此外，如果想要更好地进行技术交流与合作，我们必须合理地利用自身的优势，提高自主创新水平，这样才能真正地实现我国绿色创新动力的提高和技术的进步，带动我国经济的发展。

H2：对外直接投资对长三角工业企业绿色创新动力的发展起到了正面影响，促进长三角工业企业绿色创新技术进一步提高。

8.3.1.3 进出口贸易对绿色创新动力的影响

通过进出口贸易的方式，绿色创新技术和资源为工业企业开展绿色创新在地域上存在差距性和局限性。这种技术上的差距，为我国工业企业创新动力发展带来了阻碍。抑制了我国工业企业绿色创新动力的发展。此外，进出口贸易在经济全球化的发展背景下对技术的分工与协作在国际市场中的地位产生了不良影响，不同国家间的优势发展差距将会越来越大，不利于工业企业的绿色创新，没有充沛的发展动力。

H3：进出口贸易制约长三角工业企业绿色创新动力的提高，即对长三角工业企业的绿色创新动力的推动起负面影响。

8.3.2 研究设计

8.3.2.1 样本选择与数据来源

本章以2010—2019年上海、江苏、浙江、安徽地区的工业企业的总体情况为样本，为保证数据的有效性，我们进行如下处理：

（1）剔除2010—2019年绿色创新技术推广研究中未计入的区域。

（2）剔除未披露研发数据的区域和年份。

（3）剔除缺失观测值的企业基础数据。

（4）剔除2010—2019年异常数据值。

样本资料来源于《中国科技统计年鉴》《中国工业统计年鉴》以及《中国统计年鉴》，数据处理采用 Stata 16.0 软件。

8.3.2.2 变量定义

(1) 因变量：绿色创新动力，本章采用严金强等的方法衡量企业的研发投入水平——工业企业绿色技术研发投入总额的自然数对数。

(2) 自变量：外商直接投资，以统计年鉴所披露的外商直接投资的自然数对数来衡量外商直接投资的因素。

进出口贸易：工业企业进出口贸易总额的自然数对数。

对外直接投资：本章参考呼若青（2018）的做法来衡量开放经济对工业企业绿色创新动力的影响程度——地区所披露的对外直接投资的自然数对数。表8-1为相关变量定义。

表8-1 相关变量定义

变量类别	变量名称	变量符号	变量说明
因变量	绿色创新技术	R&D	工业企业绿色技术研发投入总额的自然数对数
自变量	外商直接投资	FDI	年鉴所披露的外商直接投资的自然数对数
	对外直接投资	OFDI	地区所披露的对外直接投资的自然数对数
	进出口贸易	IE	工业企业进出口贸易总额的自然数对数

8.3.3 计量模型设定

为了检验长三角工业企业的绿色创新投入效果，本章对面板资料中的数据固定效果进行回归分析。具体模型如下：

$$R\&D = \alpha + \beta_1 FDI + Year + \varepsilon \quad (8-1)$$

$$R\&D = \alpha + \beta_1 FDI + \beta_2 OFDI + \ + Year + \varepsilon \quad (8-2)$$

$$R\&D = \alpha + \beta_1 FDI + \beta_2 OFDI + \beta_3 IE + Year + \varepsilon \quad (8-3)$$

其中，$R\&D$ 主要是泛指我国工业制造企业的主要绿色能源技术创新以及产品设计研发与生产投入，FDI 代表外商直接投资，$OFDI$ 代表我国对外直接投资，IE 为我国进出口贸易活动，ε 指随机误差项。模型8-1用于描述外商直接投资对于长三角工业企业绿色创新技术研发与生产等投入的影响；模型8-2用于检验外商直接投资和对外直接投资是否会影响到绿色技术的研发和投入；模型8-3用于表示外商直接投资、对外直接投资、进出口贸易对工业企业绿色创动力的共同作用。如果模型8-2和模型8-3的估计值明显为正，则意味着对外直接投资和进出口贸易对长三角绿色创新技术的研发与投入具有正面影响；如果为负，则意味着对外直接投资和进出口贸易对绿色创新技术的研发和投入具有抑制作用。在模型8-2和模型8-3中，如果 β_3 和 β_2 与 β_1 的符号一致，则意味着对外直接投资和进出口贸易对长三角工业企业绿色创新技术的提高为正面影响。如果符号相反，则意味着对外直接投资和进出口贸易对长三角工业企业绿色创新技术的提高为负面影响。

8.4 数据基本特征和分析

8.4.1 信度和效度分析

8.4.1.1 信度检验

本章采用 Cronbach's alpha 系数工具对收集到的数据测验信度，其评判标准为：如果此值高于0.8，则说明信度高；如果此值介于0.7~0.8，则说明信度较好；如果此值介于0.6~0.7，则说明信度可接受；如果此值小于0.6，说明信度不佳。本研究数据收集可信度结果具体如表8-2所示，各项指标的信度均大于0.8，表明本章收集的数据信度较高。

表8-2 Cronbach 信度分析

名称	校正项总计相关性（CITC）	项已删除的 α 系数	Cronbach α 系数	标准化 Cronbach α 系数
lg$R\&D$	0.812	0.966	0.939	0.950
lgFDI	0.975	0.889		
lg$OFDI$	0.967	0.882		
lgIE	0.893	0.93		

8.4.1.2 效度检验

效度分析用于研究定量数据的设计合理性,先分析 KMO 值:如果此值高于 0.8,则说明效度高;如果此值介于 0.7~0.8,则说明效度较好;如果此值介于 0.6~0.7,则说明效度可接受;如果此值小于 0.6,说明效度不佳。本章的数据收集效度结果具体如表 8-3 所示,结果显示开放经济的 KMO 值大于 0.7,Bartlett 检验值的显著性概率为 0,表明本章收集的数据效度较好。

表 8-3 KMO 和 Bartlett 检验

KMO 值	0.79	
Bartlett 球形检验	近似卡方	172.505
	df	3
	p 值	0

8.4.2 样本特征分析

本次的数据分析收集了 2010—2019 年长三角地区的工业企业十年间的统计数据,这些统计数据主要涵盖了长三角地区工业企业绿色创新技术的研发投入、外商直接投资、对外直接投资、进出口贸易。具体数据分析结果见图 8-1 至图 8-4 所示。

从图 8-1 中可以看出,当前数据中没有异常值,江苏地区的绿色技术研发投入值最高,安徽地区的研发投入最低。同时江苏省的增长速率最快。可以看出江苏省的绿色技术研发投入发展最好。上海地区的绿色技术研发投入整体呈现出上升的趋势,但增长速度整体不高。浙江省与上海市在 2010 年的差距并不大,但随着时间的发展在 2019 年浙江省远远超过上海市。

第八章 开放经济对长三角工业企业绿色创新动力影响研究

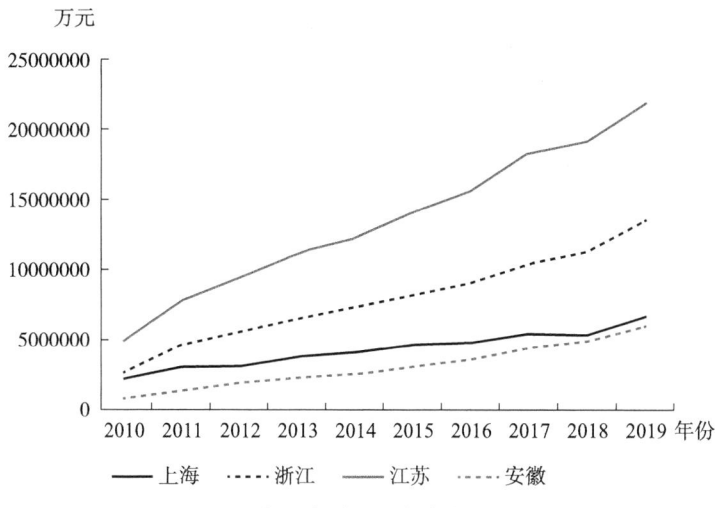

图8-1 长三角地区绿色创新研发投入

从图8-2可以看出浙江和上海的外商直接投资差距不明显,处于长三角地区的中等水平。江苏地区与安徽地区外商直接投资差距显著,江苏虽然上升速度不快,但在长三角地区一直处于首位。安徽地区总体呈现逐年上升趋势,在长三角地区具有较高的发展潜力。

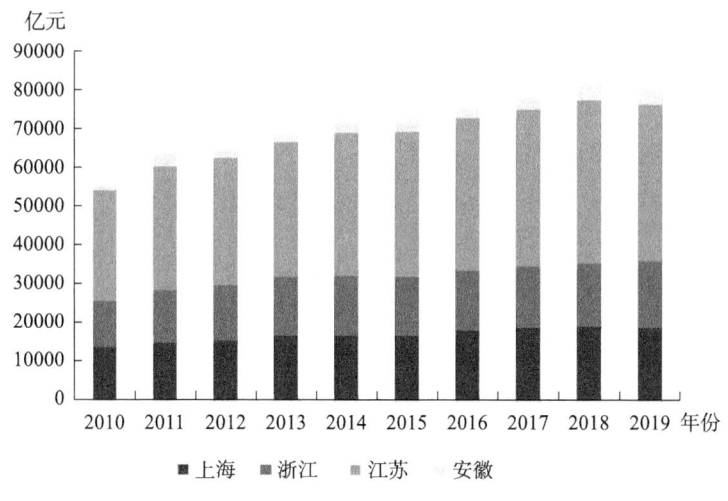

图8-2 长三角地区外商直接投资

从图 8-3 可以看出长三角地区的对外直接投资都呈现出逐年稳步上升的趋势，且上海和江苏地区的上升趋势较快。而安徽地区和浙江地区虽然也呈现出整体上升的态势，但其发展潜力相比上海市和江苏省仍有较大的发展空间。同时江苏地区对外直接投资在长三角地区一直处于领先地位。

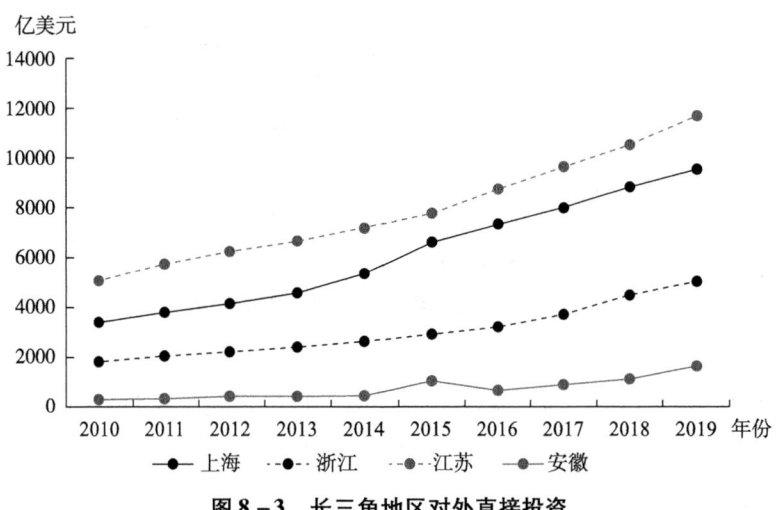

图 8-3　长三角地区对外直接投资

从图 8-4 可以看出长三角地区进出口贸易差距比较大。江苏省和上海市的进出品贸易一直处于领先水平，而安徽省的发展非常缓慢。

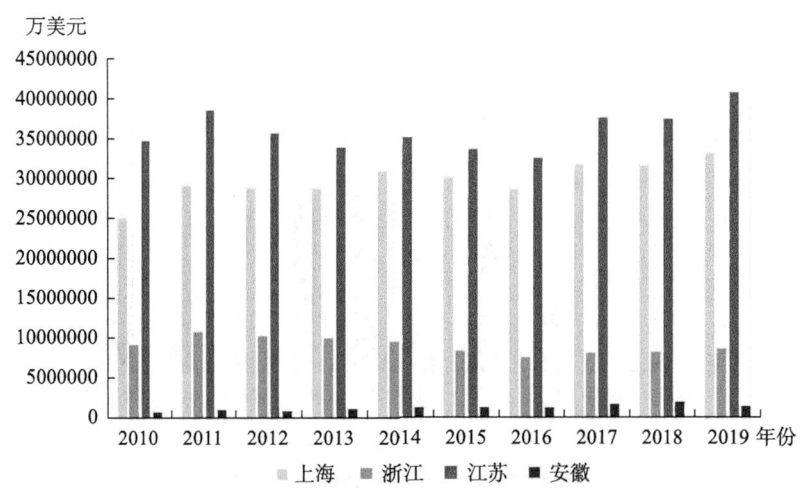

图 8-4　长三角地区进出口贸易

本章从上海、浙江、江苏、安徽地区展开数据收集，从图8-1中可以看出江苏省的工业企业绿色创新技术投入起点高，发展快。在图8-2中江苏省和上海市所占的外商直接投资的比重较大，并且在图8-3和图8-4中可以看出，安徽省的对外直接投资和进出口贸易的发展很缓慢。

8.4.3 变量描述性统计

表8-4描述统计表明，长三角工业企业绿色创新研发投入的平均值、最小值和最大值分别为6.74、5.91和7.34，表明不同地区的工业企业在研发投入上存在一定差异。外商直接投资具体的数据体现为平均值是4.11，最小值为3.26，最大值为4.92。最小值和最大值差距不大，这表明长三角不同地区的外商直接投资水平没有明显差异。对外直接投资的变化范围为2.48至4.07，平均值为3.48，表明长三角不同地区之间的对外直接投资差异明显。进出口贸易的最小值为5.91，最大值为7.61。可以看出，长三角地区工业企业的进出口贸易也存在显著差异。

表8-4 相关数据描述性统计

变量	平均值	最大值	最小值	标准差
lg$R\&D$	6.74	7.34	5.91	0.33
lgFDI	4.11	4.92	3.26	0.40
lg$OFDI$	3.48	4.07	2.48	0.46
lgIE	7.02	7.61	5.91	0.59

8.5 实证分析和假设检验

8.5.1 相关性分析

长三角工业企业绿色创新技术的研发投入与外商直接投资和对外直接投

资的情况及进出口贸易的相关性如表8-5所示。

从表8-5可以看出,绿色创新技术的研发投入受外商直接投资的影响最大,进出口贸易对绿色创新技术的研发投入的影响最小。同时可以得出,开放经济的三种表现形式——外商直接投资、对外直接投资、进出口贸易三者之间的线性相关程度是相同的。

表8-5 变量间的相关性分析

变量	lgR&D	lgFDI	lgOFDI	lgIE
lgR&D	1.00			
lgFDI	0.79	1.00		
lgOFDI	0.76	0.94	1.00	
lgIE	0.60	0.94	0.94	1.00

8.5.2 回归分析

为了提高分析结果的显著性,本章采用多元线性回归分析来估计开放经济对长三角工业企业绿色创新动力的影响。为了提高数据分析结果的科学性,本章采用相关数据的对数来进行分析。具体数据分析结果如表8-6所示。

表8-6 变量的回归性分析

变量	Coef	Std. Err	t	$p>\mid t\mid$	95% Conf	Interval	VIF
lgFDI	1.28	0.11	11.32	0.00	1.05	1.51	11.87
lgOFDI	0.76	0.13	5.79	0.00	0.49	1.01	11.45
lgEI	-1.05	0.07	-15.63	0.00	-1.18	-0.91	11.63
cons	6.19	0.26	24.20	0.00	5.67	6.7	
R^2	0.924						
F	146.4						

表 8-6 中的回归系数主要检验外商直接投资、对外直接投资、进出口贸易对长三角工业企业绿色创新技术推动力产生的影响,结果表明:

(1) 外商直接投资 ($\beta = 1.28$, $p < 0.05$) 对工业企业的绿色技术创新推动力起促进作用,这表明外商直接投资越高的企业,其对绿色创新技术推动力的投入越大。验证了假设 H1:外商直接投资的影响占主导作用,即外商直接投资促进了长三角工业企业的绿色创新技术的发展。本章的 H1 假设成立。

(2) 对外直接投资 ($\beta = 0.76$, $p < 0.05$) 对工业企业的绿色创新推动力也产生促进的作用,对外直接投资也推动了工业企业绿色创新技术的发展。验证了假设 H2:对外直接投资对绿色创新技术的推动起促进作用,加强对工业企业绿色创新技术的推动。本章的 H2 假设成立。

(3) 进出口贸易 ($\beta = -1.05$, $p < 0.05$) 对工业企业的绿色技术创新推动力起到了抑制作用,进出口贸易阻碍了长三角工业企业绿色创新技术的发展。验证了假设 H3:进出口贸易制约工业企业绿色创新技术的提高,即对工业企业绿色创新技术的推动起负面影响。本章的 H3 假设成立。

8.5.3 稳健性检验

为了使研究结果更具科学性和可靠性,本章将长三角地区工业企业绿色创新的研发人员作为工业企业绿色创新研发投入的替代变量。由表 8-7 的信度分析可知,Cronbach α 系数为 0.907。因此替代变量的数据可信度较高。

表 8-7 Cronbach 信度分析

名称	校正项总计相关性 (CITC)	项已删除的 α 系数	Cronbach α 系数	标准化 Cronbach α 系数
lgpeople	0.492	0.966	0.907	0.912
lgFDI	0.981	0.822		
lgOFDI	0.94	0.824		
lgIE	0.872	0.87		

由表 8-8 的回归系数可看出进出口贸易对工业企业绿色创新人员的影响仍然显著为负，回归结果仍然支持 H3。为了进一步证实外商直接投资与其他企业对外直接投资对于工业企业的绿色创新技术研发人才的重要性和作用，按照上述方法进行了回归，结果仍支持 H1、H2，说明本章的研究结果具有一定的稳健性。

表 8-8 稳健性检验

变量	Coef	Std. Err	t	$p > \vert t \vert$	95% Conf	Interval	VIF
lgFDI	1.86	0.22	8.39	0.00	1.41	2.31	11.87
lg$OFDI$	0.21	0.19	1.11	0.027	-1.73	0.59	11.45
lgEI	-1.14	0.15	-7.65	0.00	-1.43	-0.83	11.63
cons	4.91	0.42	11.67	0.00	4.06	5.77	
R^2			0.884				
F			43.56				

8.5.4 假设检验结果汇总

将开放经济的各种表现形式与长三角工业企业绿色创新动力建立起一个线性回归模型：$Y = \beta_1 X_1 + \beta_2 X_2 + \beta_3 X_3 + \alpha$，其中 Y 为绿色创新动力；X_1 为外商直接投资；X_2 为对外直接投资；X_3 代表进出口贸易，α 为经济常数，表示在没有 X 情况下，Y 表示经济平均值。由表 8-6、表 8-7 及表 8-8 我们可知，X_1、X_2、X_3 的 sig. 也即所有相关变量的斜率 P 和数的平均值都表示为 $0.00 < 0.05$，则体现出所有的变量都应该具有一定的意义，三种表现形式全部可以表述准确；常量值 $P = 0.00 < 0.05$ 也具有显著性的意义。则开放经济对创新动力的回归方程式可以定义为：$Y = 1.28X_1 + 0.76X_2 - 1.05X_3 + 6.19$。

此回归方程的解释力为 92.4%，外商直接投资、对外直接投资对长三角工业企业绿色创新技术的推动有较为明显的促进作用，进出口贸易对长三角工业企业绿色创新动力的提高有抑制作用。假设 H1、假设 H2、假设 H3 得到验证。结果如图 8-5 所示。

第八章 开放经济对长三角工业企业绿色创新动力影响研究

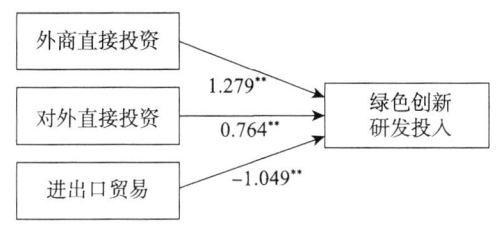

图8-5 模型结果

8.6 本章研究结论与展望

8.6.1 研究结论

本章选择2010—2019年上海、浙江、江苏、安徽的工业企业的相关数据作为研究样本,并引入开放经济的三种表现形式外商直接投资、对外直接投资和进出口贸易作为相关变量,分析了开放经济对长三角工业企业绿色创新动力的影响。经检验后,本章得出的主要结论如下:

(1) 在开放经济发展的时代背景下,加强外商直接投资以及对外直接投资这两种方式,都能够有效提高长三角工业企业绿色创新动力的发展,对绿色创新技术的研发投入和绿色创新技术的研发人员起到积极影响,有利于长三角工业企业绿色创新动力的进一步发展。

(2) 在开放经济不断发展的同时,长三角工业企业在市场发展方向上持续进行绿色创新,其研发出来的绿色创新产品拥有广阔的市场前景,为企业的发展提供了充足的保障。外商直接投资和对外直接投资水平的进一步加强,为工业企业的绿色创新动力对市场核心竞争力的提高起到了促进作用。

(3) 在开放经济条件下,外商直接投资和对外直接投资活动改善了长三角的工业环境治理问题,在一定程度上对长三角的环境保护作出了贡献,并促进了长三角工业企业的绿色创新。外商直接投资和对外直接投资在提高长三角工业企业绿色创新动力方面都发挥着重要的影响。其中,外商直接投资对工业企业绿色创新动力的提高起到了更重要的影响。

(4) 进出口贸易对长三角工业企业绿色创新起抑制作用，对长三角工业企业的绿色创新动力呈现出负面影响。在发展过程中，由于国内外绿色创新技术水平存在一定的差距，因此进出口贸易的增长不利于长三角工业企业绿色创新动力的提高。

8.6.2 研究展望

本章研究过程仍存在不足之处，未来关于开放经济对长三角工业企业绿色创新动力影响的研究可以从以下两个方面进行探索。

(1) 进一步提高研究数据的科学性和准确性。本章的原始数据数量在一定程度上存在不足之处，未来的研究可以从地级市进行展开，收集更多的数据样本进行分析研究，从而提高研究的可信度，得出更加准确的结果。

(2) 应对研究的范围和深度进行增强，目前在开放经济的时代背景下，对长三角工业企业绿色创新动力的影响因素有很多，本章未能进行全方位的考虑，存在不足之处。因此未来的研究应进行更加全面的考虑。从微观层面展开绿色创新动力具体某一个因素的研究，从宏观层面可以对绿色创新动力在各个行业的发展进行研究，建立能体现各个行业规律的回归模型。

第九章　网络能力对长三角企业绿色创新能力的影响与作用机制

9.1　本章研究背景

在当今网络信息飞速发展的时代，经济全球化已成为不可逆转的趋势，各企业的核心竞争力也日趋激烈。在经济快速发展的今天，新兴技术迅速发展，经济全球化的趋势提醒着企业不可闭门造车，需要跟上时代的脚步，在开放的环境下不断追求创新，这样才不会被时代所抛弃。这几年，我国一直强调新发展理念，以创新发展为核心，所以创新是一个国家经济高速发展时代下必须面临的议题。同样，创新也是提高企业竞争力，让企业能够有自身优势，在所在行业中脱颖而出的关键。因此，在我国新经济转型时期，企业作为我国经济快速发展的主体，承担着重要的责任。既要利用好自身资源，发挥自身优势，又要增强自主研发创新能力，提高创新意识。要激发创新动力，把创新纳入企业发展战略，努力以自主创新和研发为主要经营模式，通过绿色创新能力不断获取企业绩效。

网络能力是由社会网络理论演化而来的，特指组织以获取资源为目的，认识到其他相关利益的组织，组建、管理并运用与之形成的社会关系的能力。从企业网络的角度看，企业与外部组织之间的关系构成了多元关系网络。企业有良好的关系网络，以增强其在网络组织体系中获取信息、资源、技术和市场的能力。企业为形成这种关系，必须具备发展和维护它的外部网络关系的能力，即网络能力。

长三角企业是否能够通过改变网络能力来寻找适合自身且有利于可持续发展的方法，以及寻找有效的方法增强企业的绿色创新能力，影响到整个组织的生命周期和发展路径。基于以上选题背景分析，本章拟探讨以下问题：长三角企业网络能力是受哪些因素影响的？在企业可持续发展的各个阶段，网络能力发挥了什么样的作用从而推动企业绿色创新能力的提升，以何种方式使得企业在同行业内获取竞争优势？

本章旨在研究企业网络能力与绿色创新的关系，通过理论同实证相结合的方式来研究网络能力对长三角企业绿色创新能力的影响，探讨组织学习能力在两者之间的中介作用，即通过组织学习能力研究企业网络能力对绿色创新能力的影响，为企业追求自主创新提供管理启示，为企业提高绩效提供科学的理论依据。

9.2 概念界定与文献综述

9.2.1 网络能力概念界定

网络能力从字面上可以解释为网络化的能力，即企业与企业外部组织之间形成的比较稳定的关系网络。在企业利用关系网络取得外部资源时，网络能力对其过程具有促进作用。由于目前企业间的边界越来越模糊，企业要确保自身核心竞争力不被超越的重要因素就是要发展和处理好企业所处的网络，但是企业的网络能力是很难快速提升的，所以，学者们对企业网络能力的提升研究有着非常多的关注。

"网络能力"一词最初是由汉克森（Hakansson）提出的"网络化能力"概念转变而来的。他认为，网络能力是一个企业处理单一关系以改善其网络位置的能力。但是，通过后来学者的不断研究，可以得出结论，网络能力是整个网络的作战能力，不是用来处理单一关系的。随着企业不断努力提高网络能力，企业可以提高获取和利用外部资源和机会的效率，创造更多的价值。

刘彦君（2019）认为网络能力是一种整体的策略能力，也是一种关系管理的能力。此种能力可以帮助企业测评不同外界关系的重要程度和其中所包含的多种机遇,他把网络能力概括为网络战略能力、网络关系能力和网络过程能力。何建洪(2015)根据过程的逻辑,认为网络能力是企业寻找网络合作伙伴和挖掘网络资源,来组建网络,从而管理和利用网络关系的能力。

经过对文献的查阅和总结来看,不同的学者对企业网络能力有着不同的理解,因此对其定义较为广泛和丰富。通过对这些定义的理解,我们可以认为网络能力是获取网络资源的能力,即企业为从外部网络中获取促进自身发展的资源以取得竞争优势,对外部网络关系进行组织构建和关系管理的动态能力。网络能力是协调企业内外部关系的能力。由于外部市场经济环境的日益快速发展会带来很多机遇,借助强大的网络能力,企业可以抓住合作机会,找到合适的合作伙伴,然后通过协调双方建立信任关系,共同创造价值。

9.2.2 相关文献字综述

9.2.2.1 研究现状

目前学术界关于网络能力与企业绿色创新能力两者之间关系的研究方法与角度有所不同,但其研究结果大都表明网络能力对企业绿色创新能力具有正向的促进作用,主要观点有以下几种。

第一种观点,认为网络嵌入正向影响企业绿色创新。持有该观点的学者(周礼,2020;金晨晨,2019)在企业关于资源和能力的观念下,构建了以吸收能力为中间变量,探究网络嵌入对企业绿色创新的影响与作用机制。利用来自制造企业的调查问卷,对收集到的数据进行分析得到网络嵌入对企业绿色创新有正向作用;吸收能力的两个维度在自变量和因变量之间起到部分中介作用,并发挥着链式中介作用。

第二种观点,强调网络能力正向作用于创新绩效。持有该观点的学者钟丛升(2018)围绕同一类型的企业来探讨网络能力与创新绩效之间的关系。运用调查问卷和软件分析,得出研究结果表明:企业网络能力通过影响组织能力中的知识获取能力来间接对创新绩效起着正向作用。

第三种观点，认为网络能力可以通过知识管理来正向激励企业创新。相关学者刘方润亚（2020）为了研究网络能力对企业创新的影响，探索其中介和调节作用，本章采用多种方法分析了网络能力对企业创新的影响及其机制。研究结果表明，网络能力通过知识管理的中介作用对企业创新具有正向的促进作用。

此外，针对组织学习能力的作用而言，孙颖（2020）主要针对服务性企业，向它们展开调查，然后采取实证分析的方法，从组织学习的角度研究企业网络能力与服务创新能力的关系。研究结果表明，随着组织学习能力的提高，企业网络能力正向作用于创新能力的效果就越强。另外，组织学习能力越强，企业网络能力对创新能力的促进作用越明显。詹绍文（2020）和王旭（2020）通过发放调查问卷，利用结构方程模型，将收集到的数据进行详细分析，从而来探究组织学习能力与企业创新能力的关系，研究表明：组织学习正向影响企业创新能力，并且起到局部的中介作用。

9.2.2.2 研究评述

通过上述的文献综述，大多数研究课题证明了网络能力和组织学习能力都在一定程度上对企业绿色创新有影响。在查阅了近年来的文献后，学者们对企业网络能力给予了高度重视，这也为本章的研究课题提供了更高的理论基础。然而，现有的研究还存在许多不足。

虽然对网络能力较为重视，但对其研究仍存在不足，一是通过这些年的研究，学者们对企业网络能力的概念众说纷纭，且对其影响因素的归纳不是很清楚。根据以往文献对网络能力概念的界定，学者未能将企业自身的资源基础与网络理论很好地结合，也不能很好地反映出资源与网络能力之间的互生关系。二是对网络能力影响因素的研究不够深入。大多数文献在研究网络能力对企业绿色创新能力的影响时忽视了二者之间可以通过中介变量的变化而产生影响的作用路径。

在对待组织学习能力方面，大量研究很少以其作为中介变量，没有形成系统化，对其测度比较模糊。组织学习能力对网络能力和企业绿色创新能力所带来的影响在实证分析中显得不足，三者之间的理论模型还不够完善。因此，在以后的研究中，需要将三者的关系模型准确地表示出来。并需要根据具体的数据分析,从组织学习能力这一视角,研究网络能力对企业绿色创新能力的影响与作用机制。

9.3 研究假设和概念模型

9.3.1 企业网络能力的影响因素

由于网络能力对企业的绿色创新能力有着很大的影响,所以需要了解网络能力的影响因素,可以通过改变这些影响因素来增强网络能力,从而影响企业绿色创新能力。

(1) 知识储备。

企业自身相关知识的集合可以反映其网络能力,这些储备构成了企业进行网络管理的条件。知识储备越多,企业对网络变动的了解就越深刻,处理具体的网络管理问题的成效就越高,在网络管理出现问题时能及时作出决策。知识本身具有结构性,不同种类的知识在企业中的占比不同,企业只有不断地接收新知识,特别是在当代新发展理念中所要求的新思想、新技术和新的创新能力,这样才能真正提升企业的网络能力。

(2) 资源支持。

通常而言,任何一种能力的提升与发展都需要资源的投入和支持,比如像对待企业的技术能力一样,需要足够的研发投入。这些投入主要倾向于财务、人力与技术手段。其中,人力资源投入是指企业人员选择、培训与评估等,而企业可以通过雇用和招录所需人员来增强企业的网络能力;财务资源投入是指企业在与外部组织合作时提供必要的资金支持;技术手段建立在网络管理导向的技术创新上,是指企业在实践中运用的各种方法,在技术活动中,可以利用技术知识和经验,选择合适的技术方法或创造新的方法,以实现既定的技术目标,以此来帮助组建和维护企业各种网络关系。

(3) 组织因素。

企业的管理团队对于一个企业的网络变化的信念和在此演化过程中企

所扮演的角色有着决定网络能力组建的效果。网络能力的增强表现在学习和展开的网络实践任务中，而这些活动能够顺利组织和开展需要依靠企业管理团队的战略思想和决策能力。所以只有企业管理者能够重视和承认企业网络能力的作用效果，这样才能使企业放心投入资源来组建各类相应机制，从而提升网络能力。

9.3.2 研究假设提出

9.3.2.1 网络能力与绿色创新能力的关系

社会网络理论认为，在日趋复杂而动荡的市场环境下，社会成员组成的相对较为稳定的社会关系系统对知识基础和信息流动具有重要的影响。企业网络能力有助于组织在网络资源流通的状况中获取互补资源，能够促使企业间的友好合作，从而形成具有差异性的竞争优势。根据资源基础理论来看，企业在这个竞争非常激烈的市场环境中，维持特有和持续的核心优势是一种能力，而这种能力的大小与企业是否能够获取外部资源有关。所以，企业通过加强组织学习能力获得外部资源，此过程中可以探究网络能力如何影响企业绿色创新能力。很多学者对这一关系进行了研究，李鑫（2019）认为，企业是否能够最大程度利用从外部获取的知识和信息实现企业的战略目标取决于网络能力。也有研究证实，企业通过网络系统取得与创新相关资源的能力越强，所得到的资源就越能满足绿色创新的需要，从而确保绿色创新的实现。

绿色创新有广义与狭义之分，从广义上来讲，绿色创新包括与生态环境相关的创新行为，即为自然环境本身、企业、市场和技术等有关的各种创新活动；狭义上来讲，绿色创新仅为追求绿色生态环境的创新。对于本章而言，绿色创新是从企业的角度出发的，所以，绿色创新能力为企业追求可持续发展观，对企业现阶段的创新活动和过程进行开发，包括新绿色技术开发、组织绿色创新意识的培训以及整个市场环境的绿色化。现有文献以不同视角对绿色创新能力展开研究，其中葛世帅等（2021）指出，基于资源获取和配置的视角，探讨这些获得的信息和资源对创新能力的影响。文献主要侧重于研究企业运营过程中如何提高组织学习能力，以此获得更多更有效的资源，从而便于企业追求绿色创新。

对于绿色创新而言，网络能力在一定程度上可以降低其成本，甚至可以为了绿色创新，吸引各方面的研发投入以此来进行绿色技术的创新。在企业遇到经济危机、组织资源不足导致风险等给组织绿色创新带来消极影响时，网络能力能够对其进行缓解。另外，网络能力不仅能够为企业带来当前利益，最大程度发挥绿色创新带来的长期价值，还能在追求绿色创新时，经过各种途径来提升创新能力，如：绿色技术学习，消除了绿色创新的易变性，降低了绿色创新的成本。久而久之，伴随着市场上企业绿色创新的普遍化，溢出效应会愈发提升，从而会实现可持续性的绿色发展。

基于国内关系网络背景，刘学元（2016）构建了关系网络能力与创新绩效的理论模型，发现在企业本质、产品种类和地域散布的影响下，关系网络能力对创新绩效存在着直接或间接的正向影响。

相对网络结构的多样性而言，这种特性会使得参与其中的企业在整个网络系统中同外部组织组建更密切的联系，同样也能更多地共享信息与资源，随着企业间的界限愈发模糊，这将更有益于企业得到更多有效的资源，从而能够提高企业追求绿色创新的机会。康淑娟和安立仁（2019）的研究证明，在经济全球一体化的背景下，网络结构化嵌入对创新能力是有正向影响的，也就是说企业中网络结构越多样，在全球与之合作的企业就越多，从而企业获得的外部资源和信息就越全面和准确。

因此，基于上述分析，本章提出的第一个假设为：

H1：网络能力对企业绿色创新能力具有显著的正向影响。

9.3.2.2 组织学习能力的中介效应

由组织学习理论得出，组织学习是通过更好地获得和领略、建立和运用可以维持竞争优势的资源和信息，而改善企业行为的过程。学术界和商界人士认为组织学习是企业获得核心竞争力并保持下去的关键所在。在企业获取资源对创新性活动产生具体影响的过程中，许多获得的资源和信息一部分能够直接应用到企业提高绿色创新能力的活动中去，还有一部分需要通过转化才能使资源和信息在使用过程中发挥最大的使用价值。马丽（2020）认为，组织学习能力作为有益中介，促使企业转化资源，然后为企业自身所用，来自外部合作企业的资源同企业原本拥有的资源整合并创新之前，经由组织学习来完成。

组织学习能力是指组织策划、把握和管理整个企业所需信息、知识和资源的能力，反映企业自身对系统知识的管理程度，也可完美表现为企业转化知识和信息的水准，企业可以通过组织学习能力将从外部获取到的资源进行更好的把握和转化，从而来改善和优化企业绿色创新能力。

因此，企业通过网络能力获得网络资源和信息后，如果其组织学习能力相对之前较强，那么组织就可以将这些外来资源更大程度地转化为企业本身所有，而这一转化能够更加有助于企业绿色创新能力的提升。简而言之，组织学习能力的大小决定了企业从网络中获得资源及被其汲取为绿色创新能力的水平的高低。

综上所述，本章提出第二个假设，即组织学习能力的中介效应，假设为：

H2：组织学习能力能够促进网络能力对企业绿色创新能力的正向影响。

9.3.3 理论模型构建

根据上文的文献梳理和研究假设，本章构建了网络能力对企业绿色创新能力的影响及其机制的理论模型，构建了基于组织学习能力的网络能力与企业绿色创新能力的研究框架，为进一步的实证研究奠定了理论基础。本章的概念模型如图9-1所示。

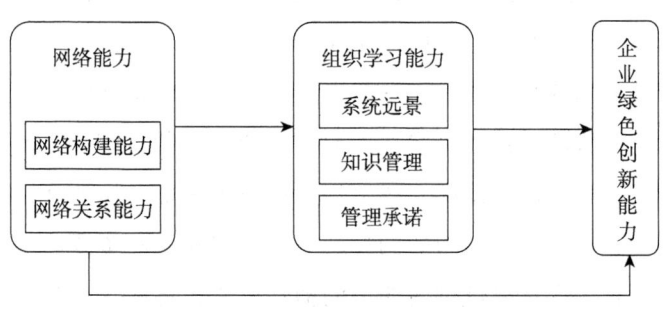

图9-1 网络能力的概念模型

第九章 网络能力对长三角企业绿色创新能力的影响与作用机制

9.4 数据来源及变量测定

9.4.1 样本选择及数据来源

相较于其他地区的企业而言，长三角地区由于临近水域，企业追求绿色创新的趋势更为严重，急需解决企业发展与生态环境之间的矛盾冲突，并且长三角企业在国内经济市场中占据着很大的地位，正处于追求创新的敏感时期。因此，本章以长三角企业为研究对象，探讨网络能力、组织学习能力与企业绿色创新能力之间的关系。

本章通过在长三角区域中发放调查问卷，根据调查数据的可得性和可操作性，将研究样本集中在 300 份来自各个企业的调查问卷中。

9.4.2 变量测定

9.4.2.1 网络能力（NC）的测量

本章认为网络能力的特性具有动态性，其反映了企业利用所参与的网络系统从而来取得自身所需要的知识、信息和资源来解决困难的程度，即指组织在管理过程中所展现的网络以及在网络中取得资源的能力和本领。

最早的一批关注网络能力的学术研究者，通过实证分析研究了网络能力对创新的水平，他们认为企业的网络能力会在组织和网络内与其他外部企业完成相关任务，与不同部门和成员完成任务以及彼此所表现的社交能力等表现中得以体现（季恒永，2017）。在后来的研究中，汪婷婷（2017）组建了网络构建能力、内部协调能力和关系优化能力的三个维度，并在注重企业外部网络之外，将企业内部网络和员工之间的合作作为企业网络能力的重要组成部分。

本章在查阅相关文献和研究课题的基础上，结合收集到的有效数据，将网络能力的测量分为两个维度，即网络构建能力和网络关系能力。采用网络能力的量表，分别列举了网络构建能力的量表和网络关系能力的量表，如表

9-1和表9-2所示。

表9-1 网路构建能力量表

题号	测量内容
A1	企业善于辨别和挖掘网络知识、信息和资源
A2	企业内部,上下级间具有较为严密的沟通和反馈渠道
A3	企业能够找出不同类型网络中成员关系的发展潜力和价值
A4	企业分析和比较本身战略目标与网络资源的匹配程度,进行网络定位
A5	企业时常作为其他合作伙伴的交流桥梁
A6	企业在网络系统中,经常与其他组织技术共享

表9-2 网络关系能力量表

题号	测量内容
B1	企业积极组建培养同组织成员之间的合作联系
B2	企业常常使用商业交流等类型的渠道,寻求潜在的合作伙伴
B3	与本企业所处行业相比,企业可以结交更多来自不同行业的合作伙伴
B4	企业在网络系统中能够妥善处理好与合作伙伴的冲突问题
B5	企业具有培养与网络中其他企业之间相互信任的能力
B6	企业会根据吸收到的经验改善与其他企业的合作流程
B7	企业能够掌握获取网络中的知识、信息和资源的架构
B8	企业能够最大程度利用和开发资源

9.4.2.2 企业绿色创新能力(GI)的测量

由于国内外研究学者对于绿色创新内涵有着不同的界定,可以发现他们对绿色创新能力的维度划分也是不一样的。本章针对自身研究对象的特殊性,对绿色创新的测量是将其分解为一个过程,主要为企业通过在技术、产品以及管理等方面的创新活动来营造一个资源节约型和环境友好型的可持续发展企业。

本章在对企业绿色创新能力的测量上,主要采用邢丽云(2019)的量表来测量绿色创新能力，其从制度、组织和个人三个角度出发，研究绿色创新能力的影响机理。企业绿色创新能力主要分为两个维度来进行测度，具体的测量指标如表9-3所示。

表9-3 企业绿色创新能力量表

变量	序号	测量内容
绿色创新投入能力	C1	企业有足够的资金投入来开展绿色创新活动
	C2	企业可以吸引和培养绿色创新人才
	C3	企业具有先进的设备和绿色技术
绿色创新研发能力	C4	企业侧重和支持科研开发工作
	C5	企业对于行业内绿色技术发展动态能够及时且有效地把握
	C6	企业拥有优良的研发条件和研发氛围

9.4.2.3 组织学习能力（OO）的测量

大多数学者围绕组织学习的维度，设计了组织学习能力量表。娄育彤（2020）从管理承诺、系统远景、知识管理三个角度对组织学习能力进行测量。其中管理承诺为组织开展了有益于组织学习文化的管理活动，系统远景是指企业成员有着共同的目标并且为之奋斗，知识管理则是在以上两维度的保证下，让企业在组织学习过程中对各类知识、信息和资源进行整合和转移的活动。

因此，本章结合相关文献和量表，基于上文提出的三个组织学习维度，设计了组织学习能力的量表，如表9-4所示。

9.4.2.4 控制变量（Controls）的测量

当课题是以长三角企业为调查对象开展研究和讨论时，会将企业成立时间（Age）、性质（CL）、规模（Size）、企业地理位置（GL）等作为研究的控制变量。其中企业规模是表示企业员工数；企业性质分为国有、民营、中外合资、外商独资四类；而企业的地理位置为长三角地区的部分城市。

表9-4 组织学习能力量表

潜变量	序号	测量内容
系统远景	D1	企业成员对整体目标的掌握程度
	D2	企业成员对整体目标的认可度
知识管理	D3	企业中知识传递的有效性
	D4	面对失误组织成员的态度和讨论频度
	D5	企业成员有机会交流和接受知识的程度
管理承诺	D6	管理者对失败的看法
	D7	管理者的忠诚度

9.5 数据分析与假设检验

9.5.1 描述性统计分析

描述性统计分析主要面对样本数据的基本信息进行统计分析,包括企业年龄(Age)、性质(CL)、规模(Size)、企业地理位置(GL)等指标作描述性分析。对本次调查问卷的样本数据的描述分析如表9-5所示,可以由表看出,这次数据涵盖了不同控制变量下的长三角企业。

表9-5 样本描述性统计($N=300$)

指标	类别	样本数(个)	百分比(%)
成立年限	5年以下	68	22.67
	5—10年	105	35.00
	11—20年	52	17.33
	20年以上	75	25.00

续表

指标	类别	样本数（个）	百分比（%）
企业性质	国有企业	180	60.0
	民营企业	68	22.67
	中外合资	37	12.33
	外商独资	15	5.00
员工人数	20 人以下	15	5.00
	20—299 人	75	25.00
	300—999 人	135	45.00
	1000 人以上	75	25.00

9.5.2 信度和效度检验

9.5.2.1 网络能力的信度和效度检验

本研究中网络能力、组织学习能力和企业绿色创新能力三个变量的信度和效度检验方法分别为 Cronbach's α 值、CR 值和 AVE 方法来检测。

根据上文将网络能力分解为网络构建能力和网络关系能力，且分别列举量表。对网络能力的两个维度分别进行信度和效度检验，结果见表 9-6、表 9-7 所示。

表 9-6 网络构建能力量表的信度和效度检验结果

题号	因子载荷	CR/AVE	Cronbach's α 值
A1	0.732		
A2	0.714		
A3	0.719	$CR=0.857$	0.854
A4	0.627	$AVE=0.501$	
A5	0.701		
A6	0.744		

表9-7 网络关系能力量表的信度和效度检验结果

题号	因子载荷	CR/AVE	Cronbach's α 值
B1	0.828		
B2	0.816		
B3	0.599		
B4	0.654	$CR=0.853$	0.856
B5	0.578	$AVE=0.500$	
B6	0.715		
B7	0.781		
B8	0.635		

由表9-6和表9-7结果可知,两个维度的Cronbach's α 值分别为0.854和0.856,均大于0.7,由此可见网络能力量表具良好的信度。关于两个维度设计的测量内容与对应变量之间的标准化因子载荷系数介于0.578~0.828,都符合位于0.5~0.95的标准;组合信度 CR 分别为0.857和0.853,均大于0.6;AVE 值基本都在0.5以上。因此,根据以上多个数值可得,网络能力的量表效度是满足研究要求的。

9.5.2.2 组织学习能力的信度和效度检验

本章结合相关文献和量表,基于上文提出的三个组织学习维度,分别为系统远景、知识管理和管理承诺,以此设计组织学习能力的量表。表9-8对组织学习能力的三个维度量表进行信度和效度分析,结果如表9-8所示。

表9-8 组织学习能力量表的信度和效度检验结果

潜变量	序号	因子载荷	CR/AVE	Cronbach's α 值
系统远景	D1	0.755	$CR=0.928$	0.906
	D2	0.802	$AVE=0.510$	
知识管理	D3	0.532		
	D4	0.818	$CR=0.863$	0.875
	D5	0.709	$AVE=0.505$	
管理承诺	D6	0.848	$CR=0.853$	0.846
	D7	0.733	$AVE=0.500$	

同网络能力量表的分析过程,根据因子载荷系数、CR、Cronbach's α 值和 AVE 等数值结果可知,组织学习能力量表具有良好的信度和效度。

9.5.2.3 企业绿色创新能力的信度和效度检验

根据企业绿色创新能力的量表设计,企业绿色创新能力主要表现在绿色创新投入和绿色创新研发两方面。对企业绿色创新能力量表的信度和效度检验结果如表9-9所示。

表9-9 企业绿色创新能力量表的信度和效度检验结果

潜变量	序号	因子载荷	CR/AVE	Cronbach's α 值
绿色创新投入能力	C1	0.781	$CR=0.858$ $AVE=0.503$	0.855
	C2	0.716		
	C3	0.631		
绿色创新研发能力	C4	0.804	$CR=0.857$ $AVE=0.500$	0.857
	C5	0.718		
	C6	0.675		

同网络能力量表的分析过程,根据因子载荷系数、CR、Cronbach's α 值和 AVE 等数值结果可知,绿色创新能力量表具有良好的信度和效度。

9.5.3 相关分析

为了检验本章所选取变量的合理性,并对变量之间的关系进行初步分析,本章将利用 SPSS 软件对所有变量进行 Pearson 相关检验。当所有变量的 Pearson 相关系数小于 0.8 时,可以初步确定在后续分析中不存在多重共线性问题。本章针对网络能力、组织学习能力和绿色创新能力变量两两之间的相关性进行分析。

(1) 网络能力与企业绿色创新能力的关系。

根据收集的数据进行分析可得,网络能力对企业绿色创新能力相关分析结果见表9-10。

表 9-10 网络能力与企业绿色创新的 Pearson 相关性分析

	网络能力	企业绿色创新
网络能力	1	0.381**
企业绿色创新能力	0.381**	1

注：**在 0.01 水平（双侧）上显著相关

由表 9-10 可得，在 1% 的显著水平下，相关系数 $P=0.381$，网络能力与企业绿色创新能力存在显著的高等程度正相关。

(2) 对网络能力与组织学习能力作相关性分析，结果见表 9-11。

表 9-11 网络能力与组织学习能力的 Pearson 相关性分析

	网络能力	组织学习能力
网络能力	1	0.381**
组织学习能力	0.381**	1

注：**在 0.01 水平（双侧）上显著相关

由表 9-11 可得，在 1% 的显著水平下，相关系数 $P=0.381$，网络能力与企业绿色创新能力存在显著的高等程度正相关。

(3) 对组织学习能力与绿色创新能力作相关性分析，结果见表 9-12。

表 9-12 组织学习能力与企业绿色创新能力的 Pearson 相关性分析

	组织学习能力	企业绿色创新
组织学习能力	1	0.358**
企业绿色创新	0.358**	1

注：**在 0.01 水平（双侧）上显著相关

由表 9-12 可得，在 1% 的显著水平下，网络能力与企业绿色创新能力存

第九章　网络能力对长三角企业绿色创新能力的影响与作用机制

在显著的高等程度正相关，相关系数 $P=0.358$。

9.5.4　回归分析

对于回归分析，需利用 SPSS 软件进行网络能力对企业绿色创新能力的回归分析以及对组织学习能力的中介作用的检验。

9.5.4.1　网络能力对企业绿色创新的影响

由于回归分析时同时加入多个不同类型的变量会让变量间的关系被忽视，因此首先将控制变量中的企业年龄和企业性质作为自变量，绿色创新能力作为因变量，形成模型 M1。然后在 M1 的基础上，加入自变量网络构建能力形成模型 M2，以此类推，从而形成 M3、M4，用此四个模型来进行网络能力对长三角企业绿色创新能力的影响的回归分析，分析结果见表 9 – 13。

表 9 – 13　网络能力对企业绿色创新能力的回归分析

变量	M1 回归系数	M2 回归系数	M3 回归系数	M4 回归系数
企业年龄	0.321***	0.259**	0.171	0.159
企业性质	0.232***	0.223**	0.152*	0.129*
网络构建能力		0.239***		0.291**
网路关系能力			0.352***	0.312***
R^2	0.105	0.173	0.259	0.283
Adjust	0.095	0.159	0.247	0.258
F	9.243***	10.897***	15.176***	16.49***

注：** 在 0.01 水平（双侧）上显著相关

由表 9 – 13 可得，网络构建能力与绿色创新能力的回归系数 $P=0.239$（$P<0.001$），网络关系能力与绿色创新能力的回归系数 $P=0.352$（$P<0.001$）。因此，网络能力的两个维度均对绿色创新能力存在显著的正向影响，即假设 H1 成立。网络能力在一定程度上可以降低其成本，甚至可以为了绿色创新，吸引各方面的研发投入以此来进行绿色技术的创新。在企业遇到经济

危机、组织资源不足导致风险等给组织绿色创新带来消极影响时,网络能力能够对其进行缓解。另外,网络能力不仅能够为企业带来当前利益,最大程度发挥绿色创新带来的长期价值,还能在追求绿色创新时,经过各种途径来提升创新能力,从而消除绿色创新的易变性,降低绿色创新的成本。久而久之,伴随着市场上企业绿色创新的普遍化,溢出效益会愈发提升,从而实现可持续的绿色发展。

9.5.4.2 组织学习能力的中介作用检验

本章主要采用层次回归分析方法,来检验组织学习能力在网络能力与绿色创新能力之间的中介作用。具体要对网络能力和绿色创新能力与组织学习能力的关系进行验证,以此证明两者对组织学习能力有显著预测作用。

(1) 网络能力的两个维度对组织学习能力的回归分析结果见表 9-14。

表 9-14　网络能力对组织学习能力的回归分析

变量	M1 回归系数	M2 回归系数	M3 回归系数
企业年龄	0.258	0.183	0.171
企业性质	0.119	0.142*	0.152*
网络构建能力	0.298***		0.294***
网路关系能力		0.331***	0.312***
R^2	0.147	0.348	0.304
Adjust	0.131	0.251	0.257
F	9.285***	9.993***	11.126***

注:**在 0.01 水平(双侧)上显著相关

由表 9-14 可知,网络能力的两个维度对组织学习能力的回归系数分别为 $P=0.298$,$P=0.331$,$P<0.001$。所以网络能力对组织学习能力有显著正向影响。

(2) 组织学习能力对企业绿色创新能力的回归分析结果见表 9-15。

由表 9-15 可知,系统远景对绿色创新能力的回归系数为 $P=0.649$,P

< 0.001。知识管理对绿色创新能力的回归系数为 $P=0.568$，$P<0.001$。管理承诺对绿色创新能力的回归系数为 $P=0.571$，$P<0.001$。所以组织学习能力对绿色创新能力有显著正向影响。

同时，在控制企业年龄和企业性质等控制变量的条件下，分析组织学习能力在网络能力与企业绿色创新能力之间的中介作用，具体检验结果如表9-16所示。

表9-15 组织学习能力对企业绿色创新能力的回归分析

变量	M1 回归系数	M2 回归系数	M3 回归系数	M4 回归系数
企业年龄	0.158**	0.208***	0.213**	0.219**
企业性质	0.219**	0.292**	0.287**	0.221***
系统远景	0.649***			0.463***
知识管理		0.568***		0.417***
管理承诺			0.571***	0.425***
R^2	0.487	0.438	0.259	0.326
Adjust	0.442	0.429	0.247	0.518
F	30.759***	32.187***	15.176***	38.297***

注：** 在0.01水平（双侧）上显著相关

表9-16 组织学习能力的中介作用的检验结果

路径	效应值	95% 置信区间		相对效应（%）
		下限	上限	
网络构建能力—组织学习能力—绿色创新能力	0.332	0.237	0.454	65.69
网络关系能力—组织学习能力—绿色创新能力	0.230	0.137	0.343	65.97

由表9-16可以发现，第一条路径的中介效应显著，效应值为0.332，

95%的置信区间为[0.237,0.454];第二条路径的中介效应显著,效应值为0.230,95%的置信区间为[0.137,0.343]。由以上两条路径可以得出,组织学习能力的中介效应显著,即研究假设H2成立。

综上所述,组织学习能力在网络能力与绿色创新能力之间存在中介作用,即假设H2成立。所以,企业通过网络能力获得了网络资源和信息后,如果其组织学习能力相对之前较强,那么组织就可以将这些外来资源更大程度地转化为企业本身所有,而这一转化能够更加有助于企业绿色创新能力提升。简单而言,组织学习能力的大小决定了企业从网络中获得资源及被其汲取为绿色创新能力的水平的高低。

9.6 本章研究结论与展望

当代这个社会愈发重视绿色发展,面对这种形式,本章从当前国内绿色创新发展面临的困境出发,探究网络能力对企业绿色创新能力的影响与作用机制,且研究组织学习能力在两者之间的中介效应,为企业追求绿色创新以及政府促进企业绿色创新提供重要的理论指导,也为政府不断完善相关环境法规政策提供可行思路。本章通过对300份样本数据进行实证检验,得出以下结论:

(1)研究成果表明网络能力对企业绿色创新能力产生了正向影响。即企业对自身和外部网络系统中信息掌握程度越高,获取到的知识、信息和资源的能力越高,企业的绿色创新能力就越强,从而可以构建更完整的绿色发展系统。

(2)组织学习能力的大小可由三个维度即系统远景、知识管理和管理承诺来测量,而这三个维度对网络能力对企业绿色创新能力的影响具有正向影响。也就是说,组织学习能力越强,企业获取绿色创新所需信息和资源的能力就越强,企业能够利用各种方式从网络系统中获取资源,且加强组织学习能力来快速吸收资源为自身所用。

综合上述研究结论,结合当下国内研究现状,本章提出了以下几点建议:

（1）重视网络能力的培养，根据当代这一发展局势，网络能力已成为每个企业不能忽视的一种动态能力。对于培养网络能力，企业需要从两个维度下手，把握自身战略目标的高度和处理好与网络中的外部组织的合作关系。

（2）企业绿色创新能力能够加强企业的竞争优势，从而使企业的核心竞争力得以保持。针对不同类型的企业，需要根据其所处行业，寻求途径来激发企业投入更多的资源进行绿色创新，做好正向激励工作。另外，企业可以定期对员工进行培训，增强其环保意识。员工拥有较强的绿色创新意识有利于获取有关绿色创新的知识、信息和资源，进而能够有效地提高企业绿色创新能力。

（3）企业需要组织各阶层员工积极学习绿色知识。一方面，可以结合企业的实际情况，在行业内找到绿色领袖进行组织学习，并适当地引入新型的绿色技术；另一方面，强化企业内部对绿色知识的消化和吸收，在学习中产生新的创意。

本章研究的不足主要表现在：

（1）问卷调查由于是对企业内部员工进行考察，受到一定的时间和能力的限制，缺乏更多的实地考察和访谈支持，基本都是根据问卷发放的方式来收集数据进行分析，研究深度不够；

（2）考察了组织学习能力的中介作用，而网络能力对企业绿色创新能力的影响和作用机制可能包括其他中间变量；

（3）在探究网络能力、组织学习能力和企业绿色创新能力之间的关系时，没有将其中的关系用数据完全展示出来，受到软件使用的限制。

总之，针对以上不足，未来的研究需要增加样本量，以保证数据的有效性和真实性，从而得到更为严谨的结论；对于网络能力可以加大测量维度，并且针对维度之间的交互作用，进行深度考察；网络能力对长三角企业绿色创新的影响大多数都是针对制造企业的绿色技术上的创新，所以在之后的研究中可以有针对地探究新型科技类型的企业的绿色创新，从而改善生态环境，更好地保护我们的地球。

第十章 异质性视角下高管团队背景特征对长三角企业绿色技术创新的影响

10.1 本章研究背景

随着经济全球化的深入发展,市场经济环境变得越来越复杂艰难,企业也面临着各式各样的生存挑战。创新是最好的应对手段,因为其既可以发生在技术层面、组织结构以及管理层面等,也可以渗入企业经营活动的进程中。而事实也证实,创新是企业发展的首要战略决策。也正因为如此,创新是越来越多企业和企业家必须重视的发展杠杆。

中国经济的高速增长同样也导致环境恶化和资源消耗,如何在经济发展过程中走绿色发展的道路越来越受到政府和学界的重视。因此,绿色创新是一项越来越值得研究的实践性课题,但是目前在绿色创新方面的研究,仅仅关注创新行为,而忽视了创新的现实目的——使企业经营状况日臻完善,以便提高企业绩效,担负起相应的社会责任。

熊彼特在创新理论中提到,将各式各样的生产要素整合在一块,应用到生产体系中,让它们成为真实存在的生产力的过程,就叫做创新。创新不仅需要一批技艺高超的专业人才,也需要一批经验丰富的企业管理人员,纵观整个发展过程,企业管理者都扮演着至关重要的角色。因为光凭技术是不能直接形成优秀的企业,企业管理者作为重要的推动力量也是必不可少的。也只有企业管理者具备能力,充分调度数量不多的资源,使其发挥出最佳效能。换一种方式来说,在企业创新活动的发展过程中,企业家起着重要的推动作用。深入研究高层管理者与企业研发创新及其运行机制之间的关系,有助于发挥人力资源这一重要资源的促进作用。与此同时,有助于研究者更加注重研究的基础性,以及发明和创造的原创性及自主性,致力攻下技术关口、拔高国民创新水准。

本章拟展开以下探讨:以企业高管团队为背景,研究对象为长三角企业,以企业高管团队特征对绿色创新的影响为核心和重点展开研究,旨在探索新时期高管团队背景特征对新时期绿色技术创新的影响,为我国企业不断改进和优化高管团队提供创新模式,推进企业的领导变革和发展。

10.2 概念界定与文献综述

10.2.1 相关概念辨析

10.2.1.1 高管团队

关于高管团队的概念,学术界并没有达成一致。一般的学者以自身理论为基础,根据他们研究所需界定高管团队。从以下两个方面体现出高管团队:高管的概念——高管是指具备决策权和实施权的人,是企业运营的核心人物;高管团队的概念——高管团队的特征团队性让每个成员各尽其能,在企业遇到问题时,成员间进行良好的交流与互动、高效的创新活动,为企业提供适应时代发展的战略,使企业得以高速发展。

高管团队背景特征由团队成员的人口背景特征和结构特征组成。本章通过综合比较国内外学者的研究,选取平均年龄、平均学历、女性高管性别占比以及平均海外背景占比作为衡量高管团队背景特征的主要指标。高管群体的背景特点由高管群体中的成员从事企业管理活动时所具备的人口背景特点以及群体的结构性特点组成。人口学的基本特征主要包括年级、性别、学历等。本章在已有研究成果基础上,选取平均年龄、平均学历、女性高管性别占比和平均海外背景占比来评价高管群体的背景和特点,用高管团队人物特征来反映高管团队特征。

10.2.1.2 企业环境责任

国外在企业环境责任的研究中,具有比较全面的概念界定,2005年加拿大对企业环境责任的概念有三个方面的认识:一是企业在不改变环境的情况下,获取经济效益;二是企业有环境管理系统并提高环境意识;三是管理者要将环境信息公之于众。国内也有许多学者对企业环境责任展开讨论,更太嘉和彭毛卓玛(2008)的观点是企业环境责任是企业在生产运营过程中要加强对保护环境的重视并且要有相应的方案得以实施,这样才能承担起对社会的责任。林汉川(2007)通过进一步的研究,认为环境责任可以上升到法律责任,也就是说企业生产产品就一定要树立保护环境的意识。

通过以上叙述,再根据长三角企业这一研究对象,本章对企业环境责任进行以下阐述:企业在获取经济效益时,一定要实施保护环境相关的方案,尽到企业应尽的责任,对企业附近的居民负责,还要对社会作出保护环境的承诺,努力扛起大型企业风范的大旗。

10.2.1.3 异质性视角

企业异质性指企业在规模、所有权、人力资本、组织方式等方面特征的差异。企业通过不断研究,找到生产过程中的需求,以全球为目标获取企业所需的资源,把生产和组织方式看作一个整体,评价企业在行业中的生产率水平,从而判断企业能否出口或去国外市场开展经营活动。企业的生产要素通过在全球区域进行寻找,但这些生产要素想要成为企业自身的独特之处,就一定要和人力资本要素形成一个整体,充分体现自身优势,这就要求有一定数量的人力资本对各类物质资本的投入进行管理,这样可以提高企业生产运营过程中的效率。本章在此基础上,基于产权异质性,将企业分为国有企业和非国有企业进行研究。

10.2.2 关于高管团队背景特征的国内外研究现状

10.2.2.1 国内研究现状

目前,国内学术界对高层管理团队异质性与企业绿色创新之间的研究很少。此外,这些研究没有一致的结论与方法,主要观点有两种:

第十章 异质性视角下高管团队背景特征对长三角企业绿色技术创新的影响

部分学者研究表明高层管理团队对企业绿色绩效有促进作用，团队可以得到丰富的决策资源、信息，对待问题多元化，可以加快实施绿色转型，进一步增大企业绿色绩效。例如：梅强和徐胜男（2012）通过高管团队背景特征研究发现团队的摩擦对团队创新起到积极正面的影响，而且高管团队成员任期的差距大对企业绩效的提升有很大的帮助。

另一部分学者认为高管团队对企业绿色绩效具有负向影响，高层管理团队成员会根据一些重要特征，将自己与他人区别为不同的群体，与其他群体发生摩擦时，导致团队凝聚力下降，对企业绿色绩效产生负向影响。例如：蔡春妮（2016）的观点是年轻人往往敢于打破常规并不断尝试，企业的研发投入也会随之增加，因此，高管团队平均年龄与企业研发投入表现为负相关。

10.2.2.2 国外研究现状

国外学者的研究也是层出不穷，汉姆布里科和梅森（Ham brick & Mason）于1984年提出高层梯队理论后，以高管团队特征为研究视角，分析发现高管团队对企业绩效影响比领导者个体更重要。学者们认为，可以通过各种途径得到企业在发展过程中需要的信息，使企业朝着有利于自己的方向改进，并且在一定程度上加强团队解决问题的能力，从而发现企业在未来发展中的机遇。在此基础上，高管团队成员背景特征越丰富多样化，得到的信息就会越多样，可以帮助高管团队作出决策。

高管团队成员的平均年龄越大，在企业的认识和风险的承担上会显得十分稳重，更值得一提的是，企业的销售收入和现金流不会出现大幅度的变化，这就为企业开发新产品提供了资金（Flood et al，1997）。

也有学者以团队的平均年龄为研究对象，认为平均年龄越高，高管团队的工作经验越丰富，在处理突发情况时会有更全面的解决方案，团队平均年龄越大，就会表现对安稳生活的向往，在面临风险时可能会显得没有动力，即不愿意在环境不确定的情况下进行绿色技术创新（Tanikawa et al，2017）。

10.2.3 异质性视角下高管团队背景特征对企业绿色技术创新的影响发展趋势

许多学者研究了高管团队特征与创新绩效的关系，但很少有人分析高管团队特征与企业绿色技术创新的关系。由于高管团队异质性对绿色技术创新影响的研究还不太成熟，本章将以企业怎样通过区别高管团队特征去遴选一个组织决策，高效地促进组织绿色创新意识的提升为主要研究方向。对于该怎样对高管团队进行适当的重置和优化进行研究更有必要，且意义更深远。在这个趋势下，本章的研究就非常紧迫和必要。

10.3　研究假设

10.3.1　全样本研究假设

企业作为社会的一分子，与人民是一个整体，企业绿色技术创新和社会绿色发展有着不容忽视的相互作用。本章通过研究文献来梳理企业高管特征与企业绿色技术创新的相关性，并作出相关假设，从而为提升企业绿色创新服务。

10.3.1.1　高管性别特征与企业绿色技术创新

在高管团队的构成中，女性高管比例一直处于较低的状态。目前高管团队成员中女性占比逐步变大，女性高管比例的增大给企业带来的影响受到更多学者的重视。如今学界关于如何培养女性企业高管的一些研究尚未得到定论，且很少有对企业创新过程中女性高管带来变化的研究。有些学者的观点是女性企业高管能够正面促进公司创新。

根据以上理论分析，本研究的假设如下：

H1：高管团队女性高管的比例正向影响企业绿色技术创新。

10.3.1.2　高管年龄特征与企业绿色技术创新

高层阶梯理论认为，团队平均年龄反映整体的知识储备和经商阅历水平。所以，部分学者的观点是高管团队整体平均年龄的水平反映他们的认知，彰显共同决策的过程。不同年龄层的管理者能在一定程度上代表高管团队的认知偏好，当高管年纪越大，在制定一个企业的战略上越谨慎，管理者凭借自己的工作经验，不愿意转变观念去进行技术创新。更多学者主张高管年龄对公司绿色发展、技术创新等有负向影响。

根据以上阐述，本研究的假设如下：

H2：高管团队平均年龄负向影响企业绿色技术创新。

10.3.1.3　高管学历特征与企业绿色技术创新

学历代表高管的受教育程度，教育背景影响接触到的知识以及周围的人群，一般高管人员学历越高，越容易接受新事物，也更富有想象力，敢于创新，达到自我突破。

根据以上理论分析，假设如下：

H3：高管团队学历水平正向影响企业绿色技术创新。

10.3.1.4　高管海外背景特征与企业绿色技术创新

学历代表受教育程度，企业的创新研发投入的强度是否增强、国家级发明专利以及其他相关专利的申请数量受高管海外留学影响。并且，拥有较多海归高管对技术创新工作的质量非常在意。区别高管专业背景后，具有技术和管理背景的海归高管均可提高企业的技术创新能力。

企业的技术创新能力受高管海外经历的影响，具体表现为以下几个方面：

（1）拥有先进的技术知识和行政管理工作经验的海归高管，利用人力资本的流动完成一次性的技术转移，增强自身研发项目过程的控制水平，帮助公司实现研发能力和创造性的提升。

（2）海外的学习或工作经历可以使高管掌握一些先进的专业技术知识和成熟的管理技巧，有利于提升公司的技术储备，并且也会促使公司的研发团队更好地提升其创新能力。

（3）海外经验所搭建的关系网络更便于企业进行国际化战略的实施与海外业务的发展，为企业对技术的接触与发展以及扩大海外国际市场的需求提供了条件，增加企业技术革命创新的外部资金来源。高管人员在海外已经构建了一个社会网络系统，形成了特殊的社会资本优势，有助于企业更好地掌握科学技术的前沿和动态。海归公司高管自身的经验能够有效地改善企业和国际市场的沟通与衔接。

根据以上分析，提出如下假设：

H4：高管团队海外背景水平正向影响企业绿色技术创新。

10.3.1.5 高管薪酬激励和股权激励的调节作用

适当的高管激励可以提高高管对环保问题的重视程度。基于此，提出如下研究假设：

$H5_1$：高管薪酬激励正向调节高管团队女性高管比例与企业绿色技术创新的关系。

$H5_2$：高管薪酬激励负向调节高管团队平均年龄与企业绿色技术创新的关系。

$H5_3$：高管薪酬激励正向调节高管团队平均学历与企业绿色技术创新的关系。

$H5_4$：高管薪酬激励正向调节高管团队海外背景与企业绿色技术创新的关系。

$H6_1$：高管股权激励正向调节高管团队女性高管比例与企业绿色技术创新的关系。

$H6_2$：高管股权激励负向调节高管团队平均年龄与企业绿色技术创新的关系。

$H6_3$：高管股权激励正向调节高管团队平均学历与企业绿色技术创新的关系。

$H6_4$：高管股权激励正向调节高管团队海外背景与企业绿色技术创新的关系。

10.3.2 产权异质性条件下高管团队背景特征与企业绿色技术创新假设

10.3.2.1 国有企业高管团队背景特征与企业绿色技术创新

国有企业的管理者所具备的权威性，是通过该企业领导者的政治背景所形成的，但是，高管团队在环保问题上的意识，会进一步影响企业绿色技术创新，并且这种影响是会不断增加的。

10.3.2.2 非国有企业高管团队背景特征与企业绿色技术创新

非国有企业在目前的环境中，必须提高自身的竞争力，不断完善自己，

第十章 异质性视角下高管团队背景特征对长三角企业绿色技术创新的影响

因此非国有企业在产权结构和管理模式上具有很大的优势,相比于国有企业有着独特之处,非国有企业决策层会利用自身的优势,加大对创新的投入,综合考虑企业绩效的激励政策,这会使得非国有企业进一步提高竞争力。在此基础上,非国有企业的管理者相比于国有企业更加倾向于激励政策的实施。

综上,提出如下假设:

H7:国有企业中女性高管比例对企业绿色技术创新的负向影响要大于非国有企业。

H8:国有企业中高管年龄特征对企业绿色技术创新的负向影响要大于非国有企业。

H9:国有企业中高管学历特征对企业绿色技术创新的正向影响要大于非国有企业。

H10:国有企业中高管海外背景特征对企业绿色技术创新的正向影响要大于非国有企业。

H11:国有企业薪酬激励的调节作用小于非国有企业。

H12:非国有企业股权激励的调节作用大于国有企业。

综上所述,本章理论模型如图10-1所示。

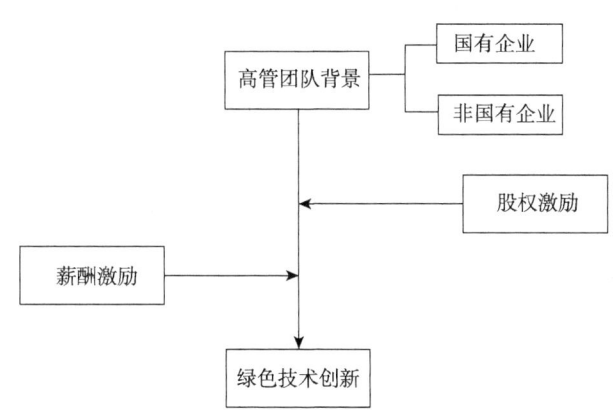

图10-1 研究假设的理论模型

10.4 研究设计

10.4.1 样本选取和数据来源

长三角上市公司是本章所选取的研究对象，并且在国泰安数据库获取本章需要的数据后，进一步求其平均值，描述这些数据的水平。

本章通过企业绿色专利数衡量绿色生产技术的创新。Shane（2005）的研究内容为专利在一定程度上有着代表性，分析发现通过专利来判断企业创新水平具有真实性。

对于绿色专利数量，本章采用绿色环保专利的自然对数代表绿色技术创新产出指标，$GTI = \ln$（公司申请的绿色环保专利）。

通过分析之后，本研究对1558家长三角上市企业的10万多位高管信息数据进行处理，具体的处理方式表现在以下几个方面：（1）剔除ST公司。是因为该类企业连续三年亏损，财务数据产生错误，但本章选取的调节变量与财务数据有关。想要本研究具有真实性，必须去掉这些公司的数据。（2）有些数据不具备真实性或者数据缺失，也要进行剔除。

经过筛选后，本章选取了73家企业2015—2019年的数据，并运用Excel汇总出每个企业的高管团队的队伍信息。其中有4家国有企业和69家非国有企业，国有企业占比5.48%。

本章选取的数据来源是：解释变量相关的企业高管背景特征、被解释变量相关的绿色专利数量来源于国泰安数据库。

10.4.2 变量测量

10.4.2.1 被解释变量

通过阅读相关文献，对于绿色技术创新的研究，有宏观和微观两个层面。宏观层面多是从绿色产品创新、绿色工艺创新和末端治理技术创新三方面衡量。对于微观层面，收集数据存在一定的难度，有些学者通过问卷调查得到数据，部分学者通过研发投入与能源消耗量的比值展开研究，还有部分学者选取绿色专利获取量进行测量。

结合本章对绿色创新的概念理解，绿色创新分为两个维度，两个维度包括绿色产品创新和绿色管理创新。产品创新：增加产品的绿色元素、生产时禁用违反环保法规的原材料等；管理创新：生产中使用 ISO 14000 标准环境管理系统等。结合本研究内容即数据获取来源，用绿色专利获取量对企业绿色技术创新展开研究。

10.4.2.2 解释变量

综合比较国内外学者对高管背景特征的研究，可以分为高管同质特征和高管异质特征。高管同质特征为背景特征的平均水平，高管异质特征为背景特征的差异性。

本章采用高管同质性特征对企业绿色技术创新的影响，并且采用年龄的平均值作为测量标准。年龄特征主要研究女性高管对企业绿色技术创新的影响，所以选用女性高管的比例作为测量性别同质性的指标。学历背景在测量时要进行赋值，1~7 分别表示中专及中专以下，大专，本科，硕士研究生，博士研究生，其他和 MBA/EMBA，赋值后进行取均值处理。海外背景在进行测量时也需要进行赋值处理，1 = 海外任职，2 = 海外求学，3 = 无海外背景（多种海外背景用逗号隔开）。

10.4.2.3 调节变量

本章将高管激励作为调节变量，分为薪酬激励和股权激励。对于薪酬激励可以利用排名前三的高管薪酬均值、薪酬排名前三的高管薪酬总和、所有高管的薪酬均值等进行测量。

综合考虑之下，本章选取所有高管薪酬均值作为测量指标。对于股权激励，本章按照以往学者的评价方式，用高管股权占比来衡量股权激励水平。

10.4.2.4 衡量指标汇总

本章参考众多文献中的成熟研究成果，将创新测量项目设置具体如表 10-1 所示。

表 10-1 各变量衡量指标汇总表

变量	变量名称	符号	评价方式
解释变量	性别特征	Gender	女性高管人数/高管总人数
	年龄特征	Age	高管年龄值总和/高管总人数
	学历特征	Degree	高管学历值总和/高管总人数
	海外背景	Oversea Back	高管海外背景值总和/高管总人数
被解释变量	绿色技术创新	GTI	ln（公司申请绿色环保专利数）
调节变量	高管股权激励	Stock	高管股权数/总股数
	高管薪酬激励	Pay	薪酬总和/高管总人数

10.4.2.5 模型构建

（1）结合对变量的定义和测量，构建了如下四个回归模型。

回归模型1：验证高管性别特征对企业创新的影响

$$GTI_{i,t} = \beta_0 + \beta_1 Gender_{i,t} + \varepsilon_{i,t}$$

回归模型2：验证高管年龄特征对企业创新的影响

$$GTI_{i,t} = \beta_0 + \beta_1 Age_{i,t} + \varepsilon_{i,t}$$

回归模型3：验证高管学历特征对企业创新的影响

$$GTI_{i,t} = \beta_0 + \beta_1 Degree_{i,t} + \varepsilon_{i,t}$$

回归模型4：验证高管海外背景对企业创新的影响

$$GTI_{i,t} = \beta_0 + \beta_1 Overseaback_{i,t} + \varepsilon_{i,t}$$

（2）加入调节变量薪酬激励后，根据假设 H5 提出如下模型。

H5a：$GTI_{i,t} = \beta_0 + \beta_1 Gender_{i,t} + \beta_2 Gender_{i,t} \cdot Pay_{i,t} + \varepsilon_{i,t}$

H5b：$GTI_{i,t} = \beta_0 + \beta_1 Age_{i,t} + \beta_2 Age_{i,t} \cdot Pay_{i,t} + \varepsilon_{i,t}$

H5c：$GTI_{i,t} = \beta_0 + \beta_1 Degree_{i,t} + \beta_2 Degree_{i,t} \cdot Pay_{i,t} \varepsilon_{i,t}$

H5d：$GTI_{i,t} = \beta_0 + \beta_1 Overseaback_{i,t} + \beta_2 Overseaback_{i,t} \cdot Pay_{i,t} + \varepsilon_{i,t}$

（3）加入调节变量股权激励后，根据假设 H6 提出如下模型。

H6a：$GTI_{i,t} = \beta_0 + \beta_1 Gender_{i,t} + \beta_2 Gender_{i,t} \cdot Stock_{i,t} + \varepsilon_{i,t}$

H6b：$GTI_{i,t} = \beta_0 + \beta_1 Age_{i,t} + \beta_2 Age_{i,t} \cdot Stock_{i,t} + \varepsilon_{i,t}$

H6c：$GTI_{i,t} = \beta_0 + \beta_1 Degree_{i,t} + \beta_2 Degree_{i,t} \cdot Stock_{i,t} + \varepsilon_{i,t}$

H6d：$GTI_{i,t} = \beta_0 + \beta_1 Overseaback_{i,t} + \beta_2 Overseaback_{i,t} \cdot Stock_{i,t} + \varepsilon_{i,t}$

在上述模型中，解释变量 $Gender_{i,t}$ 为 i 公司 t 年度的女性高管占比；解释变量 $Age_{i,t}$ 为 i 公司 t 年度的高管年龄平均值；解释变量 $Degree_{i,t}$ 为 i 公司 t 年度学历度量值；解释变量 $Overseaback_{i,t}$ 为 i 公司 t 年度的高管海外经历度量值；被解释变量 $GTI_{i,t}$ 为 i 公司 t 年度的企业绿色创新专利数对数；$Stock$、Pay 为模型的调节变量。

10.5　数据分析与假设检验

10.5.1　全样本描述性统计分析

本研究借助SPSS20.0软件对企业绿色技术创新、高管团队年龄、性别、学历等特征进行描述性分析，主要是平均值、最小值、中位数、最大值和标准差等信息的描述性统计分析。

由表10-2可知，在长三角地区73家上市公司，2000多个样本企业高管信息中，女性高管的比例均值13.86%，最小值0，最大值100%，可以发现，女性高管占比较小，大部分公司主要以男性高管为主。高管年龄的均值为49岁，最小值37岁，最大值近64岁。学历方面，均值为3.42，最大值为7，最小值为1.88，高管学历普遍为本科和研究生。海外留学方面，均值为2.88，最大值为3，最小值为1，大部分高管无海外背景。由绿色技术创新的数据发现，如今企业在进行绿色技术创新方面存在极端值，绿色技术创新能力最差的企业为2.08，最好的企业为9.89，出现这样巨大的差异反映了各企业由于所处的环境不同，在面对污染问题的态度上也会有很大的差异。

表 10-2 描述性统计分析（N=73）

变量	最小值	最大值	平均值	标准差	中位数
Gender	0	1	0.138622	0.198677	0
Age	37.33333	63.5	49.10606	4.317275	48.66667
Degree	1.875	7	3.422978	0.782963	3.4
Oversea Back	1	3	2.881119	0.259592	3
Pay	118600	9312700	753795	743240.7	558000
Stock	0	0.618844	0.038376	0.110192	0.027378
GTI	2.079	9.885731	4.951079	1.713364	5.056246

10.5.2 相关性分析

本研究借助 SPSS20.0 软件对变量进行相关性分析，具体的相关系数矩阵如表 10-3 所示，这可以为下面的回归分析提供数据支持。

由表 10-3 可知，高管团队女性高管的比例对企业绿色技术创新在 5% 的置信区间上显著为负相关，阐释了女性高管负向影响企业绿色技术创新；高管团队学历特征对企业绿色技术创新在 1% 的置信区间上显著为正相关，阐释了高管学历特征正向影响企业绿色技术创新；高管团队海外背景特征对企业绿色技术创新在 1% 的置信区间上显著为负相关，阐释了高管海外背景特征负向影响企业绿色技术创新；高管薪酬激励对企业绿色技术创新在 5% 的置信区间上显著为正相关，说明高管总体薪酬激励水平越高，越能激励企业的绿色技术创新；高管股权激励对企业绿色技术创新在 1% 的置信区间上显著为负相关。其余特征与企业绿色技术创新无显著相关性。

此外，对于高管团队背景特征两两之间的相互作用表现的较明显的是：女性高管占比与股权激励，学历特征与薪酬激励之间具有显著正相关；女性高管占比与年龄特征，女性高管占比与海外背景特征，女性高管占比与薪酬激励，年龄特征与股权激励，学历特征与股权激励，薪酬激励与股权激励之间具有显著的负相关。

表 10-3 仅仅是对两两变量之间的 Pearson 相关性进行分析，且相关系数的绝对值均小于 0.5，说明各个变量之间不存在多重线性关系，若进行更全面

第十章　异质性视角下高管团队背景特征对长三角企业绿色技术创新的影响

的关联检验,还需用到回归分析。

表 10-3　变量间的 Pearson 相关性分析

变量	Gender	Age	Degree	Oversea Back	Pay	Stock	GTI
Gender	1	—					
Age	-0.281**	1	—				
Degree	-0.037	-0.008	1	—			
Oversea Back	-0.223**	0.034	-0.040	1	—		
Pay	-0.122**	0.361**	0.253**	0.014	1	—	
Stock	0.066	-0.124**	-0.168**	0.023	-0.150**	1	—
GTI	-0.118*	0.024	0.122**	-0.131**	0.121*	-0.198**	1

注:** 在 0.01 水平(单侧)上显著相关;* 在 0.05 水平(单侧)上显著相关

10.5.3　平稳性检验

本研究利用 eviews 软件,采用面板数据,为得到可靠的结果,防止伪回归现象的发生,在回归分析前应进行平稳性检验。

所以我们对相关变量进行单位根检验,方法为 SUMMARY 检验和 ADF-Fisher 检验。具体检验结果如表 10-4、表 10-5 所示。结果可知,$P<0.5$ 各相关变量均平稳,可视为平稳变量。

表 10-4　SUMMARY 检验

面板单位根检验:Summary				
系列:GTI				
检验方法	统计量	P 值	截面数	观测值
原假设:单位根(假定各截面有不同的单位根)				
Levin, Lin & Chu t*	-204.162	0.0000	73	292
Breitung t-stat	1.63163	0.9486	73	219
原假设:单位根(假定各截面有不同的单位根)				
Im, Pesaran and Shin W-stat	-132.359	0.0000	73	292
ADF-Fisher Chi-square	255.202	0.0000	73	292
PP-Fisher Chi-square	372.767	0.0000	73	292

注:用渐近方法计算 Fisher 检验的概率—平方分布,所有其他测试都假定渐近正态性

表 10-5 ADF-Fisher 检验

检验方法	统计量	P 值
ADF-Fisher Chi-square	186.311	0.0136
ADF-Choi Z-stat	-1.07611	0.1409

注：用渐近方法计算 Fisher 检验的概率——平方分布，所有其他测试都假定渐近正态性

10.5.4 回归分析

本章根据变量之间的相关性，进行回归分析，进一步分析变量之间的因果关系，验证前文的研究假设。

表 10-6 是高管团队背景与企业绿色技术创新相关性的回归分析结果。分析结果显示，企业女性高管比例的交互项系数为 -0.153，表明女性高管占比对企业绿色技术创新起到负向影响作用；学历特征的交互项系数为 0.113，说明高管团队年龄特征对企业绿色技术创新起到正向影响作用；海外背景特征的交互项系数为 -0.160，阐释了高管海外背景对于企业绿色技术创新有负向影响作用；从表中可见年龄特征对企业绿色技术创新的影响无显著相关性，可能在于本章研究样本偏少，高管个人信息为人工整理，因而存在一定误差。

表 10-6 回归分析

变量	非标准化系数		标准系数	t	P
	B	标准误差			
常量	7.529	1.575		4.781	0.000
Gender	-1.324	0.475	-0.153	-2.787	0.006
Age	-0.004	0.021	-0.010	-0.194	0.846
Degree	0.250	0.114	0.113	2.188	0.029
Oversea Back	-1.056	0.349	-0.160	-3.026	0.003

通过对调节变量的回归分析，由表 10-7 可得，女性高管占比与薪酬激励在 5% 的水平上显著，且交互项系数为 -0.105，该系数与女性高管占比的

第十章 异质性视角下高管团队背景特征对长三角企业绿色技术创新的影响

企业绿色技术创新的系数值符号相同,表明高管薪酬激励在女性高管占比和企业绿色技术创新间起到正向调节作用。高管年龄特征与薪酬激励无显著性,两系数与高管团队年龄特征的企业绿色技术创新的系数值符号相反,说明高管薪酬激励负向调节高管团队年龄特征和企业绿色技术创新。高管学历特征与薪酬激励在10%的水平上显著,交互项系数为0.098,该系数与高管团队学历特征的企业绿色技术创新的系数值符号相同,说明高管薪酬激励在高管团队学历特征和企业绿色技术创新之间起到了一定的正向调节作用。高管海外背景特征与薪酬激励在10%的水平上显著,交互项系数为-0.098,该系数与高管团队海外背景特征的企业绿色技术创新的系数值符号相同,说明高管薪酬激励对高管团队海外背景特征及企业绿色技术创新之间起到了正向调节作用。

表10-7 薪酬激励与各变量回归分析

调节变量	变量	非标准化系数		标准系数	t	P
		B	标准误差			
1	常量	0.109	0.109		46.805	0.000
	Gender	0.449	0.449	-0.118	-2.260	0.024
2	常量	0.146	0.146		33.396	0.000
	Gender	0.451	0.451	-0.105**	-2.001	0.046
	Pay	0.000	0.000	0.108	2.068	0.039
1	常量	1.027	1.027		4.372	0.000
	Age	0.021	0.021	0.024	0.452	0.651
2	常量	1.063	1.063		4.868	0.000
	Age	0.022	0.022	-0.023	-0.410	0.680
	Pay	0.000	0.000	0.129	2.309	0.022
1	常量	0.400	0.400		10.081	0.000
	Degree	0.114	0.114	0.122	2.348	0.019

续表

调节变量	变量	非标准化系数		标准系数	t	P
		B	标准误差			
2	常量	0.399	0.399		10.147	0.000
	Degree	0.117	0.117	0.098*	1.826	0.069
	Pay	0.000	0.000	0.096	1.791	0.074
1	常量	0.769	0.769		8.336	0.000
	Oversea Back	0.267	0.267	-0.100	-1.910	0.057
2	常量	0.771	0.771		8.022	0.000
	Oversea Back	0.265	0.265	-0.098*	-1.896	0.059
	Pay	0.000	0.000	0.120	2.307	0.022

注：1和2分别代表有调节变量和无调节变量，**在5%水平上显著相关，*在10%水平上显著相关

由表10-8可得，女性高管占比与股权激励在5%的水平上显著，交互项系数为-0.105，与女性高管占比的企业绿色技术创新的系数值符号相同，说明高管股权激励在高管性别和企业绿色技术创新之间起到了一些正向调节作用。高管年龄特征与股权激励不显著，但两系数与高管团队年龄特征的企业绿色技术创新的系数值符号相反，说明高管股权激励负向调节高管团队年龄特征和企业绿色技术创新。高管学历特征与股权激励在10%的水平上显著，其交互项系数为0.092，与高管团队学历特征的企业绿色技术创新的系数值符号相同，说明高管股权激励在高管团队学历特征和企业绿色技术创新之间起到了正向的调节作用。高管海外背景特征与股权激励在10%的水平上显著，其交互项系数为-0.093，与高管团队海外背景特征的企业绿色技术创新的系数值符号相同，说明高管股权激励在高管团队海外背景特征和企业绿色技术创新之间起到了一定的正向调节作用。

第十章 异质性视角下高管团队背景特征对长三角企业绿色技术创新的影响

表 10-8 股权激励与各变量回归分析

调节变量	变量	非标准化系数 B	标准误差	标准系数	t	P
1	常量	5.092	0.109		46.805	0.000
	Gender	-1.016	0.449	-0.118	-2.260	0.024
2	常量	5.191	0.110		47.111	0.000
	Gender	-0.908	0.443	-0.105**	-2.051	0.041
	Stock	-2.966	0.798	-0.191	-3.715	0.000
1	常量	4.488	1.027		4.372	0.000
	Age	0.009	0.021	0.024	0.452	0.651
2	常量	5.083	1.020		4.984	0.000
	Age	0.000	0.021	-0.001	-0.014	0.989
	Stock	-3.074	0.807	-0.198	-3.808	0.000
1	常量	4.035	0.400		10.081	0.000
	Degree	0.268	0.114	0.122	2.348	0.019
2	常量	4.373	0.406		10.775	0.000
	Degree	0.201	0.114	0.092*	1.762	0.079
	Stock	-2.834	0.809	-0.182	-3.502	0.001
1	常量	6.410	0.769		8.336	0.000
	Oversea Back	-0.509	0.267	-0.100	-1.910	0.057
2	常量	6.428	0.755		8.512	0.000
	Oversea Back	-0.475	0.262	-0.093*	-1.814	0.071
	Stock	-3.023	0.798	-0.194	-3.789	0.000

注：a. 因变量：GTI；1 和 2 分别代表有调节变量和无调节变量，** 在 5% 水平上显著相关，* 在 10% 水平上显著相关

10.5.5 产权异质性视角下样本分析

10.5.5.1 产权异质性视角下样本描述性统计分析

由表 10-9 可知，长三角地区国有企业 4 家，共 20 个样本，女性高管的

占比均值为 6.72%，最大值 28.57%，总体来看，女性国企高管所占的比重仍然较小，多数公司仍以男性高管为主。高管年龄的均值为 49 岁，最小值 44 岁，最大值 55 岁。学历方面，均值为 3.32，最大值为 3.83，最小值为 3，高管学历至少为本科。海外留学方面，均值为 2.93，最大值为 3，最小值为 2.67，大部分高管无海外背景。从绿色技术创新的数据可以看出，绿色技术创新能力最差的企业为 3.47，最好的企业为 8.13。

表 10-9 国有企业描述性统计分析（$N=20$）

变量	极小值	极大值	均值	标准差
Gender	0.0000	0.2857	0.0672	0.0798
Age	44.4545	55.0000	48.7902	3.2062
Degree	3.0000	3.8333	3.3166	0.2787
Oversea Back	2.6667	3.0000	2.9329	0.1237
Pay	222850.0000	922966.6667	415337.4213	147873.3407
Stock	0.0000	0.0053	0.0005	0.0013
GTI	3.4657	8.1318	5.2729	1.3060

由表 10-10 可知，长三角地区非国有企业 69 家，共 345 个样本，女性高管的占比均值为 14.27%，总体比国有企业的女性高管多一些。高管年龄的均值为 49 岁与国有企业相差不大，最小值和最大值有一些差别。学历方面，均值相似，最大值为 7，最小值为 1.88，和国企略有不同，高管学历普遍为本科和研究生。海外留学方面，均值为 2.86，最大值为 3，最小值为 0，大部分高管无海外背景。从绿色技术创新的数据可以看出，绿色技术创新能力最差的企业为 2.08，最好的企业为 9.89。

表 10-10 非国有企业描述性统计分析（$N=345$）

变量	极小值	极大值	均值	标准差
Gender	0.0000	1.0000	0.1427	0.2027
Age	37.3333	63.5000	49.1243	4.3759

续表

变量	极小值	极大值	均值	标准差
Degree	1.8750	7.0000	3.4291	0.8022
Oversea Back	0.0000	3.0000	2.8607	0.3436
Pay	118600.0000	9312700.0000	773415.7631	759124.1208
Stock	0.0000	0.6188	0.0405	0.1129
GTI	2.0790	9.8857	4.9324	1.7336

10.5.5.2 产权异质性视角下样本相关性分析

由表 10-11 可知，国有企业女性高管的比例对企业绿色技术创新在 5% 的置信区间上显著为负相关，阐释了女性高管负向影响企业绿色技术创新；高管团队学历特征对企业绿色技术创新在 1% 的置信区间上显著为负相关，阐释了高管学历特征负向影响企业绿色技术创新；高管团队海外背景特征对企业绿色技术创新在 1% 的置信区间上显著为正相关，阐释了高管海外背景特征正向影响企业绿色技术创新；其余特征与企业绿色技术创新无显著相关性。

表 10-11 国有企业 Pearson 相关性分析

变量	Gender	Age	Degree	Oversea Back	Pay	Stock	GTI
Gender	1	—	—	—	—	—	—
Age	-0.468*	1	—	—	—	—	—
Degree	0.615**	-0.165	1	—	—	—	—
Oversea Back	-0.825**	0.427*	-0.902**	1	—	—	—
Pay	-0.074	0.171	0.288	-0.131	1	—	—
Stock	0.211	0.105	0.317	-0.229	-0.194	1	—
GTI	-0.436*	-0.191	-0.576**	0.574**	0.044	-0.031	1

注：** 在 0.01 水平（单侧）上显著相关；* 在 0.05 水平（单侧）上显著相关

由表 10-12 可知，非国有企业女性高管的比例对企业绿色技术创新在 5% 的置信区间上显著为负相关，阐释了女性高管负向影响企业绿色技术创新；高管团队学历特征对企业绿色技术创新在 1% 的置信区间上显著为正相关，阐释了高管学历特征正向影响企业绿色技术创新；高管团队海外背景特征对企业绿色技术创新在 5% 的置信区间上显著为负相关，阐释了高管海外背景特征负向影响企业绿色技术创新；高管薪酬激励对企业绿色技术创新在 1% 的置信区间上显著为正相关，说明高管总体薪酬激励水平越高，越能激励企业的绿色技术创新；高管股权激励对企业绿色技术创新在 1% 的置信区间上显著为负相关，说明高管股权激励负向影响企业绿色技术创新；其余特征与企业绿色技术创新无显著相关性。

表 10 - 12 非国有企业 Pearson 相关性分析

变量	Gender	age	Degree	Oversea Back	Pay	Stock	GTI
Gender	1	—	—	—	—	—	—
Age	-0.282**	1	—	—	—	—	—
Degree	-0.045	-0.007	1	—	—	—	—
Oversea Back	-0.131**	-0.044	-0.118*	1	—	—	—
Pay	-0.133**	0.366**	0.251**	-0.005	1	—	—
Stock	0.059	-0.128**	-0.172**	0.039	-0.161**	1	—
GTI	-0.110*	0.031	0.135**	-0.113*	0.128**	-0.198**	1

注：** 在 0.01 水平（单侧）上显著相关；* 在 0.05 水平（单侧）上显著相关

10.5.5.3 假设检验结果汇总

通过前面的分析，本章对各个研究假设的检验结果进行汇总，具体如表 10 - 13 所示。

表 10 - 13 假设检验结果汇总

序号	假设	检验结果
H1	高管团队女性高管的比例正向影响企业绿色技术创新	不支持
H2	高管团队平均年龄负向影响企业绿色技术创新	不显著
H3	高管团队学历水平正向影响企业绿色技术创新	支持
H4	高管团队海外背景水平正向影响企业绿色技术创新	不支持

续表

序号	假设	检验结果
H5$_1$	高管薪酬激励正向调节高管团队女性高管比例与企业绿色技术创新的关系	支持
H5$_2$	高管薪酬激励负向调节高管团队平均年龄与企业绿色技术创新的关系	支持
H5$_3$	高管薪酬激励正向调节高管团队平均学历与企业绿色技术创新的关系	支持
H5$_4$	高管薪酬激励正向调节高管团队海外背景与企业绿色技术创新的关系	支持
H6$_1$	高管股权激励正向调节高管团队女性高管比例与企业绿色技术创新的关系	支持
H6$_2$	高管股权激励负向调节高管团队平均年龄与企业绿色技术创新的关系	支持
H6$_3$	高管股权激励正向调节高管团队平均学历与企业绿色技术创新的关系	支持
H6$_4$	高管股权激励正向调节高管团队海外背景与企业绿色技术创新的关系	支持
H7	国有企业中女性高管比例对企业绿色技术创新的负向影响要大于非国有企业	支持
H8	国有企业中高管年龄特征对企业绿色技术创新的负向影响要大于非国有企业	不支持
H9	国有企业中高管学历特征对企业绿色技术创新的正向影响要大于非国有企业	不支持
H10	国有企业中高管海外背景特征对企业绿色技术创新的正向影响要大于非国有企业	支持
H11	国有企业薪酬激励的调节作用小于非国有企业	支持
H12	非国有企业股权激励的调节作用大于国有企业	支持

10.6 本章研究结论与展望

10.6.1 研究结论

本章经过对 73 家长三角上市企业 2015—2019 年数据的整合分析，实证研究了高管团队背景特征与企业绿色技术创新之间的关系，进一步具体到衡量高管团队特征的各个指标对企业绿色技术创新的影响，并考察高管薪酬激励和高管股权激励作为影响因素的时候对企业绿色创新的影响效应。得出以下结论：

(1) 在本章所研究的高管团队背景中，学历对公司研发创新有显著正向作用，性别和海外背景对公司绿色创新有显著的反向作用，而年龄无明显相关性。

(2) 高管薪酬激励对公司绿色技术创新具有显著正向影响，由此我们得出的结论是企业应当建立合理的薪酬分配制度。

(3) 高管股权激励对公司绿色技术创新具有正向影响作用，因此企业可以采取薪酬与股权混合激励方式进行激励。

(4) 国有企业和非国有企业当中，非国有企业的薪酬激励和股权激励作用更显著。

10.6.2 未来展望

(1) 本章只考虑高管整个团队经历的均值对企业创新行为的影响，未来可以将高管团队各成员的特征作为解释变量进行研究，从高管团队的内部建设视角提高企业核心竞争力，获取企业长期发展能力。

(2) 本章仅研究了高管团队对企业创新行为的影响关系，未来的研究可以向更多层面的企业战略行为扩展，比如企业投资、企业重组、企业并购等。

(3) 本章仅考察了内部治理中的高管薪酬激励与高管股权激励两方面对于企业创新行为的影响，未来研究可以选取其他内部治理指标以及外部环境影响作为控制变量。

第十一章 政府补贴对长三角企业绿色创新能力的影响与作用机制

11.1 本章研究背景

进入新时代,随着我国在经济方面不断取得成就,各行各业为顺应时代潮流也更加重视创新活动。但是由于企业对创新活动重视程度不断加深,特别是工业企业通过不断增加创新投入而获得高额利润,却忽略了更加重要的一面——环境保护,最终导致生态环境日益恶化。在生态问题日益凸显的时代,绿色创新技术逐渐受到了政府和企业的重视。

我国在这几十年的发展中,从重视经济发展到重视环境保护,在未来,低碳环保必然在我国各行各业占据重要地位。我国政府为了激励企业积极投入绿色创新研发颁布了相关政策并予以资金支持,主要目的就是让企业的绿色创新能力得到提升,进而在促进经济发展的同时又能做到不破坏生态环境,让"绿水青山就是金山银山"的观念深入企业文化。

本章主要考察政府补贴对企业绿色创新能力的影响与作用机制,基于长三角地区56家上市公司的相关数据,其中自变量为政府补贴数额,因变量为企业绿色创新能力,通过实证分析得出两者作用机制,最后结合所得结论提出相关政策建议。

11.2 研究假设与实证研究设计

11.2.1 研究假设

根据现有理论，政府要对企业创新活动有所干预，政府补贴是政府干预最常见的手段。本章主要从政府补贴入手，考察其对企业绿色创新活动的影响。绿色创新技术在现阶段发展尚不成熟，如果企业要进行研发，就需要大量资金支持，这时政府补贴就会发挥作用。一方面，绿色作为新时代创新活动的重要考虑要素，如果企业可以很好地在绿色创新方面有所成就，企业的竞争能力也就会增强；另一方面，政府补贴可以有效地缓解企业因绿色创新活动带来的资金不足的问题，所以在一定程度上会促进企业绿色创新活动。

11.2.1.1 政府补贴与绿色创新投入

现阶段各学者对绿色创新课题研究较少，本章首先梳理有关创新的课题。

虽然现阶段课题研究颇多的是政府补贴对企业创新投入的影响，但是各学者的研究结论也不尽相同，可大致概括为两类。其一，部分学者认为政府补贴抑制了企业绿色创新产出。其二，由于政府补贴的影响，企业更加重视对创新的投入。田丽娜等（2020）以30个省的动态面板数据为基础进行研究，通过检验政府补贴对我国各省工业企业的绿色创新能力的影响，再研究不同企业在受到政府补贴时，其绿色创新能力的变化趋势。研究得出，当政府对于某一企业的补贴强度有所提升时，则被解释变量相应地同政府补贴数额有一样的变化趋势。

根据以上学者的研究，本章提出以下假设：

H1：政府补贴与企业绿色创新投入呈正相关。

11.2.1.2 政府补贴与绿色创新产出

对于企业创新产出，现阶段学者同样持有两种观点，一种呈现"杠杆效应"，一种呈现"挤出效应"。其一，刘思琦（2020）对医药制造业企业的研究得出结果是，政府补贴有利于促进企业绿色创新产出的提高，也就是呈现

"杠杆效应"，臧冲冲（2018）以新能源企业为研究对象构建模型并进行分析，得出政府补贴有利于促进企业绿色创新产出。其二，林洲钰等（2015）基于上千家企业，通过实证研究发现，政府补贴与企业创新产出并不是简单地呈现线性关系，而是存在某一临界值。

根据以上学者的研究，本章提出以下假设：

H2：政府补贴与企业绿色创新产出呈正相关。

11.2.1.3 企业所在地区不同政府补贴对企业绿色创新能力的影响

企业所在地区不同，各地区发达程度不同，政府补贴对不同地区的企业绿色创新能力所产生的作用明显不同。如邵敏（2011）研究政府是应该对竞争能力较强的企业进行补贴，还是发展较落后的企业进行补贴，研究结果表明，各地区的政府都更加倾向于对发展较好的企业进行补贴或者颁布优惠政策，也就是各地区的政府基本都更加重视发展较好的企业，对发展好的企业的投资明显多于发展差的企业。胡志军（2018）将研究对象按照地区进行分组研究，分为西部和东部两个地区，研究结果表明东西部地区企业绿色创新投入都在政府补贴的作用下有所提高，但是在提升幅度上不尽相同。在创新投入方面，基于补贴影响下，对处在东部企业的促进效应低于处在西部企业的促进效应；在创新产出方面，基于补贴影响，对处在东部企业的促进效应高于处在西部企业的促进效应。

根据以上学者的研究，本章提出以下假设。

H3：相比于发展较好的上海地区的企业，发展低于上海地区的企业的绿色创新投入和产出受到政府补贴促进效应更大。

11.2.2 数据来源与样本选取

本章的数据主要来源于时间宽度为2014—2018年的《中国统计年鉴》、长三角企业上市公司数据以及中国国家知识产权局专利数据库，由于专利申请存在一定的滞后性，不宜采用近两年的专利数据。根据上市公司有关数据，本章选取了长三角地区56家上市公司，其中14家企业来自上海，14家企业来自浙江，14家企业来自江苏，14家企业来自安徽。本章之所以选这56家企业的原因如下。

（1）本章选取 56 家长三角上市公司为研究对象，研究政府补贴对这些企业绿色创新能力的影响。所选取的上市公司的绿色创新能力存在相当大的差异，企业绿色创新能力从强到弱，说明所选取的样本具有普遍性，而非主观地选取创新能力处在某一层次的企业，即不是单一层次的数据。

（2）上市公司的企业规模存在明显差距，大中小型企业都存在，因此所选取的企业具有代表性，可代表其他非上市公司的绿色创新能力情况。

（3）上市公司的数据收集更加准确，各个企业信息按时披露，因此得出的结论更具有参考性。

我国并没有将绿色专利单独作为一大类的专利种类，所以对绿色专利的筛选难度就比较大。本章主要是在国家知识产权局专利数据库中进行筛选，选择出符合要求的数据。销售收入增长率、企业规模以及资产负债率均是在上市公司披露的信息中获取、整理。

11.2.3 变量定义

11.2.3.1 被解释变量

本章对绿色创新能力从绿色创新投入能力和绿色创新产出能力两个方面进行分析。

（1）绿色创新投入能力（GRD）。本章采用长三角企业上市公司在绿色创新方面的投入资金数额来替代本章的被解释变量。通过对文献进行梳理，现阶段各学者对绿色研发投入并没有相同的认知，对该变量的衡量方法也层出不穷。本章借鉴已有学者对绿色创新投入的衡量方法，即用"三废"治理的研发投入来衡量该变量。

（2）绿色创新产出能力（GP）。由于我国还没有对绿色专利加以分类，根据分类号对上市公司申请的绿色专利进行统计，将统计出来的绿色专利申请量作为企业绿色创新产出能力衡量指标。

11.2.3.2 解释变量

政府补贴。政府补贴形式有很多种，本章不将政府补贴进行分类，将其概括为一大类,数据主要从各地区上市公司披露的信息中获取。因政府补贴金额较大,所以对政府补贴取对数。

11.2.3.3 控制变量

基于以往学者的研究,选取以下控制变量,见表11-1。

(1) 资产负债率(DAR)。资产负债率就是企业资产与负债的比率,资产负债率是衡量企业发展好坏的一个重要指标,一般认为发展越好的企业越是重视企业的绿色创新活动,越重视创新活动,企业的核心竞争力越强,资产负债率越低。

(2) 企业规模(SIZE)。不同规模的企业各有利弊。大规模企业拥有更多的流动资金、固定资产、科研人员等,相比于小规模的企业因为拥有的资源更加丰富,所以在面对相同的状况时,大规模企业可能更会脱颖而出。但是小规模企业由于企业层级少,人员少,企业层级调整比大规模企业更加灵活,在进行科研活动时科研人员积极性更高。由于本章应用实证分析,所以数据整理越精简越好,因此要对企业规模数据作相应处理,如取对数。

(3) 销售增长率(SGR)。销售增长率表明企业的盈利能力,一方面,销售增长率越高,说明企业发展越好,企业竞争能力越强;另一方面,企业销售增长率的提高可以给企业带来大量利润,企业可能更加重视创新研发。本章使用本期销售增长额与上期销售额的比值作为销售增长利率。

表11-1 变量定义

变量	变量名称	符号	定义	单位
解释变量	政府补贴	ln SUB	当期政府补贴总额取对数	%
被解释变量	绿色创新投入	ln GRD	当期绿色研发支出取对数	%
	绿色创新产出	GP	当期年度绿色专利产出	件数
控制变量	资产负债率	DAR	当期负债与资产之比	%
	企业规模	SIZE	期末企业资产总额取对数	%
	销售增长率	SGR	当期销售增长额与上期销售额之比	%

11.2.4 模型构建

本章构建了政府补贴影响绿色技术创新投入与产出的两个模型。通过对文献梳理,借鉴现阶段学者的研究方向,建立模型一如下:

$$GRD = \alpha + \alpha_1 \ln SUB + \alpha_2 \ln DAR + \alpha_3 SIZE + \alpha_4 SGR + \mu_{it} \quad (11-1)$$

$$GP = \beta + \beta_1 \ln SUB + \beta_2 \ln DAR + \beta_3 SIZE + \beta_4 SGR + \mu_{it} \quad (11-2)$$

其中,α、β 为常数项,α_1、α_2、α_3、α_4 为解释变量的系数,β_1、β_2、β_3、β_4 为解释变量的系数,μ_{it} 为随机误差。

同时,本章将企业异质性考虑在内,主要从处于长三角不同地区企业的角度出发,将长三角地区企业按不同省市划分为四组,分地区计算回归分析数值,并将这些数值进行对比,从而验证上文提出的假设。对于上海地区构建模型二(1、2),浙江地区为模型三(1、2),江苏地区为模型四(1、2),安徽地区为模型五(1、2)。

11.3 实证研究结果及分析

11.3.1 样本特征

本章主要运用 SPSS 对 280 个样本进行频次分析、描述性统计分析。

11.3.1.1 频次分析

揭示 56 家长三角企业的地理位置分布情况。从表 11-2 观察得出,70 个样本来自上海地区,占总样本的 25.00%;70 个样本来自浙江省,占总样本的 25.00%;70 个样本来自江苏省,占总样本的 25.00%;70 个样本来自安徽省,占总样本的 25.00%。

11.3.1.2 描述性统计分析

本章对被解释变量、解释变量、控制变量进行描述性统计分析,分析结果如表 11-3 所示。

表 11-2　频数分布结果

地区	频数	百分比（%）	累积百分比（%）
上海	70	25.00	25.00
安徽	70	25.00	50.00
江苏	70	25.00	75.00
浙江	70	25.00	100.00
合计	280	100.0	100.0

表 11-3　描述性统计分析（$N=280$）

变量	最小值	最大值	平均值	标准差	中位数
绿色创新投入	14.190	23.490	18.612	1.503	18.385
绿色创新产出	0.000	74.000	3.936	7.587	2.000
政府补贴	0.000	22.000	16.894	1.789	16.730
资产负债率	0.052	0.850	0.447	0.194	0.440
企业规模	20.060	27.390	22.666	1.363	22.477
销售收入增长率	-0.500	2.350	0.175	0.295	0.130

由表 11-3 可知，政府补贴均值是 16.894，最小值为 0，最大值为 22.000，意味着 280 个样本中政府补贴强度包含多个层次；企业绿色创新产出均值是 3.936，最小值为 0，最大值是 74.000，意味着 280 个样本中企业绿色创新产出能力包含多个层次；对于企业规模均值是 22.666，最小值是 20.060，最大值是 27.390，说明所选样本企业规模也存在明显差异。

11.3.2　相关性分析

本章主要是利用 Pearson 相关分析分析各变量之间的关系，分析结果如表 11-4 所示。

从表 11-4 可知，利用相关分析去研究绿色创新投入、绿色创新产出分别和政府补贴、资产负债率、企业规模、销售收入增长率之间的相关关系，具体分析结果如表 11-5 和图 11-1 所示。

表 11-4 各变量间 Pearson 相关分析

变量	绿色创新投入	绿色创新产出
政府补贴	0.643**	0.426**
资产负债率	0.418**	0.285**
企业规模	0.766**	0.447**
销售收入增长率	0.007	-0.052

注：* $p<0.05$，** $p<0.01$

表 11-5 各个变量间详细的 Pearson 相关分析

变量	项目	绿色创新投入	绿色创新产出
政府补贴	相关系数	0.643**	0.426**
	p 值	0.000	0.000
资产负债率	相关系数	0.418**	0.285**
	p 值	0.000	0.000
企业规模	相关系数	0.766**	0.447**
	p 值	0.000	0.000
销售收入增长率	相关系数	0.007	-0.052
	p 值	0.901	0.390

注：* $p<0.05$，** $p<0.01$

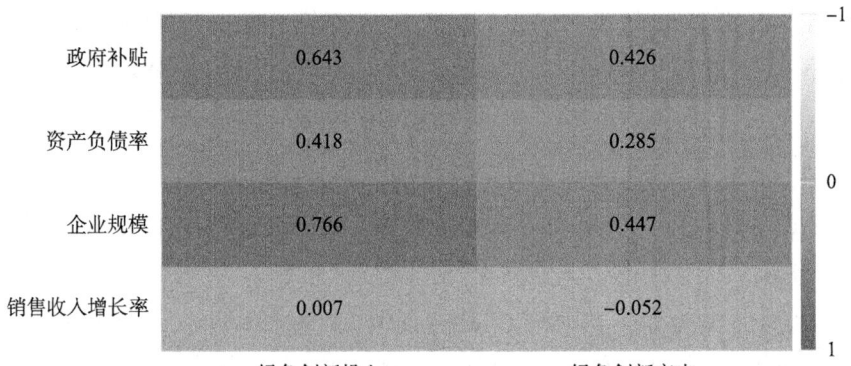

图 11-1 Pearson 相关可视化图

绿色创新投入和政府补贴之间有着显著的正相关关系，呈现 0.01 水平的显著性，绿色创新投入和政府补贴之间的相关系数值为 0.643。绿色创新投入和资产负债率之间有着显著的正相关关系，呈现 0.01 水平的显著性，绿色创新投入和资产负债率之间的相关系数值为 0.418。绿色创新投入和企业规模之间有着显著的正相关关系，呈现 0.01 水平的显著性，绿色创新投入和企业规模之间的相关系数值为 0.766。绿色创新投入和销售收入增长率之间并没有相关关系，p 值为 0.901 > 0.05，绿色创新投入和销售收入增长率之间的相关系数值为 0.007，接近于 0。

绿色创新产出和政府补贴之间有着显著的正相关关系，呈现 0.01 水平的显著性，绿色创新产出和政府补贴之间的相关系数值为 0.426。绿色创新产出和资产负债率之间有着显著的正相关关系，呈现 0.01 水平的显著性，绿色创新产出和资产负债率的相关系数值为 0.285。绿色创新产出和企业规模之间有着显著的正相关关系，呈现 0.01 水平的显著性，绿色创新产出和企业规模之间的相关系数值为 0.447。绿色创新产出和销售收入增长率之间并没有相关关系，p 值为 0.390 > 0.05，绿色创新产出和销售收入增长率之间的相关系数值为 - 0.052，接近于 0。

11.3.3　回归分析

11.3.3.1　总体样本的回归分析

（1）绿色创新投入。

从表 11 - 6 可知，将政府补贴、资产负债率、企业规模、销售收入增长率作为自变量，而将绿色创新投入作为因变量进行回归分析，从表 11 - 6 可以看出，模型公式为：绿色创新投入 = - 3.516 + 0.238 政府补贴 - 1.582 资产负债率 + 0.827 企业规模 + 0.474 销售收入增长率，模型 R^2 为 0.672，可解释为政府补贴、资产负债率、企业规模、销售收入增长率可以解释绿色创新投入 67.2% 的变化原因。根据该模型的 F 检验（$F = 140.733$，$p = 0.000 < 0.05$）结果，可以得出政府补贴、资产负债率、企业规模、销售收入增长率中至少一项会对绿色创新投入产生影响关系。

表 11-6 总体样本绿色创新投入回归分析

变量	回归系数	95% CI	VIF
常数	-3.516** (-3.164)	-5.694 ~ -1.338	—
政府补贴	0.238** (6.531)	0.166 ~ 0.309	1.570
资产负债率	-1.582** (-4.178)	-2.323 ~ -0.840	1.992
企业规模	0.827** (13.248)	0.704 ~ 0.949	2.682
销售收入增长率	0.474** (2.669)	0.126 ~ 0.822	1.014
样本量	280		
R^2	0.672		
调整 R^2	0.667		
F 值	$F(4, 275) = 140.733, p = 0.000$		

注：因变量：绿色创新投入；DW 值：0.590；* $p<0.05$，** $p<0.01$ 括号里面为 t 值

政府补贴的回归系数为 0.238（$t=6.531$），总结得出政府补贴对绿色创新投入产生促进效应。

资产负债率的回归系数为 -1.582（$t=-4.178$），总结得出资产负债率会对绿色创新投入产生反比关系。

企业规模的回归系数为 0.827（$t=13.248$），总结得出企业规模会对绿色创新投入产生促进效应。

销售收入增长率的回归系数为 0.474（$t=2.669$），总结得出销售收入增长率会对绿色创新投入产生促进效应。

总结分析可知：政府补贴、企业规模、销售收入增长率会对绿色创新投入产出的正向影响十分明显。

从表 11-7 和图 11-2 可知，将绿色创新投入作因变量，将政府补贴、资产负债率、企业规模、销售收入增长率作为自变量，从上表可以看出，模型 R^2 值为 0.672，意味着政府补贴、资产负债率、企业规模、销售收入增长率可以解释绿色创新投入的 67.2% 变化原因。

第十一章　政府补贴对长三角企业绿色创新能力的影响与作用机制

表 11-7　总体样本的绿色创新投入 R 值分析

R	R^2	调整 R^2	模型误差	DW 值
0.820	0.672	0.667	0.867	0.590

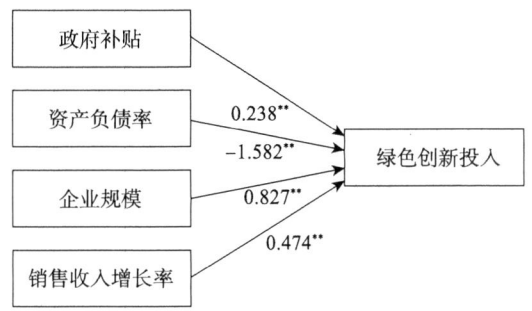

图 11-2　总体样本绿色创新投入模型图

（2）绿色创新产出。

从表 11-8 可知，将绿色创新产出作为因变量，将政府补贴、资产负债率、企业规模、销售收入增长率作为自变量，从表 11-8 可以看出，模型公式为：绿色创新产出 = -53.787 + 1.041 政府补贴 - 1.112 资产负债率 + 1.792 企业规模 + 0.069 销售收入增长率，模型 R^2 值为 0.240，可以得出政府补贴、资产负债率、企业规模、销售收入增长率可以解释绿色创新产出的 24.0% 的变化原因。根据模型 F 检验（$F = 21.754$，$p = 0.000 < 0.05$）的结果，可以得出政府补贴、资产负债率、企业规模、销售收入增长率中至少一项会对绿色创新产出产生影响关系。

表 11-8　总体样本绿色创新产出回归分析

变量	回归系数	95% CI	VIF
常数	-53.787** （-6.304）	-70.509 ~ -37.065	—
政府补贴	1.041** （3.729）	0.494 ~ 1.589	1.570
资产负债率	-1.112 （-0.383）	-6.808 ~ 4.584	1.992
企业规模	1.792** （3.740）	0.853 ~ 2.731	2.682

续表

变量	回归系数	95% CI	VIF
销售收入增长率	0.069（0.051）	-2.603～2.742	1.014
样本量	280		
R^2	0.240		
调整 R^2	0.229		
F 值	$F(4, 275) = 21.754, p = 0.000$		

注：因变量：绿色创新产出；DW 值：1.138；*$p<0.05$**，$p<0.01$ 括号里面为 t 值

政府补贴的回归系数为 1.041（$t = 3.729$），总结得出政府补贴会对绿色创新产出有促进效应。

资产负债率的回归系数为 -1.112（$t = -0.383$），总结得出资产负债率并不会对绿色创新产出产生影响关系。

企业规模的回归系数为 1.792（$t = 3.740$），总结得出企业规模会对绿色创新产出有促进效应。

销售收入增长率的回归系数为 0.069（$t = 0.051$），总结得出销售收入增长率不会对绿色创新产出产生影响关系。

总结分析可知：政府补贴、企业规模会对绿色创新产出产生有促进效应。但是资产负债率、销售收入增长率并不会对绿色创新产出产生影响关系。

从表 11-9 和图 11-3 可知，将绿色创新产出作为因变量，将政府补贴、资产负债率、企业规模、销售收入增长率作为自变量，模型 R^2 值为 0.240，可以得出政府补贴、资产负债率、企业规模、销售收入增长率可以解释绿色创新产出的 24.0% 变化原因。

表 11-9 总体样本的绿色创新产出 R 值分析

R	R^2	调整 R^2	模型误差	DW 值
0.490	0.240	0.229	6.660	1.138

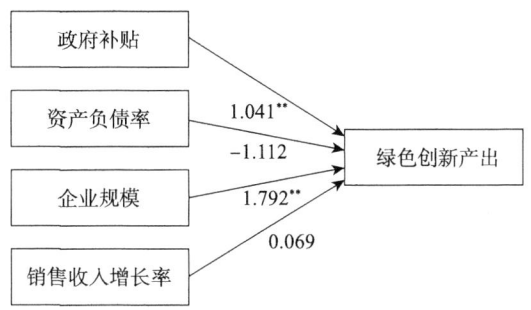

图11-3 总体样本绿色创新支出模型图

11.3.3.2 按省市划分进行分组回归分析

（1）上海地区。

模型二（1）

从表11-10可知，将绿色创新投入作为因变量，将政府补贴、资产负债率、企业规模、销售收入增长率作为自变量，经过数据分析得出公式为：绿色创新投入 = -3.064 + 0.432 政府补贴 - 2.944 资产负债率 + 0.681 企业规模 - 0.018 销售收入增长率，模型 R^2 值为 0.667，可以得出绿色创新投入的 66.7% 的变化原因都可以由政府补贴、资产负债率、企业规模、销售收入增长率来解释。根据对模型 F 检验（$F = 32.575$，$p = 0.000 < 0.05$）结果，说明政府补贴、资产负债率、企业规模、销售收入增长率中至少一项会对绿色创新投入产生影响关系，最终具体分析可知：

政府补贴的回归系数为 0.432（$t = 2.341$，$p = 0.022 < 0.05$），得出来政府补贴会对绿色创新投入促进效应。

资产负债率的回归系数为 -2.944（$t = -2.424$，$p = 0.018 < 0.05$），得出来资产负债率与绿色创新投入呈现反比。

企业规模的回归系数为 0.681（$t = 2.756$，$p = 0.008 < 0.01$），得出来企业规模会对绿色创新投入产生促进效应。

总结分析可知：政府补贴、企业规模会对绿色创新投入产生促进效应。但是销售收入增长率并不会对绿色创新投入产生影响。

表 11-10 上海地区绿色创新投入回归分析结果

变量	回归系数	95% CI	VIF
常数	-3.064（-1.025）	-8.925 ~ 2.797	—
政府补贴	0.432*（2.341）	0.070 ~ 0.794	6.009
资产负债率	-2.944*（-2.424）	-5.324 ~ -0.564	3.135
企业规模	0.681**（2.756）	0.197 ~ 1.166	10.281
销售收入增长率	-0.018（-0.024）	-1.471 ~ 1.436	1.051
样本量	70		
R^2	0.667		
调整 R^2	0.647		
F 值	$F(4, 65) = 32.575, p = 0.000$		

注：因变量：绿色创新投入；DW 值：0.465；*$p<0.05$，**$p<0.01$ 括号里面为 t 值

从表 11-11 可知，将绿色创新投入作为因变量，将政府补贴、资产负债率、企业规模、销售收入增长率作为自变量，模型 R^2 为 0.667，可以得出绿色创新投入的 66.7% 的变化原因可由政府补贴、资产负债率、企业规模、销售收入增长率来解释。

表 11-11 上海地区绿色创新投入 R 值分析

R	R^2	调整 R^2	模型误差	DW 值
0.817	0.667	0.647	1.249	0.465

模型二（2）

从表 11-12 可知，将绿色创新产出作为因变量，将政府补贴、资产负债率、企业规模、销售收入增长率作为自变量，经过数据分析得出模型公式为：绿色创新产出 = -84.142 + 1.228 政府补贴 - 21.178 资产负债率 + 3.348 企业规模 + 2.952 销售收入增长率，模型 R^2 值为 0.563，可以得出绿色创新产出的 56.3% 的变化原因可由政府补贴、资产负债率、企业规模、销售收入增长率来解释。对模型进行 F 检验（$F = 20.927, p = 0.000 < 0.05$），说明政府补贴、资产负债率、企业规模、销售收入增长率中至少一项会对绿色创新产出产生

第十一章 政府补贴对长三角企业绿色创新能力的影响与作用机制

影响关系,最终具体分析可知:

政府补贴的回归系数值为 1.228 ($t=1.521$, $p=0.133>0.05$),总结得政府补贴并不会对绿色创新产出产生影响关系。

资产负债率的回归系数值为 -21.178 ($t=-3.992$, $p=0.000<0.01$),总结得出资产负债率与绿色创新产出呈现显著的反比关系。

企业规模的回归系数值为 3.348 ($t=3.101$, $p=0.003<0.01$),总结得企业规模会对绿色创新产出显著的促进效应。

表 11-12 上海地区绿色创新产出回归分析结果

变量	回归系数	95% CI	VIF
常数	-84.142^{**}(-6.440)	$-109.750 \sim -58.534$	—
政府补贴	1.228(1.521)	$-0.354 \sim 2.810$	6.009
资产负债率	-21.178^{**}(-3.992)	$-31.576 \sim -10.780$	3.135
企业规模	3.348^{**}(3.101)	$1.232 \sim 5.464$	10.281
销售收入增长率	2.952(0.911)	$-3.397 \sim 9.302$	1.051
样本量	70		
R^2	0.563		
调整 R^2	0.536		
F 值	$F(4, 65)=20.927$, $p=0.000$		

注:因变量:绿色创新产出;DW 值:1.513;$^*p<0.05$,$^{**}p<0.01$ 括号里面为 t 值

总结分析可知:企业规模会对绿色创新产出产生促进效应。资产负债率与绿色创新产出呈现显著的反比关系。政府补贴、销售收入增长率并不会对绿色创新产出产生影响关系。

从表 11-13 可知,将绿色创新产出作为因变量,将政府补贴、资产负债率、企业规模、销售收入增长率作为自变量,模型 R^2 值为 0.563,可以得出绿色创新产出的 56.3% 变化原因可由政府补贴、资产负债率、企业规模、销售收入增长率来解释。

表 11-13　上海地区绿色创新支出 R 值分析

R	R^2	调整 R^2	模型误差	DW 值
0.750	0.563	0.536	5.458	1.513

(2) 浙江地区。

模型三 (1)

从表 11-14 可知，将绿色创新投入作为因变量，将政府补贴、资产负债率、企业规模、销售增长率作为自变量，模型公式为：绿色创新投入 = -10.510 + 0.183 政府补贴 - 0.943 资产负债率 + 1.171 企业规模 + 0.557 销售收入增长率，模型 R^2 值为 0.761，可以得出绿色创新投入的 76.1% 变化原因可由政府补贴、资产负债率、企业规模、销售收入增长率来解释。对模型进行 F 检验（$F = 51.602, p = 0.000 < 0.05$）说明政府补贴、资产负债率、企业规模、销售收入增长率中至少一项会对绿色创新投入产生影响关系。

政府补贴的回归系数为 0.183（$t = 2.639$），得出来政府补贴会对绿色创新投入产生显著的促进效应。

资产负债率的回归系数为 -0.943（$t = -2.092$），得出来资产负债率会对绿色创新投入成反比。

企业规模的回归系数为 1.171（$t = 10.425$），得出来企业规模会对绿色创新投入产生显著的促进效应。

销售收入增长率的回归系数为 0.557（$t = 2.336$），得出来销售收入增长率对绿色创新投入产生显著的促进效应。

总结分析可知：政府补贴、企业规模、销售收入增长率会对绿色创新投入产生的促进效应十分明显。资产负债率与绿色创新投入成反比。

从表 11-15 可知，将绿色创新投入作为因变量，将政府补贴、资产负债率、企业规模、销售收入增长率作为自变量，而模型 R^2 值为 0.761，可以得出绿色创新投入的 76.1%，变化原因可由政府补贴、资产负债率、企业规模、销售收入增长率来解释。

第十一章　政府补贴对长三角企业绿色创新能力的影响与作用机制

表 11-14　浙江地区绿色创新投入回归分析结果

变量	回归系数	95% CI	VIF
常数	-10.510** (-4.771)	-14.828 ~ -6.193	—
政府补贴	0.183* (2.639)	0.047 ~ 0.320	1.381
资产负债率	-0.943* (-2.092)	-1.827 ~ -0.060	1.598
企业规模	1.171** (10.425)	0.950 ~ 1.391	1.876
销售收入增长率	0.557* (2.336)	0.090 ~ 1.024	1.186
样本量	70		
R^2	0.761		
调整 R^2	0.746		
F 值	$F(4, 65) = 51.602, p = 0.000$		

注：因变量：绿色创新投入；DW 值：0.796；* $p<0.05$，** $p<0.01$ 括号里面为 t 值

表 11-15　浙江地区绿色创新投入 R 值分析

R	R^2	调整 R^2	模型误差	DW 值
0.872	0.761	0.746	0.482	0.796

模型三（2）

从表 11-16 可知，将政府补贴、资产负债率、企业规模、销售收入增长率作为自变量，而将绿色创新产出作为因变量进行回归分析，经过数据分析得出模型公式为：绿色创新产出 = -57.731 + 0.228 政府补贴 - 2.957 资产负债率 + 2.576 企业规模 - 1.020 销售收入增长率，模型 R^2 值为 0.282，可以得出绿色创新产出的 28.2% 的变化原因可由政府补贴、资产负债率、企业规模、销售收入增长率来解释。对模型进行 F 检验（$F=6.383$，$p=0.000<0.05$），说明政府补贴、资产负债率、企业规模、销售收入增长率中至少一项会对绿色创新产出产生影响关系。

政府补贴回归系数为 0.228（$t=0.537$），总结得出政府补贴并不会对绿色创新产出产生影响。

资产负债率回归系数为 -2.957（$t = -1.074$），总结得出资产负债率并不会对绿色创新产出产生影响。

企业规模回归系数为 2.576（$t = 3.754$），总结得出企业规模会对绿色创新产出产生促进效应。

销售收入增长率回归系数为 -1.020（$t = -0.700$），总结得出销售收入增长率不会对绿色创新产出产生影响。

表 11-16 浙江地区绿色创新产出回归分析结果

变量	回归系数	95% CI	VIF
常数	-57.731** (-4.290)	-84.109 ~ -31.352	—
政府补贴	0.228 (0.537)	-0.604 ~ 1.060	1.381
资产负债率	-2.957 (-1.074)	-8.354 ~ 2.441	1.598
企业规模	2.576** (3.754)	1.231 ~ 3.920	1.876
销售收入增长率	-1.020 (-0.700)	-3.874 ~ 1.834	1.186
样本量	70		
R^2	0.282		
调整 R^2	0.238		
F 值	$F(4, 65) = 6.383, p = 0.000$		

注：因变量：绿色创新产出；DW 值：1.489；*$p < 0.05$, **$p < 0.01$ 括号里面为 t 值

总结分析可知：企业规模会对绿色创新产出产生促进效应。但是政府补贴、资产负债率、销售收入增长率并不会对绿色创新产出产生影响。

从表 11-17 可知，将绿色创新产出作为因变量，将政府补贴、资产负债率、企业规模、销售收入增长率作为自变量，模型 R^2 值为 0.282，可以得出绿色创新产出的 28.2% 变化原因可由政府补贴、资产负债率、企业规模、销售收入增长率来解释。

表 11-17 浙江地区绿色创新产出 R 值分析

R	R^2	调整 R^2	模型误差	DW 值
0.531	0.282	0.238	2.944	1.489

（3）江苏地区。

模型四（1）

从表 11-18 可知，将绿色创新投入作因变量，将政府补贴、资产负债率、企业规模、销售收入增长率作为自变量，经过数据分析得出模型公式为：绿色创新投入 = -7.757 + 0.217 政府补贴 - 2.136 资产负债率 + 1.036 企业规模 + 0.724 销售收入增长率，模型 R^2 值为 0.776，可以得出绿色创新投入的 77.6% 的变化原因可由政府补贴、资产负债率、企业规模、销售收入增长率来解释。对模型进行 F 检验（$F = 56.336$，$p = 0.000 < 0.05$），说明政府补贴、资产负债率、企业规模、销售收入增长率中至少一项会对绿色创新投入产生影响关系。

政府补贴回归系数为 0.217（$t = 5.537$），总结得出政府补贴会对绿色创新投入产生显著的促进效应。

资产负债率回归系数值为 -2.136（$t = -3.322$），总结得出资产负债率与绿色创新投入成反比关系。

企业规模回归系数值为 1.036（$t = 9.299$），总结得出企业规模会对绿色创新投入产生显著的促进效应。

销售收入增长率回归系数值为 0.724（$t = 2.592$），总结得出销售收入增长率会对绿色创新投入产生显著的促进效应。

总结分析可知：政府补贴、企业规模、销售收入增长率会对绿色创新投入产生的促进效应十分显著。资产负债率与绿色创新投入产生呈现反比关系。

从表 11-19 可知，将绿色创新投入作为因变量，将政府补贴、资产负债率、企业规模、销售收入增长率作为自变量，模型 R^2 值为 0.776，可以得出绿色创新投入 77.6% 的变化原因可由政府补贴、资产负债率、企业规模、销售收入增长率来解释。

表 11-18　江苏地区绿色创新投入回归分析结果

变量	回归系数	95% CI	VIF
常数	-7.757** (-3.520)	-12.076 ~ -3.438	—
政府补贴	0.217** (5.537)	0.140 ~ 0.293	1.133
资产负债率	-2.136** (-3.322)	-3.396 ~ -0.876	2.437
企业规模	1.036** (9.299)	0.817 ~ 1.254	2.645
销售收入增长率	0.724* (2.592)	0.177 ~ 1.271	1.083
样本量	70		
R^2	0.776		
调整 R^2	0.762		
F 值	$F(4, 65) = 56.336, p = 0.000$		

注：因变量：绿色创新投入；DW 值：0.833；* $p<0.05$，** $p<0.01$ 括号里面为 t 值

表 11-19　江苏地区绿色创新投入 R 值分析

R	R^2	调整 R^2	模型误差	DW 值
0.881	0.776	0.762	0.715	0.833

模型四（2）

从表 11-20 可知，将绿色创新产出作为因变量，将政府补贴、资产负债率、企业规模、销售收入增长率作为自变量，经过数据分析得出模型公式为：绿色创新产出 = -24.519 + 0.079 政府补贴 - 5.251 资产负债率 + 1.215 企业规模 - 0.974 销售收入增长率，模型 R^2 值为 0.121，可以得出绿色创新产出 12.1% 的变化原因可由政府补贴、资产负债率、企业规模、销售收入增长率来解释。根据模型 F 检验（$F = 2.241, p = 0.074 > 0.05$）结果，说明政府补贴、资产负债率、企业规模、销售收入增长率并不会对绿色创新产出产生影响关系。

第十一章 政府补贴对长三角企业绿色创新能力的影响与作用机制

表 11-20 江苏地区绿色创新产出回归分析

变量	回归系数	95% CI	VIF
常数	-24.519** (-2.686)	-42.411 ~ -6.628	—
政府补贴	0.079 (0.489)	-0.238 ~ 0.397	1.133
资产负债率	-5.251 (-1.972)	-10.471 ~ -0.032	2.437
企业规模	1.215* (2.634)	0.311 ~ 2.120	2.645
销售收入增长率	-0.974 (-0.842)	-3.241 ~ 1.294	1.083
样本量	70		
R^2	0.121		
调整 R^2	0.067		
F 值	$F(4, 65) = 2.241, p = 0.074$		

注：因变量：绿色创新产出；DW 值：1.608；* $p<0.05$，** $p<0.01$ 括号里面为 t 值

从表 11-21 可知，将绿色创新产出作为因变量，将政府补贴、资产负债率、企业规模、销售收入增长率作为自变量，模型 R^2 值为 0.121，可以得出绿色创新产出 12.1% 的变化原因可由政府补贴、资产负债率、企业规模、销售收入增长率来解释。

表 11-21 江苏地区绿色创新产出 R 值分析

R	R^2	调整 R^2	模型误差	DW 值
0.348	0.121	0.067	2.962	1.608

（4）安徽地区

模型五（1）

从表 11-22 可知，将绿色创新投入作为因变量，将政府补贴、资产负债率、企业规模、销售收入增长率作为自变量，经过数据分析得出模型公式为：绿色创新投入 = -4.698 + 0.219 政府补贴 - 1.529 资产负债率 + 0.901 企业规模 + 0.262 销售收入增长率，模型 R^2 值为 0.671，可以得出绿色创新投入

67.1% 的变化原因可由政府补贴、资产负债率、企业规模、销售收入增长率来解释。根据对模型 F 检验（$F=33.169$，$p=0.000<0.05$）结果，说明政府补贴、资产负债率、企业规模、销售收入增长率中至少一项会对绿色创新投入产生影响关系。

政府补贴回归系数为 0.219（$t=2.914$，$p=0.005<0.01$），总结得政府补贴会对绿色创新投入产生显著促进效应。

资产负债率回归系数为 -1.529（$t=-2.457$，$p=0.017<0.05$），意味着资产负债率与绿色创新投入成反比关系。

企业规模回归系数为 0.901（$t=7.129$，$p=0.000<0.01$），意味着企业规模会对绿色创新投入产生显著促进效应。

总结分析可知：政府补贴、企业规模会对绿色创新投入产生显著的正向影响关系促进效应。资产负债率与绿色创新投入产生显著的反比例关系。但是销售收入增长率并不会对绿色创新投入产生影响关系。

表 11-22 安徽地区绿色创新投入回归分析

变量	回归系数	95% CI	VIF
常数	-4.698^*（-2.091）	$-9.101 \sim -0.294$	—
政府补贴	0.219^{**}（2.914）	$0.072 \sim 0.366$	1.487
资产负债率	-1.529^*（-2.457）	$-2.748 \sim -0.309$	1.725
企业规模	0.901^{**}（7.129）	$0.653 \sim 1.148$	2.346
销售收入增长率	0.262（1.136）	$-0.190 \sim 0.715$	1.035
样本量	70		
R^2	0.671		
调整 R^2	0.651		
F 值	$F(4,65)=33.169$，$p=0.000$		

注：因变量：绿色创新投入；DW 值：0.678；$^*p<0.05$，$^{**}p<0.01$ 括号里面为 t 值

第十一章 政府补贴对长三角企业绿色创新能力的影响与作用机制

从表 11-23 可知，将绿色创新投入作为因变量，将政府补贴、资产负债率、企业规模、销售收入增长率作为自变量，模型 R^2 值为 0.671，可以得出绿色创新投入 67.1% 的变化原因可由政府补贴、资产负债率、企业规模、销售收入增长率来解释。

表 11-23　安徽地区绿色创新投入 R 值分析

R	R^2	调整 R^2	模型误差	DW 值
0.819	0.671	0.651	0.677	0.678

模型五（2）

从表 11-24 可知，将政府补贴、资产负债率、企业规模、销售收入增长率作为自变量，而将绿色创新产出作因变量进行回归分析，从表 11-24 可以看出，模型公式为：绿色创新产出 = -100.423 + 3.175 政府补贴 + 19.497 资产负债率 + 1.923 企业规模 + 1.541 销售收入增长率，模型 R^2 值为 0.409，意味着政府补贴、资产负债率、企业规模、销售收入增长率可以解释绿色创新产出 40.9% 的变化原因。对模型进行 F 检验（$F=11.253$，$p=0.000<0.05$），也即说明政府补贴、资产负债率、企业规模、销售收入增长率中至少一项会对绿色创新产出产生影响关系。

政府补贴回归系数值为 3.175（$t=3.088$），总结得出政府补贴会对绿色创新产出产生促进效应。

资产负债率回归系数值为 19.497（$t=2.290$），总结得出资产负债率会对绿色创新产出产生促进效应。

企业规模回归系数值为 1.923（$t=1.112$），总结得出企业规模并不会对绿色创新产出产生影响。

销售收入增长率回归系数值为 1.541（$t=0.487$），总结得出销售收入增长率不会对绿色创新产出产生影响。

表 11-24 安徽地区绿色创新产出回归分析

变量	回归系数	95% CI	VIF
常数	-100.423** (-3.266)	-160.687 ~ -40.160	—
政府补贴	3.175** (3.088)	1.160 ~ 5.190	1.487
资产负债率	19.497* (2.290)	2.809 ~ 36.185	1.725
企业规模	1.923 (1.112)	-1.466 ~ 5.312	2.346
销售收入增长率	1.541 (0.487)	-4.656 ~ 7.739	1.035
样本量	70		
R^2	0.409		
调整 R^2	0.373		
F 值	$F(4, 65) = 11.253, p = 0.000$		

注：因变量：绿色创新产出；DW 值：1.415；*$p<0.05$，**$p<0.01$ 括号里面为 t 值

总结分析可知：政府补贴、资产负债率会对绿色创新产出产生显著的促进效应。但是企业规模、销售收入增长率并不会对绿色创新产出产生影响关系。

从表 11-25 可知，将绿色创新产出作为因变量，将政府补贴、资产负债率、企业规模、销售收入增长率作为自变量，模型 R^2 值为 0.409，可以得出绿色创新产出 40.9% 的变化原因可由政府补贴、资产负债率、企业规模、销售收入增长率来解释。

表 11-25 安徽地区绿色创新产出 R 值分析

R	R^2	调整 R^2	模型误差	DW 值
0.640	0.409	0.373	9.265	1.415

11.4 本章研究结论与展望

11.4.1 研究结论与政策建议

本章基于长三角 56 家上市公司 2014—2018 年的相关数据以及我国政府补

第十一章 政府补贴对长三角企业绿色创新能力的影响与作用机制

贴现状,对政府补贴对长三角企业绿色创新能力的影响与作用机制进行研究。根据模型回归结果,得出以下结论:

(1) 政府补贴与企业绿色创新投入呈正相关。

①根据总体样本的回归分析结果,易得长三角地区的上市公司的绿色创新投入能力与政府补贴均呈正相关;

②对于上海地区,根据回归分析结果,总结得政府补贴会对绿色创新投入产生显著的正向影响;

③对于浙江地区,根据回归分析结果,总结得政府补贴会对绿色创新投入产生显著的正向影响;

④对于江苏地区,根据回归分析结果,总结得政府补贴会对绿色创新投入产生显著的正向影响;

⑤对于安徽地区,根据回归分析结果,总结得政府补贴会对绿色创新投入产生显著的正向影响。

综上,根据总体样本回归分析与各地区样本回归分析结果可得,政府补贴与企业绿色创新投入呈显著正向关系。

(2) 政府补贴与企业绿色创新产出关系不明确。

①根据总体样本的回归分析结果,总结得政府补贴会对绿色创新产出产生显著的正向影响;

②对于上海地区,根据回归分析结果,总结得政府补贴并不会对绿色创新产出产生影响;

③对于浙江地区,根据回归分析结果,总结得政府补贴并不会对绿色创新产出产生影响;

④对于江苏地区,根据回归分析结果,总结得政府补贴并不会对绿色创新产出产生影响;

⑤对于安徽地区,根据回归分析结果,总结得政府补贴会对绿色创新产出产生显著的正向影响。

综上,根据总体样本回归分析与各地区样本回归分析结果可得,针对不同地区得出的结果会有所不同,所以政府补贴与绿色创新产出关系并不明确。

(3) 企业规模可促进政府补贴对企业绿色创新投入能力的正向效应。

(4) 按照地区分类，企业若在不同地区，政府补贴对企业绿色创新的作用效果也就不尽相同。其一，对于较发达的地区，相对不发达的地区政府补贴对企业创新产出的作用明显；其二，对于较不发达的地区，相对发达的地区政府补贴对企业绿色创新投入的作用明显。

①对于上海地区（较发达地区），政府补贴与其绿色创新投入能力的关系系数为0.432，为显著正向关系，而其他地区（较不发达地区）的政府补贴与其绿色创新投入能力的关系系数则较低；

②对于安徽地区（较不发达地区），政府补贴与其绿色创新产出能力的关系系数为3.175，为显著正向关系，而其他地区（较发达地区）的政府补贴与其绿色创新产出能力的关系系数则较低。

本章通过分析实证研究的结论，为了更好地利用政府补贴，提出以下建议：

(1) 政府应有效激励企业从事绿色创新活动，提高各地区企业参与绿色创新活动的兴致。对于长三角地区的企业，政府补贴均有助于该地区的创新活动，所谓创新是第一生产力。

(2) 针对不同的地区，政府要有选择性地加大投资。通过实证研究了解到，对于较不发达的地区，政府可适当加强对于这些地区的补贴政策，因为这些地区的企业创新活动受政府补贴的作用更加明显。

(3) 大规模的企业，政府可适当加强政府补贴政策，这些企业对于政府补贴资金的运用更加充分，从而使得资源最优化利用。

综上，针对长三角地区，如果政府要进行补贴，根据本章研究结论可以得出，政府对安徽地区的大规模企业进行补贴的效果最好，绿色创新投入和产出最可观。

11.4.2 研究的局限性与展望

(1) 研究的局限性。

首先，本章对于样本数量的选择稍有缺陷，由于绿色创新在近几年才受

第十一章 政府补贴对长三角企业绿色创新能力的影响与作用机制

大部分上市公司特别关注，对于早些年有关绿色创新的数据难以收集，因此没有收集大量数据，得出的结论可能出现偏差。

其次，本章对于政府补贴的定义较为笼统，没有将政府补贴加以分类，从而研究不同类型的政府补贴对企业绿色创新能力的影响，这样得出的有关结论更有实际意义，有利于政府针对不同的补贴类型加以选择，从而使得资源使用最优化。

最后，本章对于所选样本具有局限性，仅对上市公司进行研究，研究范围比较狭隘。

（2）研究展望。

在以后的研究中，如果学者可以深入研究政府补贴对企业绿色创新能力的影响与作用机制，得出的结论将会有很大的实际意义。首先，针对不同的政府补贴类型进行研究，找出对于某一企业最佳的政府补贴类型；其次，对研究的企业按照行业进行划分，针对不同的行业，政府补贴对其绿色创新活动的影响；最后，随着绿色创新的普及，在未来的研究中需要收集大量数据，以使得结论更具有可靠性。

第十二章 长三角制造业绿色创新动力因素与创新模式研究

12.1 实证研究结果及分析

目前，长三角经济结构仍以制造业为支撑，大部分产品技术成熟且供过于求，涨价空间不大。"低成本、低技术、低回报"是大多数企业的现状，处理高端产品的能力极其有限。苏、沪提供的数据表明，原材料价格上涨的根本原因显然是原生工业品出厂价格的急剧上涨。高昂的成本将逐步淘汰一些低技术、高能耗的企业。上海社会科学院研究员陈炜指出，长三角地区应该把重点放在知识经济时代的思想竞争上，并促进经济增长。从增加投资和降低资源消耗向开发人力资源以及充分利用人力资本转型，为经济增长提供新的动力。

在制造业之中，随着科学技术的发展，其生产过程中的污染程度及对环境资源的消耗正在下降。由于缺乏核心技术，只能购买国外知识产权及技术进行产业升级。因此制造业绿色创新能力的提高取决于建立有效的绿色创新体系和相应的绿色创新模型。

基于以上讨论，本章从构建长三角制造业绿色创新的模型和其绿色创新系统的多种动态因素入手，着重分析长三角制造业绿色创新系统以及绿色创新模型的多种丰富的选择和组合，旨在分析制造业绿色创新的驱动力及其影响机制，建立长三角制造业绿色创新体系，分析绿色的选择和组合、制造绿色创新体系的创新模型，说明长三角固有的产业体系中的各式各样的驱动因素，并且与相关自然环境因素结合，揭示长三角制造业绿色创新驱动机制对长三角制造业绿色创新的作用机理，为选择绿色创新系统的创新模型，促进长三角制造业绿色创新系统拉动市场建立政府监管和混合模式奠定基础。

12.2 概念界定与机理分析

12.2.1 绿色创新系统的界定

由多个社会部分组成的这些不同的环环相扣的部分在绿色创新系统中相互作用，密不可分。通过设计出普适的创新发展机制来实现长期可持续的创新。而实现可持续发展则是系统的最终目标，也是社会需求。企业、大学、政府机构和科研机构的主要和非主要元素通过相互作用和相互关系形成一个绿色创新系统，更不能与多种多样的要素相互分离。并且在同一时间，每个地点主要元素之间的连接也不能断开。绿色创新系统开发或引用的过程中灵活运用绿色技术以减少污染、节约能源和减少排放。

本章通过收集已有研究并分析、定义绿色创新系统为创新主题元素和非主题元素的有机结合，并进行有生的发展运作。绿色创新系统是通过创新过程连接的制造业生态网络系统，在特定环境背景的影响下，目的是要实现制造业的可持续发展及其技术扩散。

12.2.2 制造业绿色创新系统动力因素的概念及其描述

绿色创新由多个关键部分组成，包括制造业研发动机、政府及市场走向、资源的开发及政策的倾斜等。其不同的有生组成部分一环扣一环，最终生成的是有创新活力的制造业的绿色创新系统。创新企业必须投入人力、物力、财力和技术，开展绿色创新活动。而创新资源的投入是保障绿色创新相关活动健康发展的重要守卫，制造业的研发动机是创新发展的原生动力，市场和政府的倾斜一定程度上决定了制造企业的研发动向。

创新是推动绿色创新的关键因素。技术进步、市场吸引力和政府法规的吸引力是绿色创新的关键驱动力。为了在外部环境持续影响的前提下实现社会环境二者的有机结合并持续产出，制造业绿色创新体系的创新者不断参与到绿色供应链中。通过持续的创新活动、产品生产和科研成果的完善，市场上也会有无形的手推动绿色营销及销售体系，并且从基础教育端开始完善绿色创新技术的研发和教授，为制造业提供源源不断的绿色创新力量。在此种发展进程中，应加强对绿色创新资源的投入，以响应绿色创新的可持续发展新要求。另外，满足可持续发展要求的创新主题也将进一步促进创新。此时，制造业绿色创新体系形成了一个动态的螺旋式绿色创新过程。可见，制造业绿色创新体系是由不同元素相互作用并保证自己实现特定功能的有机整体，只有每个元素都提供了自己的基本系统且相互作用才能保证整个绿色创新系统的复杂性和完整性。

12.2.2.1 技术推动动力因素

随着越来越多的绿色技术发展机会的出现，进行技术创新活动的动力也越来越大。科学技术的发展是绿色创新必不可少的基础动力，越来越多其他领域的优秀科研成果可以为绿色创新技术的开发提供灵感。另外，绿色创新技术所产生的商业效应无形中让制造企业主动发展相关技术，如果更多的技术良性发展并扩散，无疑可以让制造业绿色创新技术蓬勃发展。

12.2.2.2 市场拉动动力因素

绿色创新体系是吸引市场的驱动力，在市场吸引力的影响下，通常通过针对性和面向应用的技术创新来获取绿色创新技术，以满足消费者的需求。绿色创新最后作用的是市场，绿色创新活动的动力来自市场产生的源源不断的经济利润，市场如果可以进行绿色创新偏好发展，那企业便会自主进行绿色创新研发，进而形成制造业绿色创新系统良性循环。市场需求发生的变化不断累积，最终反作用于制造业绿色创新过程，并为企业提供新的创新思路。

12.2.3 政府规制拉动（推动）动力因素

制造企业绿色创新活动的驱动力有很多，其中市场机制的驱动力是市场需求和市场竞争。同时，政府政策对制造企业的绿色创新给予具体的激励，产生具体的带动效应。对于一些专业行业，在特殊时期市场动力不足，如市场欠发达。通过政府激励政策有效实施企业的绿色创新活动时，政府政策在公共关系中起着更为重要的作用。多种多样的制造业财政扶植都会对企业的技术创新活动有或多或少的指明方向的作用。而不同类型的政策又对其有不同程度的影响，主要有激励、指导和保护这三种类型，在这三种类型的政策中，激励对企业创新活动的影响最直接。政府规制对制造业绿色创新体系的推动作用可以从三个方面进行衡量：政府对制造业绿色创新的监管政策体系的建立水平、政府对制造业绿色创新的监管政策体系的完善性与政府法规对工业与制造业绿色创新的影响。

12.2.4 制造业绿色创新模式概念及描述

随着新技术的不断更新和扩展，企业越来越意识到仅采用技术并不能提高其核心竞争力。绿色创新模式来自环境压力，是基于创新的绿色理念的补充。

12.2.4.1 技术推动型绿色创新模式机理分析

本章运用线性模型，使用后可以让科技创新对制造业绿色发展的影响更为简洁明了，目标市场不断地契合生产模式，也让绿色制造更加能满足市场的需求。

制造企业通过消费者反馈，不断改进绿色创新活动，最终企业可以实现预期回报。技术推动型绿色创新模式如图 12-1 所示。

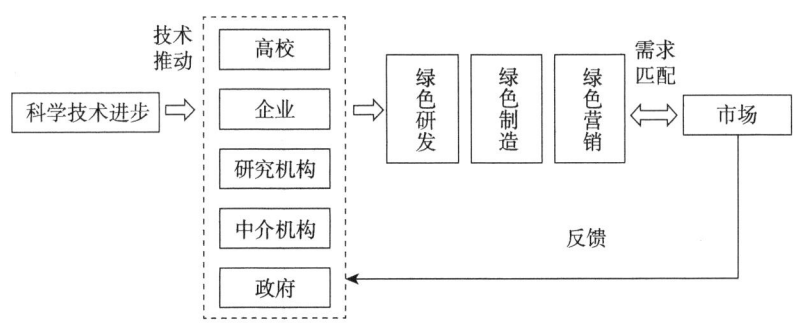

图 12-1 技术推动型绿色创新模式结构图

(1) 技术推动的绿色研发分析。

靠着日益先进的信息技术，极大地提高了创新系统中信息收集和信息传播的效率，同时创建了优秀的创新平台提高企业创新效率和绿色创新研发人员的研发激励水平。同步发展的技术水平，包括软件和硬件，都能极大地提高企业的研发效率。

(2) 技术推动的绿色制造分析。

首先，不同学科的科学技术成果百花齐放，包括基础科学理论以及更新学科的发展和进步，使得制造业绿色创新发展有了坚实的理论基础，也为之后更高的设想提供了可能性，在现有技术范式的约束下，其影响更是深远。其次，当今绿色制造技术的进步不仅取决于新技术的出现，而且还取决于各个领域的跨学科合作，跨技术小组的技术整合也为制造业绿色创新提供了更多可行的解决方案。

(3) 技术推动的绿色营销分析。

绿色营销是利用市场推动绿色创新的基本途径，是确保绿色创新活动的商业价值的关键。随着科技发展，绿色创新成果的营销活动与绿色创新技术发展息息相关，不可分割。首先，信息技术使原有的目标市场能够冲破固有市场的限制。产品和服务可以在更短的时间内快速流向更广阔的区域，因此绿色制造创新可以更加高效。以更低的成本扩展原始的渠道和销售链，顺带减少绿色营销中的人力资源投入及管理成本和风险，并且有助于制造商提升绿色创新技术交流水平。其次，更高的信息技术水平也提升了绿色技术创新驱动力水平来提高绿色创新绩效。最重要的是新的信息传播手段让信息及广告传播成本降低，减少营销成本更提升信息传播效率和范围，提升促销在消费者心中的效果，达到盈利目的。

12.2.4.2 市场拉动型绿色创新模式机理分析

首先，绿色创新主体在市场上进行需求调研，明确技术发展目标以及消费者服务需求。其次，再以市场需求为出发点进行研究探索，研发实用的绿色创新模型，并且通过搜索市场来寻找已有的可以匹配的绿色创新技术来支持绿色创新系统科研。最后，通过创新系统科研效果反馈市场来为下一步绿色创新发展提供信息指导。图12-2显示了市场驱动的绿色创新模型。

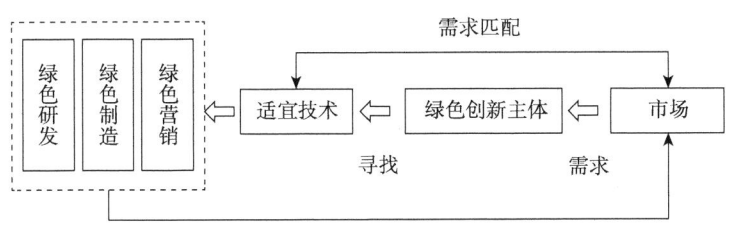

图12-2 市场拉动型绿色创新模式结构图

从经济角度分析的所有经济活动均旨在追求利润,绿色创新参与者认识并识别潜在的市场需求,从而识别目标市场的潜在利润,并执行根据预期利润作出响应的绿色创新活动。作为中国民族品牌创新的领头羊,华为关于创新的投入有目共睹,关于海思的研发承诺只要养得起就一直养。华为反对创新之间的冲突,创新需要相辅相成,一如阿里巴巴提出的"科技向善"。科技从来都不是针锋相对,而是与社会人文相辅相成,没有以市场为导向的创新必然是失败的。

(1) 绿色研发运行机理分析。

绿色研发成果可以增加产品差异化的进入壁垒,使创新者比其他绿色创新者具有更高的竞争优势,形成不可超越的高市场回报,此外,让消费者的观念占比越来越大,使创新模式由以往的闭门造车到万众监督,直接参与以用户为中心的制造或环境研发活动也成为一种方法。以用户为中心的绿色创新,用户参与程度直接影响企业的绿色研发绩效。创新的起点是消费者产生的绿色需求,而绿色创新的结尾是消费者的良好反馈。换句话说,消费者需求推动创新研发学术科研等进程,最终消费者也因为他们的喜好导向获得新的产品,最终用盈利水平测试创新是否成功。而在初步的市场调查过程中,取得的市场预期越理想,消费者表现出越明显的绿色消费需求,绿色研发活动的力度就越大,以提升绿色研发的盈利水平。

(2) 绿色制造运行机理分析。

从最初的环保节能低碳号召，到如今从生产到销售的全方位绿色倡导，公众对于绿色制造需求的驱动力越来越强，公众越来越关注制造业对当地生态环境和个人健康的影响，对绿色制造业的需求在制造公司的推动下，变得越来越强大。随着互联网技术的发展，不良制造企业的信息转发度和关注度与从前不可同日而语，人们对于制造企业所产生的环境问题越来越关注，也督促企业更新生产设备、提高生产技术、转变生产理念以实现绿色生产。因此，市场环境因素对制造业绿色创新体系的发展有着举足轻重的影响。中国制造业绿色创新体系中绿色制造活动的市场动力可分为国内市场动力和海外市场动力。而已有的绿色创新的理论也对绿色制造水平提出了新要求，从而促进公司提供绿色环保的产品。在海外市场的驱动因素方面，国外制定的高绿色标准的贸易壁垒也促使中国制造业必须提升绿色水平来对抗出口压力，实现贸易逆转，这将推动我国制造业绿色创新体系的发展。

(3) 绿色营销运行机理分析。

而今中国的市场越来越青睐有绿色消费理念的商品，消费者的需求被企业捕捉，也使得绿色营销技巧成为企业推广产品的新出路，而早前提出的绿色低碳生活消费方式早已深入人心。不仅要考虑产品对个人产生负面影响，而且还要考虑产品生产对个人的负面影响。市场绿色消费模式的兴起将促进绿色创新体系制造主体的绿色营销活动。消费方式的这种变化将不可避免地引起制造业绿色创新参与者对绿色营销的关注。

12.2.4.3 政府规制制造业绿色创新模式机理分析

(1) 政府规制的政策支持及资金的直接注入、资源的倾斜以及科研成果的扩散是政府规制中不可或缺的良性手段。通过政策支持使制造业企业趋利而发展绿色创新，使私有资源向绿色创新注入，实现绿色创新研发应用良性循环，最终形成绿色创新习惯，增加绿色创新原生动力。

而基于绿色创新本身的特性，又会对其他行业的绿色健康发展提供资源，使得政府进一步加大投资。政府采取公共采购的方式支持绿色企业发展并加强科研成果的保护，促进绿色企业产品销售也会提升制造业企业绿色创新蓬勃发展。

(2) 在科研创新初始阶段,政府直接支持可以使绿色创新在初始阶段减少不确定性,相关补贴让绿色创新更加顺利,从而提升研发质量,提升企业的发展水平和平台空间。当良性循环形成,市场共同形成认知,绿色创新可以提升企业发展水平和直接间接的物质利润,更提升行业发展水平,起正反馈作用。

(3) 中国为了最大程度降低市场失败和政策失败的可能性,并使制造业企业可以将市场经济发展作为自身发展驱动力,从而提升制造业绿色创新水平,发展良性竞争,提供直接间接的政策及资金支持来激发制造企业对绿色创新的热情,促进对创新研发的金钱鼓励支持,争取不止在制造业,也在更多行业推动绿色创新,最终让绿色成果反作用于企业,使其提升盈利水平。

在知识创新倡议和创新研发阶段,政府法规构成了一个连续的、互动的元素,可以通过一系列连续的周期和相互促进,有效地提高绿色创新在制造业中的成功率。政府支持的周期要与企业发展周期相契合,相辅相成,才能实现资源投入利用最大化。而进行实证研究不仅可以解释政府对制造业企业的发展影响,对其监管的程度和效果也有良好的反馈作用,也为政府的决策提供一些理论基础。其目的是促进制造业绿色创新的健康发展,为成功构建长三角制造业绿色创新体系,促进制造业转型升级,促进绿色发展奠定基础。

12.3 研究假设及理论模型分析

12.3.1 假设提出与概念模型

12.3.1.1 假设的提出

(1) 有关技术推动的研究假设。

根据已有的报告显示,在创新的初始阶段可以取得优异成果并且获得持续投资关注的项目只有不到1/3。因此,有必要以先进的科研成果和技术辅助手段深入分析绿色创新项目的初始状态预判成果,并且辅助提高成功率,这也是当今创新项目的固有方法手段。尤其是当今互联网信息流通更加高速,也会让技术手段对制造业绿色创新的影响更为深远。

基于以上研究，本章提出如下假设：

H1：技术推动对制造业绿色创新系统绿色研发绩效具有积极影响。

H2：技术推动对制造业绿色创新系统绿色制造绩效具有积极影响。

H3：技术推动对制造业绿色创新系统绿色营销绩效具有积极影响。

（2）有关市场拉动的研究假设。

制造业绿色创新模型认为，消费者的市场偏好与技术创新形成了作用与反作用的循环。创新的研发活动从市场需求开始，最终的创新成果必须被接受为消费者测试他们是否创新的基础。由于绿色研发活动具有规模经济和双重外部效应，因此，绿色研发就像基建，资金回流慢，研发周期长，且需要大量的资金投入。由此可知如果公司对研发的市场期望越高，越会加大公司的投入预期和等待周期。厂商低碳技术研发决策受限于消费者低碳需求，国内市场对新产品的需求帮助大企业增加了发明专利数量。

基于以上研究，本章提出如下假设：

H4：市场拉动对制造业绿色创新系统绿色研发绩效具有积极影响。

H5：市场拉动对制造业绿色创新系统绿色制造绩效具有积极影响。

H6：市场拉动对制造业绿色创新系统绿色营销绩效具有积极影响。

（3）有关政府规制的研究假设。

政府通过制定绿色制造业相关标准，提升制造业生产门槛来约束制造业生产过程，使企业加速迭代不良生产设备，增加额外生产成本。但是政府可以通过资金注入及政策补贴来为企业带来高回报，额外的成本支出将改善企业的竞争优势和盈利能力。通过环境法规进行的 R&D 补偿效被称为波特假说，而这一学说的存在为政府规制与绿色制造业创新系统提供了新的 R&D 创新思路，在原有研究的基础上吸引现有科研成果进一步深入发展。

基于以上研究，本章提出如下假设：

H7：政府规制对制造业绿色创新系统绿色研发绩效具有积极影响。

H8：政府规制对制造业绿色创新系统绿色制造绩效具有积极影响。

H9：政府规制对制造业绿色创新系统绿色营销绩效具有积极影响。

12.3.1.2 假设总结与概念模型

本章构建了制造业原生动力因素对绿色研发绩效的多重影响的理论假设研究概念模型，并基于以往的文献综述和研究假设，对技术促进因素和市场促进因素进行了讨论。理论研究概念模型如图12-3所示。

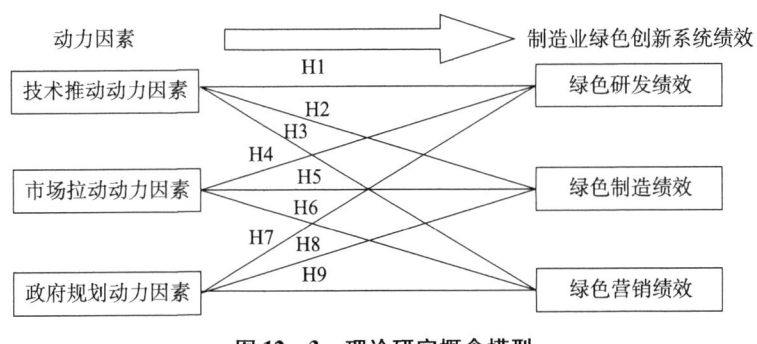

图12-3 理论研究概念模型

12.3.2 实证研究方法

12.3.2.1 结构方程模型

结构方程模型（SEM）是用来总结各个潜在因子变量的相互关系的方法，不仅可以检测是否相关，还可以通过方差部分分析相关程度。一定程度上综合了因子分析加上路径分析，通过对潜变量的各项指标进行拟合，验证原有假设模型，来反映各个变量之间的关系，并且供使用者修改假设模型最终得出结论。测量模型和结构模型的表达公式为：

$$x = \Lambda_x \xi + \delta$$
$$y = \Lambda_y \eta + \varepsilon$$
$$\eta = B\eta + \Gamma\xi + \zeta$$

结构方程模型分析主要涉及四个步骤。

第一，模型配置和设置。根据现有的研究结果和实际基础来阐明与潜变量的关系，并确定明确的测量指标。

第二，模型评估。使用多种渠道收集并且分析关键数据，并求解潜变量之间以及潜变量和显变量之间的参数估计。

第三，模型拟合。在建立模型的基础上使用结构方程模型是为了检验假设的合理性及实际数据和假设的契合程度。

第四，修改。如果模型不合适，根据 MI 索引和先前的理论结果，通过删除、添加或修改变量之间的关系来修改模型，以使模型最终满足索引的标准并估计合理的参数。

12.3.2.2 数据来源

本章选取了 2005 年到 2020 年长三角不同省市的制造业公开数据，在特定分析中重点分析上海市、江苏省、浙江省、安徽省的公开数据。选取了 32 个制造行业，包括纺织、钢铁以及其他加工行业，包含重工业和轻工业 273 个公司的公开数据，重点研究了 17 个公司官网中披露的各项有关绿色创新投入及污染排放的数据。在官方网站中抓取宏观数据进行整体分析并与全国其他地区数据进行比较分析。

12.3.3 实证检验及分析

由于样本数据已通过可靠性和可行性分析，因此本节建立了初始的结构方程模型，并根据研究的概念模型估算了模型参数，如表 12-1 所示。

表 12-1 绿色创新驱动因素模型参数

驱动因素	Estimate	S. E.	C. R.	P
绿色研发绩效←技术推动动力因素	0.03	0.025	0.08	0.84
绿色制造绩效←技术推动动力因素	0.844	0.178	3.56	***
绿色营销绩效←技术推动动力因素	2.639	0.473	4.65	***
绿色研发绩效←市场拉动力因素	-0.091	0.043	-2.346	0.043
绿色制造绩效←市场拉动力因素	-0.003	0.003	-1.329	0.213
绿色营销绩效←市场拉动力因素	1.342	0.288	4.543	***

续表

驱动因素	Estimate	S. E.	C. R.	P
绿色研发绩效←政府规制动力因素	0.194	0.067	2.62	0.023
绿色制造绩效←政府规制动力因素	-0.005	0.003	-2.12	0.045
绿色营销绩效←政府规制动力因素	0.44	0.162	2.034	0.033

注：＊＊＊表示P＜0.01，通过了显著性检验

（1）制造业绿色创新系统的绿色研发绩效的技术驱动因素的路径因子为0.03，假设数据测试中不支持H1，则重要性测试失败。制造业绿色创新系统的绿色制造绩效的技术驱动的路径因子为0.844，通过了显着性检验，支持H2假设。制造业绿色创新系统的绿色营销绩效的技术驱动的路径因子为2.639，通过了显着性检验，支持H3假设。

（2）制造业绿色创新系统的绿色研发绩效的市场驱动因素的路径因子为-0.091。路径因子系数为负，表明数据检验不支持H4假设。制造业绿色创新系统的绿色制造效率的市场拉动因素的路径因子为-0.003，未通过显着性检验，数据测试不支持H5假设。制造业绿色创新系统的绿色营销效率的市场拉动因素的路径因子为1.281，通过了显着性检验，数据检验支持H6假设。

（3）政府监管动机对制造业绿色创新系统绿色研发绩效的路径系数为0.194，H7假设受数据测试支持。绿色政府监管动机对绿色创新系统制造绩效的路径系数为-0.005，未通过显着性检验，数据检验不支持H8假设。绿色政府监管动机对绿色创新系统绿色营销绩效的路径系数为0.44，未通过显着性检验，数据检验不支持H9假设。

12.3.4 实证分析的结论

本章通过结构方程模型对驱动因素进行了验证。绿色创新体系绿色研发、绿色制造、绿色营销绩效的驱动力因素有技术驱动因素、市场驱动因素以及政府规制驱动因数。根据数据分析结果，本章得出以下研究结论。

（1）技术驱动因素对绿色研发绩效的积极影响不大。技术驱动力的路径

回归系数对绿色研发绩效的影响为正，但未通过显著性检验。技术驱动因素对绿色研发绩效具有积极作用的研究假设没有得到实证检验的支持。

（2）技术驱动因素对绿色制造绩效有强烈正向影响，技术驱动因素对绿色制造绩效的路径回归系数为正且非常重要，说明技术驱动因素的领先地位是影响绿色制造绩效的重要因素。

（3）技术驱动因素对绿色营销绩效具有重大的积极影响。回归系数表明，更高的制造业技术发展驱动会使长三角制造业的营销手段和水平到达新的历史高度。

（4）市场驱动因素对绿色研发绩效产生负面影响。市场驱动因素的绿色研发绩效的路径回归系数为负。这表明市场驱动因素对绿色研发绩效有重大负面影响。与本章的假设相反。

（5）市场驱动因素对绿色制造绩效的负面影响不大，尽管市场驱动因素对绿色制造绩效路径的回归系数为负，未能通过显著性检验表明，市场驱动因素对绿色制造绩效的负面影响没有得到实证检验的明显支持。

（6）市场驱动因素对绿色营销绩效的影响不言而喻，市场路径主导力量因素对绿色营销绩效的回归因子为正，表明市场驱动力是提高长三角制造业绿色创新体系绿色营销绩效的重要因素。

（7）政府规制驱动对绿色研发绩效产生重大积极影响。政府规制动机对绿色研发绩效的路径回归系数表明，长三角制造业绿色创新体系可以反作用于政府的决策，使政府在看见市场良性盈利后主动促进自己的监督及规制水平。

（8）政府规制驱动对绿色制造绩效产生重大负面影响。政府规制动机对绿色制造绩效的路径回归系数为负且非常显著，表明政府规制动机对长江三角制造业绿色创新体系的绿色制造绩效具有显著的负面影响。

（9）政府规制驱动对绿色营销绩效产生重大积极影响。政府规制驱动路径促进绿色营销绩效的回归系数表明，政府规制驱动是提高长三角制造业绿色创新体系绿色营销效率的重要因素。

12.4 长三角制造业绿色创新系统效率提升方法

12.4.1 技术推动提升创新效率的建议

12.4.1.1 提高制造业绿色创新能力

目前，由于具有自主知识产权的产品很少，缺乏绿色创新动力，长三角的核心技术严重依赖国外。而且许多核心零件及知识产权都需要从国外购入，议价能力低，购入成本高，并且只能听从外国的标准，极大限制了我国制造业的发展。

所以需要支持关键的绿色技术在行业间的良性扩散，不只是制造业绿色创新技术，更是需要其他行业的通用技术向制造业的良性交汇。创造技术创新领域的领先地位，并为企业提供资金和技术支持。创建有利于创新的制度大环境，积极建立相关产业基地进行技术扶植，让高校与制造业传统企业进行紧密合作，推行国家科技绿色发展，提升制造业企业的研发绩效，让自主研发与辅助研发相结合，充分调动行业龙头的先进表率作用，科研机构的基础作用，建立多个产业创新联盟。进行联合创新与统筹兼顾，增强产业竞争力及核心通用技术水平。

12.4.1.2 推进长三角制造业绿色升级

我国现在的制造业主要还是依赖于重工业，传统重工业企业难以进行大规模绿色升级，工业能源和水利用效率与发达国家之间仍然存在很大差异。

因此，要大胆践行减量化、再利用和资源化的原则，加快下一代可再生技术的研发。促进现有的制造流程转变为高效的绿色生产技术和设备，加速绿色升级，加强环保产品的开发和应用。为了进一步提高数字设计工具在长三角传统制造业中的渗透率，加快关键技术过程的数控速度以及企业管理企业资源计划（ERP）系统的渗透率。

12.4.1.3 推进制造业信息化发展

通过监视和管理产品生产制造全过程，下一代信息技术已成为各行各业都在紧抓的炙手可热的发展方向。绿色智能发展可以让制造业企业的污染排放减少，并且减少自然资源的消耗和无意义的浪费，所以熟练运用互联网信息技术对产业升级至关重要。而物联网科学作为新型的大数据相关的热门学科，也应当加强实业与物联网新技术的对接，完善绿色创新的标准化体系，搭建合理的绿色产业升级路径。全面提高制造业生产、管理和智能化服务水平。

12.4.2 市场拉动促进绿色创新效率的对策建议

12.4.2.1 加强消费者绿色创新参与程度

企业必须将技术研究与创新与市场需求紧密结合，才能实现经济效益的良性循环。有些企业只专注于更新的技术和更高深的大数据平台开发，完全忽略了市场调查的重要性，不将消费者放在首位，盲目进行自以为是的发展，不仅浪费了初始投入资金，更使得时机白白溜走，最终成果也没办法实现经济转化，而小微企业可能因此面临灭顶之灾。这也就被动要求企业进行开放式的信息收集，增强研发中的用户主导力量。甚至可以让部分目标用户直接参与绿色创新过程，用户参与度低对公司的研发效率影响极大。在开放的年代，打造消费者与研发者的畅通对话已经不是新鲜事，只有打通沟通桥梁，才能让绿色创新资源落到实处，从而反向增加用户黏性，进一步缩短绿色创新研发的周期，减少不必要的资源消耗。

12.4.2.2 加大制造业绿色创新规模

现在最新发展的绿色创新是从原有的消费市场中对特定的消费者进行一个升级突破，脱离其他主流方向的一些竞争。绿色创新市场的规模越小，绿色创新的推动力就越小。绿色创新是帮助客户进行价值创造的基础，为了扩大制造业的绿色创新，物联网技术可以有效降低制造成本，使绿色创新产品具有明显的竞争优势。具有开宗立派特性的绿色创新企业可以在新平台发展壮大的基础是非高端市场，而迅速扩大的市场规模使得越来越多的消费者涌入绿色创新市场，也能让绿色创新的规模变得越来越大。

12.4.2.3 降低制造业绿色产品进入门槛

除了可以引导绿色创新的市场需求之外，市场竞争也在推动绿色创新中发挥着作用，在一定程度上，绿色产品的差异化进入壁垒的难度可以反映出市场竞争。在制造业中绿色产品之间的差异主要是消费者在市场的长期发展过程中对公司产品形成的消费者偏好差异。准入门槛越低，绿色产品进入市场的难度就越小，而消费者则越容易接受绿色产品，绿色创新对制造业的影响就越大。绿色产品的差异导致消费者为绿色产品的选择支付更多的费用，因此在这种情况下，绿色创新将受到较少的刺激。也让企业可以在研发中投入更多的生产物料以及硬件软件资源，也会使绿色产品进入市场的规模更大，速度更快，更容易被消费者接受，使市场达到适合竞争的微饱和状态。降低制造业绿色产品的准入门槛。

12.4.3 政府规制促进绿色创新的对策建议

12.4.3.1 提高政府规制中知识产权比重

知识产权保护用于确保企业对绿色创新的垄断，并从垄断中受益以鼓励企业对绿色创新进行投入，相关研究表明，知识产权保护是政府促进新技术研发的重要手段，保护企业创新带来的利润成果，也是激励后来人发展并持续投入制造业绿色创新，创新的连锁反应将鼓励企业进行绿色创新。

在激励措施上，应将知识产权保护期设置为更长的期限，以使创新者受益，但考虑到社会的持续发展和进步，应当适当进行绿色创新技术的扩散和教学，将知识产权严格保护的范围扩大、条件收紧，也为其他创新者提供更多的空间。如果过分收紧保护手段和政策，只会让更多的绿色创新技术被掐断于未萌。因此有必要建立健全的知识产权制度和适当的知识产权交易机制，努力建立全面的公共服务平台。在法律层面上，我们必须竭尽全力保护绿色创新的知识产权，激励创新，同时避免系统对绿色创新的抑制。依法以适当的形式认可知识产权所有人，并能进行适当的物质奖励，建立良好的绿色创新激励机制。政府部门应加强对知识产权的利用，加快技术市场的发展和完善，建立使用、管理和保护知识产权的机制。

12.4.3.2 完善政府规制政策体系

因为绿色创新具有积极的外部效应，所以公司很难直接从绿色创新的成果中收回绿色创新的成本。生产生态创新产品是一种高投入、高风险的经济技术活动。公司的投资意愿特别受到其资本成本和投资回报率的限制。庞大的资金需求使制造企业没有办法对绿色创新的成果进行预判，也没有办法承受巨大的资金回笼周期，这也使多个企业望而却步。研究表明，政府资助对制造业的绿色创新提供了极大的激励，分摊了中小型企业的创新负担，也让整个制造业的大环境更有利于绿色创新。尤其是在企业进行研发的初期阶段，政府的投资支持作为研发背景可以极大提升创新过程的顺利程度。因此，政府部门应增加对制造企业绿色创新的直接投资，将有限的资金用于绿色创新，并完善相关的投资政策。

12.4.3.3 提高政府规制有效性

制造业绿色创新与政府规制力息息相关。首先，自然环境和社会环境不只是企业的考虑方面，更是政府需要重点关注的部分，具有很强的公共属性。由于企业追求利润，若不对自由市场机制"无形之手"加以干预，那么资源和环境的竞争将导致市场失灵。

其次，由于绿色创新具有正面和负面的外部影响，因此在自由市场机制的调整下可能导致市场失灵。为提高政府法规的有效性，建立完整的制造业绿色创新体系是基础，而加强监督和执法则是关键。有了适当的系统和策略，如果不严格执行这些策略，它们将变得毫无意义。有关部门应当实施监督职责，建立有效的追责体系，并且严格执行，才能对体系中的企业产生制衡作用，并制定合理的奖励机制，对有损环境资源的企业进行追责。同时，加强全社会的绿色创新意识，深化绿色创新技术升级和支持的意识，更重要的是提高公众的绿色环保意识，提升生态文明建设的有效性，提高绿色创新绩效。

12.5 本章研究结论与展望

由于环境资源的有限性，为了实现可持续发展，绿色创新进程迫在眉睫，

第十二章 长三角制造业绿色创新动力因素与创新模式研究

学术界也希望能将绿色创新开辟为可持续发展的一条出路，各国政府也竞相做出表率，大力推广制造业绿色创新。根据对中国长江三角洲制造型企业的仔细分析，对将来的发展道路进行预测，着重分析并建立了绿色创新体系的动态因素和绿色创新模型，解决制造业绿色创新体系的不合理结构和矛盾。本章在已有学术成果的基础上，进行整理再分类，通过对长三角制造业直接间接的发展推动因素、内外部环境进行总结，建立了长三角制造业绿色创新相关模型，确定了长三角制造业绿色创新体系，设计系统绿色创新驱动力因子，提出了相关的研究假设并构建模型，以实证检验绿色创新动机对长三角制造业绿色创新系统创新绩效的影响机制。深入分析绿色创新路径和路径的各种驱动因素运行机制，构建各种绿色创新模型，进行长三角制造业绿色组织创新系统的自组织特征研究。通过研究，本章得出以下结论：

（1）长三角制造业的绿色创新之路主要由三个动力因素推动，包括技术推动、市场驱动和政府的政策规制，三个因素良性循环，互相作用，使得长三角制造业绿色创新蓬勃发展，进而带动全国产业进行绿色改革升级。

（2）绿色创新驱动因素对长三角制造业绿色创新系统影响机制的实证检验结果如下：对绿色研发绩效的正面影响不大，绿色营销绩效和驱动因素对绿色研发绩效有正向影响。

（3）在长三角制造业的绿色创新体系中，技术推动、市场拉动和政府规制三大驱动力相互独立，相辅相成，共同促进绿色创新体系创新。基于对绿色创新道路上各种驱动因素的分析，决定长三角有关绿色创新的主要是制造业绿色创新体系的技术推动绿色创新模型，还有市场主导绿色创新模型、政府主导绿色创新模型。

（4）长三角制造业绿色创新体系具有开放性、不规则波动性、协同性、正负反馈机制。在技术推动、市场拉动和政府规制三大驱动力的共同作用下，长三角的绿色创新体系使制造业实现了自组织发展。本书确定了长江三角制造业绿色创新体系技术推动模式、市场监管模式以及政府规制模式，研究了绿色创新选择和绿色创新模型，并分析了三种绿色创新模型组合的协调程度。

第十三章　长三角企业绿色创新提升对策

13.1　知识产权保护方面

作为我国经济重地,长三角地区虽然拥有发达的经济、富饶的资源,但仍存在众多的挑战,比如环境绿色发展受阻、创新动力不足等问题。因此,更好地发展提高绿色创新效率是长三角地区实现可持续发展必经之路。本节依据第四章研究结论,总结以下几点建议。

(1) 加快发展模式转型,提高资源配置。

在知识产权保护的高呼声下,企业不仅要重视绿色创新发展,也要重视知识产权保护,为了促进长三角的绿色创新发展,应该转变长久以来的发展模式,提升资源配置,引进有关的高科技技术与专业的科技人才,严格落实政策,加强政府监督力度,为提高资源利用率不断努力。同时着重关注绿色发展,将创新与绿色相结合,可以从以下几点改进:①强化长三角地区的资源配置,构建特色绿色创新体系,以企业发展为目标导向;②以知识产权保护作为研究背景,借助知识产权保护推动科学技术的发展,从而促进绿色创新资源的利用;③加强政府的辅助作用,积极与各人才聚集部门合作,加强资源的利用与交流,避免企业因人才缺失而阻碍发展,合作共同推动发展,从而提高长三角地区绿色创新效率;④增强企业知识产权保护意识,从多角度鼓励企业创新,同时兼顾绿色发展战略,积极引进专业律师团队,保障创新知识得到保护,增强知识产权保护力度。

(2) 结合实际状况制定针发展战略,更好地履行政府职能。

根据第四章数据,城市的开放程度很大程度上影响企业的创新效率,应着重安徽各市的发展。具体措施有很多，例如可以采取增加国家和政府的财政支持、加强人才引进、对外积极招商引资等措施，更好地促进绿色创新发展。同时，还应该关注低消耗、低污染行业的发展，对于引进的人才，做好安抚工作；对于引进行业，注重是否适应当地发展，还应该制定相应法规政策，对于以破坏环境为代价的企业发展行为严惩不贷。

(3) 加强地区间合作，促进一体化发展。

应该加强长三角地区各城市之间的绿色创新合作，有助于促进地区一体化发展，例如，上海、江苏等地绿色创新发展状况比较好的省市，应该加强和浙江省、安徽省的合作，努力缩小地区差异。因地制宜制定发展战略，发挥不同城市的特长与优势，积极构建合作平台，提升各省的竞争力，共促各个城市的绿色创新发展。

(4) 运用知识产权优势带动绿色创新发展。

在知识产权保护为核心背景下，利用知识产权保护的优势，鼓励人才积极创新发展，不断改善企业发展模式，提升企业现代化、高技术发展，不断提升节能减排措施，走"低消耗、低污染、高效率、可持续发展"路线。利用知识产权保护，构建高技术研发平台，为推动企业绿色创新发展提供充足的技术支撑，并且加强信息的交流与沟通，充分利用大数据的优势，互相学习，共同进步。例如，上海等发达城市，可以进行一对一辅助，利用已有的资源、技术等，辅助一些发展落后的城市，给予它们帮助，同样可以利用发展落后地区的低劳动成本辅助自己的发展，从整体上转变长三角地区的传统发展模式，为促进地区绿色创新发展提供支撑。

13.2 环境规制方面

本书的研究显示，新法的实施对促进长三角地区企业绿色技术创新具有重要意义，这表明根据我国宏观实际情况以及企业情况制定的环境规制政策能够在减污环保的同时，还能激励企业开展绿色技术创新活动，实现"双赢"局面。但这种环境规制效应随着实施时间推移具有动态性和滞后性。基于上述分析，提出以下政策建议。

（1）不断修改和完善环规政策。

实证分析结果表明，适应我国实际情况、顺应变化的环境规制政策的实施能够在一定程度上"倒逼"企业绿色技术创新。但是由于政策的滞后性，一旦政策脱离了宏观环境，其有效性就会大打折扣，甚至抑制企业进行绿色技术创新的积极性。因此，相关部门应顺应环境问题等情况的变化，及时对环境规制作出调整和修改。

（2）重视环境规制政策的持久性。

缓解和解决环境污染问题其本身就不是一蹴而就的事情，实施环境规制是一个长期的过程，政府和有关部门应用长远的目光看待这个过程，关注长期利益。环境规制政策在施行的初期，由于各方监管比较严格，且企业在初期表现出积极配合，因此在短期内，环境规制政策可能会表现出比较明显的积极影响。但随着实施时间推移，由于各方面情况和企业内外部环境的不断变化，以及监管部门的松懈等原因，环境规制政策在几年后可能会表现出与初期相反的效应，基于此，相关部门和负责人应该意识到环保是一个长期的过程，并能够始终如一地保持严格的监督和管理，并不断设计更适合国情的环境规制。

（3）严格环境规制政策的执行与监督。

环境规制政策的效果在实际执行的过程中才能体现，再好的环境规制，如果无法被严格执行也只能是空谈。新《环境保护法》在施行初期之所以能对长三角地区企业绿色技术创新产生积极的影响，除了新法本身的合理性之外，更离不开外部约束和监督。所以，在制定了良好的环境规制政策之后，有关部门在执行环境规制政策以及后续实时监督的工作中也不可掉以轻心。可以将规制政策的执行效果作为相关负责人的一项考核，充分调动地方政府的主动性，尽量避免执法不严、违法不究等行为。

（4）对不同性质的企业分别制定规制。

由于企业性质的不同，所涉及的主要业务和行业的区别，企业的管理层对环境保护的重视程度，对规制的响应程度，以及为了达到环保目的而需要投入的资金成本是不尽相同的。因此相关规制的制定者和执行者应根据不同行业和企业的实际情况，制定相应的规制，以保证规制合理且可遵守和可执行。

13.3 环境信息披露方面

环境信息披露作为利益相关方对企业的环境行为进行监管的有力工具，既可以反映企业环境责任的履行情况，又可以倒逼企业转变传统的粗放型发展模式，促进企业绿色生产、绿色创新、可持续发展，但部分企业只注重自身利益，不够重视环境信息披露。基于第七章研究分析，并结合我国企业环境信息披露以及绿色创新现状，提出以下建议。

（1）完善相关政策，更好发挥政府监管功能。

各级政府应当大力推行创新驱动发展战略，制定完善环境信息披露政策，在具体的政策实施中要采用行政同市场手段相结合的方法。一方面，将企业的环境信息披露行为同财税及金融政策融合起来，从根本上激发企业披露环境信息的积极性，进而提升企业的环境绩效；另一方面，加强对企业的监管力度，严格保障环境规制政策的贯彻落实，要做到有奖有罚，对于弄虚作假或长期消极应对的企业进行及时处罚，加大违法成本，而对于表现良好或有杰出贡献的企业进行政府补助或税收减免以资奖励。

（2）结合实际情况，制定相应披露体系。

要因地制宜，以实效为导向结合行业、地区以及企业特征来制定相应的制度措施。针对不同行业的企业，应当制定差异化的环境信息披露体系，披露内容以及披露类型应有所区别。对于规模较小的企业，则可以给予相应的补贴以及税收优惠、设立专项基金，对其进行具有弹性的环境信息披露要求，让其逐步提高披露质量。

（3）利用互联网资源，拓宽监管渠道。

充分利用好互联网资源，发挥媒体新闻等的外部治理作用，开放社会、政府、企业多方监管渠道，避免"一刀切"。针对大型公司，要适度提升其环境信息披露质量标准，做好正向激励，开拓多方监管渠道，创建企业的环境信息披露新模式。一方面，通过互联网平台披露企业环境信息，提高披露效率，扩大受众范围，满足不同信息使用者的需求。另一方面，互联网的特性使得企业的环境信息的传播范围更广，加大企业的环境违法违规成本，有利于增强企业的环境责任意识。

13.4　开放经济方面

在开放型市场经济发展条件下，我国企业的绿色创新发展迎来了重大机遇的同时，还要克服更多的挑战。针对如何利用开放经济发展来加速我国企业绿色创新发展，本书基于第八章的研究结论，给予以下建议。

（1）增强工业企业在开放型经济中绿色创新的动力。

一方面，我国政府应加强对绿色创新研究人才和资金的引进和投入，提高绿色创新投入水平，积极实施人才战略、人才引进和对外交流政策，吸引更多创新型人才来我国交流学习，发挥人才流动效应、示范效应和学习效应，为我国带来先进的绿色创新理念和研发技术，不断丰富我国创新人才市场和环境，提高我国创新人力资本水平。另一方面，提高企业自主创新能力是我国拥有核心技术的根本途径。只有加强自主研发和再创新的核心能力，才能不断提升企业的综合竞争力，指导企业建立自主研发体系，营造有利于自主创新的社会环境。在国际投资贸易活动中，要不断提高技术引进、消化和吸收能力，发挥技术模仿效应，促进自主创新能力的形成，实现我国工业绿色创新技术的再创新突破。此外，我国政府可以通过技术关联促进外国企业与本土企业的合作创新，从而形成利用外国技术优势资源与我国自主创新活动的有机结合和良性互动。这将大大提升中国的绿色创新能力，提升中国在技术全球化背景下的综合竞争力。

（2）加强市场在开放经济环境下对工业企业绿色创新方面的促进作用。

我国政府应重视通过理念宣传以及相关教育等方式，促使我国大众群体形成绿色环保的理念，积极引导公众消费方式向绿色化转变，提高市场绿色需求。在进行国际直接投资和贸易时，企业要注意学习外资企业所遵循的全球统一的生产标准和环保理念，不断提高国内企业产品的绿色含量。政府应引导企业通过绿色创新生产环保产品，促进绿色产品在国际市场的广泛流通，从而形成企业生产产品与公众需求之间的良性互动和流通促进。同时，要充分发挥政府的职能，引导和制定调整政策和服务政策，提高我国国际贸易竞争力，使我国加快走出去和引进来的改革步伐，扩大国家进出口贸易的规模和质量，促进国际贸易的双向发展。

13.5　网络能力方面

当代社会愈发重视绿色发展，面对这种形式，本书从国内当前绿色创新发展面临的困境出发，探究网络能力对企业绿色创新能力的影响与作用机制，且研究组织学习能力在两者之间的中介效应，从而对于如何利用网络能力促进企业绿色创新，提出以下几点建议。

（1）重视培养网络能力，完善自身网络体系。

重视网络能力的培养，根据当代这一发展局势，网络能力已成为每个企业不能忽视的一种动态能力。对于培养网络能力，企业需要从两个维度下手：①需要企业对自身战略目标的高度把握，将网络能力的培养与自身战略目标相匹配，实现战略目标与自身网络能力发展相互促进的态势。②与网络中的外部组织处理好合作关系，加强双方之间的沟通与学习，形成网络发展联盟，建立和完善自身网络体系。

（2）从实际出发，根据自身情况采取相应绿色创新方式。

企业绿色创新能力能够加强企业的竞争优势，从而保持企业的核心竞争力。针对不同类型的企业，需要根据其所处行业，寻求途径来激发企业投入更多的资源进行绿色创新，做好正向激励工作。另外，企业可以定期对员工进行培训，增强其环保意识。员工拥有较强的绿色创新意识能够更加有利于吸收获取有关绿色创新的知识、信息和资源，进而能够有效地提高企业绿色创新能力。

(3) 加强组织学习，引进新型绿色技术。

对于绿色知识，企业组织学习时可以向这个方向倾斜，企业需要组织各阶层员工积极学习绿色知识。一方面，可以结合企业的实际情况，在行业内找到绿色领袖进行组织学习，并适当地引入新型的绿色技术；另一方面，强化企业内部对绿色知识的消化和吸收，在学习中产生新的创意。

13.6 团队打造方面

高管团队作为企业活动的重要驱动因素，深刻影响企业绿色创新的发展方向以及发展质量。作为一个企业绿色发展战略的主导者和决策者，企业高管团队的各种职能素质及其所具有的知识架构、认同意识、社会关系等各个方面的文化背景和差异都必然对企业绿色发展战略的决策产生重大的影响，从而将更多地影响到一个企业绿色发展战略活动的实施和开展。本节综合第十章的研究与结论，针对如何从高管团队方面加速企业绿创新发展，提出以下建议。

(1) 建立合理的薪酬制度，确保绿色创新发展。

企业应根据自身绿色创新的发展需求，在充分分析团队的特征性质基础上，建立一套符合企业发展方向的薪酬制度。依据期望理论，设立合理的目标以及在目标达成后满足团队中不同类型的成员的各种需求，使团队成员努力方向一致，不断提高团队的向心力，以提高团队绿色创新效率，从而推进企业绿色创新技术发展。

(2) 引进高学历人才，完善绿色创新理念。

实证研究结果表明，高学历团队对企业的绿色研发创新具有正向的促进作用。因此，对于具有绿色创新发展意向的企业而言，应当注重其高管团队的学历背景，通过团队的人员结构调整，提高团队的综合学历水准，培养乐于创新的团队文化氛围，激发团队创新热情，以此带动企业整体的创新活力。

(3) 优化激励方式，带动绿色创新热情。

企业在绿色创新发展过程中应当重视激励的重要性，通过有效激励方式来激发企业高管团队的绿色创新热情。研究表明，高管股权激励的方式对于促进企业的绿色创新发展具有很大的推动作用，企业可以针对高管团队成员的品质等特征，适当地通过分配股权的方式将高管成员的收入和发展与企业的发展联系更加紧密，以此来引导高管在考虑利益的时候，进行更加深远的思考，从而重视企业的绿色创新发展。此外，针对不同成员，可以采取不同的激励方式，如加薪、提升岗位等，使企业成员的创新热情保持在较高的水平。

13.7 政府补贴方面

政府作为经济市场的重要主体之一，影响着各企业以及整个经济市场的发展方向，随着低碳环保发展方式的地位越来越重要，我国政府颁布了相关政策以及资金支持来激励各企业积极投入绿色创新的研发，以加速企业的创新发展。为了更好地利用政府补贴来促进企业绿色创新发展，提出以下建议。

（1）有效激励企业进行绿色转型。

政府应有效激励企业从事绿色创新活动，提高各地区企业参与绿色创新活动的积极性。对于长三角地区的企业，政府补贴均有助于该地区的创新活动，通过相应的补贴政策来提升企业对于绿色创新研发的重视程度，使其投入更多的资源于绿色创新发展中，加速自身的绿色转型。

（2）因地制宜采取补贴政策。

根据不同的地区以及不同的发展状况，政府应选择性地进行补贴投资。通过实证研究表明相较于发达地区的企业而言，不发达地区企业创新活动受政府补贴的作用更加明显，因此针对于我国较不发达的地区，政府可根据区域的发展历史特点以及目前发展情况适当加强对于这些地区的补贴政策。

（3）提高政府补贴利用率。

针对不同的企业，政府应当采取不同方式以及力度的补贴。大型企业对于资金运用更加充分，可以最优化地利用资源，因此可适当加强政府补贴政策；对于那些规模小且活力较低的中小型企业，可以通过采取提供相关技术支持、硬件供给等补贴方式来保持企业的创新活力。

参考文献

一、中文文献

[1] 昂昊. 中国绿色技术创新效率时空演化及其影响因素分析 [D]. 蚌埠：安徽财经大学，2020.

[2] 白俊红，蒋伏心. 考虑环境因素的区域创新效率研究——基于三阶段 DEA 方法 [J]. 财贸经济，2011，(10).

[3] 毕克新，付珊娜，杨朝均，等. 制造业产业升级与低碳技术突破性创新互动关系研究 [J]. 中国软科学，2017 (12).

[4] 毕茜，顾立盟，张济建. 传统文化、环境制度与企业环境信息披露 [J]. 会计研究，2015 (3).

[5] 毕茜，李虹媛. 绿色税收优惠能促进企业绿色转型吗 [J]. 贵州财经大学学报，2019（4）.

[6] 毕茜，于连超. 环境税与企业技术创新：促进还是抑制？[J]. 科研管理，2019，40 (12).

[7] 蔡春妮，陶宝山，花蓉蓉. 高管特征对企业研发投入的影响——以浙江省上市公司为例 [J]. 财政监督，2016 (19).

[8] 曹慧，石宝峰，赵凯. 我国省级绿色创新能力评价及实证 [J]. 管理学报，2016，13 (8).

[9] 陈华，王海燕，荆新. 中国企业碳信息披露：内容界定、计量方法和现状研究 [J]. 会计研究，2013 (12).

[10] 陈景新，张月如. 中国区域绿色创新效率及影响因素研究 [J]. 改革与战略，2018，34 (6).

[11] 陈丽珍，刘金焕. FDI 对我国内资制造业自主创新能力的影响——基于时间变化的动态效应的研究 [J]. 工业技术经济，2015 (6).

[12] 陈秋圻. 环境信息披露、研发创新投入与企业财务绩效 [D]. 北京：北京交通大学，2019.

[13] 陈璇，钱维. 新《环保法》对企业环境信息披露质量的影响分析 [J]. 中国人口·资源与环境，2018，28（12）.

[14] 方颖，郭俊杰. 中国环境信息披露政策是否有效：基于资本市场反应的研究 [J]. 经济研究，2018，53（10）.

[15] 冯志军. 中国工业企业绿色创新效率研究 [J]. 中国科技论坛，2013（2）.

[16] 高传贵，辛杰. 企业文化对企业自主创新绩效的影响——组织学习能力的中介作用 [J]. 东岳论丛，2018，39（4）.

[17] 高静，黄繁华. 进口贸易与中国制造业全要素生产率——基于进口研发溢出的视角 [J]. 世界经济研究，2013（11）.

[18] 葛世帅，曾刚，胡浩，等. 长三角城市群绿色创新能力评价及空间特征 [J]. 长江流域资源与环境，2021，30（1）.

[19] 更太嘉，彭毛卓玛. 浅议企业的环境责任 [J]. 柴达木开发研究，2008（2）.

[20] 郭进. 环境规制对绿色技术创新的影响——"波特效应"的中国证据 [J]. 财贸经济，2019（3）.

[21] 韩孺眉，刘艳春. 我国工业企业绿色技术创新效率评价研究 [J]. 技术经济与管理研究，2017（5）.

[22] 何建洪，贺昌政，罗华. 创新型企业的形成：基于网络能力与战略创新导向影响的研究 [J]. 中国软科学，2015（2）.

[23] 何小钢. 绿色技术创新的最优规制结构研究——基于研发支持与环境规制的双重互动效应 [J]. 经济管理，2014（11）.

[24] 洪丽珺，唐华，李思思. 市场竞争、绿色创新与企业环境信息披露 [J]. 现代营销（下旬刊），2020（6）.

[25] 呼若青. 开放经济下工业企业绿色创新动力机制研究 [D]. 昆明：昆明理工大学，2018.

[26] 胡静寅，姚莉，万永坤. FDI对中国装备制造业自主创新的影响分析 [J]. 经济问题探索，2011（1）.

[27] 胡元木，刘佩，纪端. 技术独立董事能有效抑制真实盈余管理吗？——基于可操控R&D费用视角 [J]. 会计研究，2016（3）.

[28] 胡志军. 政府补贴对企业创新能力的影响研究 [D]. 西安：西安石油大学, 2018.

[29] 胡忠瑞. 企业绿色技术创新的动力机制与模型研究 [D]. 长沙：中南大学, 2006.

[30] 华振. 我国绿色创新能力评价及其影响因素的实证分析——基于 DEA – Malmquist 生产率指数分析法 [J]. 技术经济, 2011, 30 (9).

[31] 黄小敬, 李娆, 廖文龙, 等. 我国各省份创新质量与绿色增长效率分析——基于超效率 SBM – DDF 模型的省级专利面板数据 [J]. 改革与战略, 2021, 37 (4).

[32] 贾军, 魏洁云, 王悦. 环境规制对中国 OFDI 的绿色技术创新影响差异分析——基于异质性东道国视角 [J]. 研究与发展管理, 2017, 29 (6).

[33] 贾颖颖. 区域绿色创新系统协调发展水平的测度、演化与驱动因素研究 [D]. 西安：西北工业大学, 2017.

[34] 金露露, 王子晨. 区域一体化对城市绿色创新水平的影响研究——基于长三角 26 个城市的动态空间面板实证检验 [J]. 技术经济与管理研究, 2019 (11).

[35] 康淑娟, 安立仁. 知识距离视角下全球价值链网络嵌入与创新能力的关系研究 [J]. 财经理论与实践, 2019, 40 (4).

[36] 李碧浩. 节能环保产业的渗透性和产业发展路径研究 [J]. 上海节能, 2012 (7).

[37] 李晨瑞. 长三角城市群绿色创新网络构建及驱动因素研究 [D]. 镇江：江南大学, 2020.

[38] 李广培, 全佳敏. 绿色技术创新能力的影响因素与形成研究综述 [J]. 物流工程与管理, 2015, 37 (11).

[39] 李骏辉, 赵明楠. 企业绿色发展信息披露的重要性影响研究 [J]. 中国信息化, 2020 (12).

[40] 李菽林. 基于支持向量机的物流企业绿色创新能力评价 [J]. 系统工程, 2013 (2).

[41] 李爽. R&D 强度、政府支持度与新能源企业的技术创新效率 [J]. 软科学, 2016, 30 (3).

[42] 李晓阳, 赵宏磊, 林恬竹. 中国工业的绿色创新效率 [J]. 首都经济贸易大学学报, 2018, 20 (3).

[43] 李行. 绿色协同与信任对制造企业绿色创新的影响：绿色知识共享的中介作用 [D]. 西安：西安理工大学, 2017.

[44] 李中娟. 传统制造企业绿色创新的驱动因素及绩效影响研究 [D]. 马鞍山：安徽工业大学, 2018.

[45] 林汉川，王莉，王分棉. 环境绩效、企业责任与产品价值再造［J］. 管理世界，2007（5）.

[46] 林春艳，宫晓蕙，孔凡超. 环境规制与绿色技术进步：促进还是抵制——基于空间效应视角［J］. 宏观经济研究，2019（11）.

[47] 林洲钰，林汉川，邓兴华. 政府补贴对企业专利产出的影响研究［J］. 科学学研究，2015（6）.

[48] 刘方润亚. 网络能力对企业创新影响作用的实证研究［J］. 西南师范大学学报（自然科学版），2020，45（3）.

[49] 刘军，曹雅茹，吴昊天. 产业协同集聚对区域绿色创新的影响［J］. 中国科技论坛，2020（4）.

[50] 刘明玉，袁宝龙. 环境规制与绿色创新效率的空间异质效应——基于长江经济带工业企业数据［J］. 财会月刊，2018（24）.

[51] 刘思琦. 政府补贴对医药制造企业绿色技术创新能力影响研究［D］. 哈尔滨：哈尔滨理工大学，2020.

[52] 刘学元，丁雯婧，赵先德. 企业创新网络中关系强度、吸收能力与创新绩效的关系研究［J］. 南开管理评论，2016，19（1）.

[53] 刘彦君. 企业网络能力对创新绩效的影响研究［D］. 沈阳：辽宁大学，2019.

[54] 娄育彤. 关系嵌入性、组织学习能力对商业银行服务创新绩效的影响研究［D］. 长春：吉林大学，2020.

[55] 吕君，张士强，王颖，等. 基于扎根理论的新能源企业绿色创新意愿驱动因素研究［J］. 科技进步与对策，2019，36（18）.

[56] 罗澄宇. 我国省域绿色创新能力的区域差异及影响因素分析［D］. 西安：西安理工大学，2019.

[57] 马慧峰，田丽娜，郑福. 金融集聚、产业结构与货币政策区域效应研究——基于空间面板模型［J］. 金融发展评论，2020（2）.

[58] 马丽. 联盟组合网络特征、组织学习与企业创新能力关系研究［D］. 成都：电子科技大学，2020.

[59] 梅强，徐胜男. 高层管理团队异质性、团队冲突和创业绩效的关系研究——以冲突管理为调节变量［J］. 经济与管理研究，2012（6）.

[60] 彭海珍，任荣明. 中小企业实施环境管理体系的激励因素和障碍［J］. 上海管理科

学，2003 (1).

［61］彭甲超，许荣荣，付丽娜，等. 长江经济带工业企业绿色创新效率的演变规律［J］. 中国环境科学，2019，39 (11).

［62］钱丽，王文平，肖仁桥. 高质量发展视域下中国企业绿色创新效率及其技术差距［J］. 管理工程学报，2021，35 (6).

［63］饶扬德，唐喜林. 市场、技术及管理二维创新协同过程及模型研究［J］科技进步与对策，2009 (7).

［64］任相伟，孙丽文，邢丽云. 高管团队异质性、团队冲突与企业绿色绩效——差异化CEO领导风格调节下的整合分析框架［J］. 科技进步与对策2021，38 (20).

［65］尚勇敏. 加快建设长三角世界级节能环保产业集群［N］. 中国建材报，2020 - 10 - 16 (4).

［66］邵敏，包群. 政府补贴与企业生产率——基于我国工业企业的经验分析［J］. 中国工业经济，2012 (7).

［67］沈国兵，黄铄珺. 行业生产网络中知识产权保护与中国企业出口技术含量［J］. 世界经济，2019，42 (9).

［68］沈洪涛，李余晓璐. 我国重污染行业上市公司环境信息披露现状分析［J］. 证券市场导报，2010 (6).

［69］史志伟. 基于随机前沿模型的制造业绿色创新效率测度及驱动要素研究［D］. 昆明：云南师范大学，2018.

［70］斯丽娟. 环境规制对绿色技术创新的影响——基于黄河流域城市面板数据的实证分析［J］. 财经问题研究，2020 (7).

［71］宋鹏. 我国政府研发补贴与企业创新绩效及研发能力关联性研究［J］. 软科学，2019，33 (5).

［72］苏宝塍. 电解水·肥设备助力绿色农业发展——四川建元天地环保科技有限公司［J］. 中国高新科技，2018 (15).

［73］苏越良，何海燕，尹金龙. 企业绿色持续创新能力评价体系研究［J］. 科技进步与对策，2009，26 (20).

［74］孙颖，毛维，张家顺，等. 科技服务企业网络能力对服务创新能力的影响研究——组织学习能力的调节作用［J］. 河北工业大学学报（社会科学版），2020，12 (4).

［75］唐国平，刘忠全. 《环境保护税法》对企业环境信息披露质量的影响——基于湖北

省上市公司的经验证据［J］. 湖北大学学报（哲学社会科学版），2019, 46（1）.

[76] 陶爱萍，李丽霞，洪结银. 技术标准、异质性和创新惰性［J］. 中国软科学，2013（12）.

[77] 陶林. 新时代国有企业社会责任的困境和突围［J］. 理论月刊，2018（9）.

[78] 田丹，于奇. 高层管理者背景特征对企业绿色创新的影响［J］. 财经问题研究，2017（6）.

[79] 田红娜，刘思琦. 政府补贴对绿色技术创新能力的影响［J］. 系统工程，2021, 39（2）.

[80] 汪海霞，王沙沙. 交互效应视角下政府补贴、企业能力与创新绩效关系研究［J］. 石河子大学学报（哲学社会科学版），2020, 34（5）.

[81] 汪婷婷. 企业网络能力对创新绩效的作用机制研究［D］. 西安：西北大学，2017.

[82] 汪秀婷，戴蕾. 集群网络中技术创新惰性的成因及突破策略研究［J］. 科学管理研究，2014（32）.

[83] 汪再奇，许耀东，易明. 制造业绿色创新的多重动力机制［N］. 中国社会科学报，2019-07-24（4）.

[84] 王锋正，陈方圆. 董事会治理、环境规制与绿色技术创新——基于我国重污染行业上市公司的实证检验［J］. 科学学研究，2018, 36（2）.

[85] 王锋正，郭晓川. 环境规制强度对资源型产业绿色技术创新的影响——基于2003—2011年面板数据的实证检验［J］. 中国人口·资源与环境，2015, 25（S1）.

[86] 王凤祥，张伟. 环境规制、民间投资与我国绿色技术创新［J］. 科技管理研究，2017, 37（11）.

[87] 王桂军，张辉. 促进企业创新的产业政策选择：政策工具组合视角［J］. 经济学动态，2020（10）.

[88] 王核成，李鑫. 企业网络嵌入性对创新绩效的影响——网络权力的中介作用及吸收能力的调节作用［J］. 科技管理研究，2019, 39（21）.

[89] 王洪庆，张莹. 贸易结构升级、环境规制与我国不同区域绿色技术创新［J］. 中国软科学，2020,（2）.

[90] 王焕冉. 我国节能环保企业绿色创新动力机制质性研究［D］. 大连：大连理工大学，2015.

[91] 王辉龙，洪银兴. 创新发展与绿色发展的融合：内在逻辑及动力机制［J］. 江苏行

政学院学报，2017（6）.

[92] 王金湘. 知识产权保护的技术创新效应［D］. 杭州：浙江理工大学，2014.

[93] 王娟茹，刘娟. 双元性绿色创新对我国制造企业竞争优势的影响：技术动荡性的调节作用［J］. 科技管理研究，2020，451（9）.

[94] 王军，李萍. 新常态下中国经济增长动力新解——基于"创新、协调、绿色、开放、共享"的测算与对比［J］. 经济与管理研究，2017，38（7）.

[95] 王林梅. 生态文明视域下长江经济带产业结构转型升级研究［M］. 成都：四川大学出版社，2018，11.

[96] 王梦蕾. 董事会成员海外背景及其异质性与企业绿色创新关系研究［D］. 合肥：中国科学技术大学，2019.

[97] 王韧. 环境规制与绿色技术创新的动态关联——基于"波特假说"的再检验［J］. 科技管理研究，2020（8）.

[98] 王三兴. 市场竞争、知识产权与国家创新体系［J］. 当代经济管理，2007（1）.

[99] 王婷. 企业技术与营销的协同创新机制研究［J］市场周刊（理论研究），2010（6）.

[100] 王伟，张卓. 创新补贴、失败补偿对企业绿色创新策略选择的影响［J］. 软科学，2019，33（2）.

[101] 王雯玉. 环境规制对企业绿色技术创新的影响研究——以振华重工为例［D］. 郑州：郑州航空工业管理学院，2020.

[102] 王晓祺，郝双光，张俊民. 新《环保法》与企业绿色创新："倒逼"抑或"挤出"？［J］. 中国人口·资源与环境，2020，30（7）.

[103] 王旭，王非. 无米下锅抑或激励不足？政府补贴、企业绿色创新与高管激励策略选择［J］. 科研管理，2019，40（7）.

[104] 王亚妮，程新生. 环境不确定性、沉淀性冗余资源与企业创新——基于中国制造业上市公司的经验证据［J］. 科学学研究，2014，32（8）.

[105] 王宇. 环境规制对省域绿色技术创新的影响研究——基于中国首次约束性污染控制［D］. 成都：成都理工大学，2019.

[106] 王宇轩. 环境信息披露对企业绿色创新的影响研究［D］. 南京：东南大学，2019.

[107] 魏浩，巫俊. 知识产权保护、进口贸易与创新型领军企业创新［J］. 金融研究，2018（9）.

[108] 魏小凤. 长江经济带高技术产业绿色创新效率研究［J］. 现代商贸工业，2018，39

(21).

[109] 文雯,段树国. 西部民族地区企业绿色技术创新影响因素研究 [J]. 科技和产业, 2019, 19 (10).

[110] 吴超鹏,唐菂. 知识产权保护执法力度、技术创新与企业绩效——来自中国上市公司的证据 [J]. 经济研究, 2016 (11).

[111] 吴力波,任飞州,徐少丹. 环境规制执行对企业绿色创新的影响 [J]. 中国人口·资源与环境, 2021, 31 (1).

[112] 吴旭晓. 中国区域绿色创新效率演进轨迹及形成机理研究 [J]. 科技进步与对策, 2019, 36 (23).

[113] 肖黎明,肖沁霖,张润婕. 绿色创新效率与生态治理绩效协调的时空演化及收敛性分析——以长江经济带城市为例 [J]. 地理与地理信息科学, 2020, 36 (6).

[114] 肖鹏,余少文. 企业间协同创新惰性及解决对策 [J]. 科技进步与对策, 2013 (30).

[115] 肖仁桥,丁娟. 我国企业绿色创新效率及其空间溢出效应——基于两阶段价值链视角 [J]. 山西财经大学学报, 2017, 39 (12).

[116] 肖仁桥,沈路,钱丽. "一带一路"沿线省份工业企业绿色创新效率及其影响因素研究 [J]. 软科学, 2020, 34 (8).

[117] 肖小虹,潘也,王站杰. 企业履行社会责任促进了企业绿色创新吗? [J]. 经济经纬, 2021 (3).

[118] 谢洪明,罗惠玲,王成,等. 学习、创新与核心能力:机制和路径 [J]. 经济研究, 2007 (2).

[119] 谢依玲. 环境规制、研发补贴与绿色技术创新效率 [D]. 南京:南京邮电大学, 2020.

[120] 邢丽云,俞会新. 环境规制对企业绿色创新的影响——基于绿色动态能力的调节作用 [J]. 华东经济管理, 2019, 33 (10).

[121] 熊彼特. 经济发展理论 [M]. 何畏,易家详,等译. 北京:商务印书馆, 2009.

[122] 徐辉,周孝华,周兵. 环境信息披露对研发投入产出效率的影响研究 [J]. 当代财经, 2020 (8).

[123] 徐建中,贯君,林艳. 制度压力、高管环保意识与企业绿色创新实践——基于新制度主义理论和高阶理论视角 [J]. 管理评论, 2017, 29 (9).

[124] 徐建中, 贯君, 朱晓亚. 政府行为对制造企业绿色创新模式选择影响的演化博弈研究 [J]. 运筹与管理, 2017, 26 (9).

[125] 徐建中, 孙颖, 孙晓光. 基于熵权 TOPSIS – PSO – ELM 的制造企业绿色创新能力评价模型及实证研究 [J]. 运筹与管理, 2020, 166 (1).

[126] 徐进亮, 袁婷婷, 常亮. 北京市政府绿色采购促进科技成果转化的实证 [J]. 中国人口·资源与环境, 2014 (11).

[127] 许庆瑞, 刘景江, 赵晓庆. 技术创新的组合及其与组织、文化的集成 [J]. 科研管理, 2002 (6).

[128] 许庆瑞, 郑刚, 喻子达. 全面创新管理 (TIM): 企业创新管理的新趋势 [J] 科研管理, 2003 (9).

[129] 许士春, 何正霞, 龙如银. 环境规制对企业绿色技术创新的影响 [J]. 科研管理, 2012 (6).

[130] 闫海洲, 陈百助. 气候变化、环境规制与公司碳排放信息披露的价值 [J]. 金融研究, 2017 (6).

[131] 闫雅洁. 上市公司环境信息披露影响因素研究 [D]. 太原: 山西财经大学, 2018.

[132] 杨朝均. FDI 对我国制造业绿色工艺创新的影响及溢出效应研究 [D]. 哈尔滨: 哈尔滨工程大学, 2013.

[133] 杨朝均, 呼若青, 冯志军. 环境规制政策、环境执法与工业绿色创新能力提升 [J]. 软科学, 2018, 32 (1).

[134] 杨朝均, 刘立菊. 绿色创新与经济开放的协同发展度评价及动态演化研究 [J]. 重庆理工大学学报 (社会科学), 2020, 34 (5).

[135] 杨朝均, 王冬彧, 毕克新. 开放经济背景下绿色创新驱动因素的空间效应研究 [J]. 统计与决策, 2020, 36 (20).

[136] 杨朝均, 张广欣, 毕克新. 对外直接投资对工业企业绿色创新路径演化的影响研究 [J]. 软科学, 2019, 33 (7).

[137] 杨国忠, 席雨婷. 企业绿色技术创新活动的融资约束实证研究 [J]. 工业技术经济, 2019, 38 (11).

[138] 杨瑾. 长三角城市绿色创新效率测度及其影响因素 [D]. 镇江: 江苏大学, 2020.

[139] 杨瑾. 长三角城市绿色创新效率测度及影响因素分析 [J]. 经济研究导刊, 2020 (25).

[140] 杨明海，刘凯晴，谢送爽. 教育人力资本、健康人力资本与绿色技术创新——环境规制的调节作用［J］. 经济与管理评论，2021，37（2）.

[141] 杨震宁，李东红，王玉荣. 科技园"温床"与"围城"效应对企业创新的影响研究［J］. 科研管理，2015，36（1）.

[142] 余志林. 企业的自主创新与知识产权保护的关系［J］. 黑河学院学报，2019，10（8）.

[143] 俞会新，邢丽云. 网络嵌入、绿色创新与企业竞争优势关系研究［J］. 技术经济与管理研究，2019（9）.

[144] 臧冲冲. 政府补助与企业绿色技术创新的相关性研究［D］. 北京：北方工业大学，2018.

[145] 詹绍文，王旭. 论创新网络结构、网络关系对中小型文化企业创新能力的影响——组织间学习的中介效应［J］. 西北民族大学学报（哲学社会科学版），2020（3）.

[146] 占华，后梦婷. 环境信息披露如何影响企业创新——基于双重差分的检验［J］. 当代经济科学，2021（5）.

[147] 张彩江，陈璐. 政府对企业创新的补助是越多越好吗？［J］. 科学学与科学技术管理，2016，37（11）.

[148] 张弛，任剑婷. 基于环境规制的我国对外贸易发展策略选择［J］. 生态经济，2005（10）.

[149] 张钢，张小军. 绿色创新研究的几个基本问题［J］. 中国科技论坛，2013（4）.

[150] 张钢，张小军. 企业绿色创新战略的驱动因素：多案例比较研究［J］. 浙江大学学报（人文社会科学版），2014，44（1）.

[151] 张国清，肖华. 高管特征与公司环境信息披露——基于制度理论的经验研究［J］. 厦门大学学报（哲学社会科学版），2016（4）.

[152] 张节，李千惠. 智慧城市建设对城市绿色创新效率的影响［J］. 统计与决策，2020，36（19）.

[153] 张杰. 进口对中国制造业企业专利活动的抑制效应研究［J］. 中国工业经济，2015（7）.

[154] 张娟，耿弘，徐功文，等. 环境规制对绿色技术创新的影响研究［J］. 中国人口·资源与环境，2019，29（1）.

[155] 张辽，黄蕾琼. 中国工业企业绿色技术创新效率的测度及其时空分异特征——基于

改进的三阶段 SBM – DEA 模型分析 [J]. 统计与信息论坛, 2020, 35 (12).

[156] 张嫚. 环境规制与企业行为间的关联机制研究 [J]. 财经问题研究, 2005 (4).

[157] 张琴, 朱少英. 政府补贴、创新投入与民营高科技企业创新能力——基于市场竞争的调节作用 [J]. 会计之友, 2018 (12).

[158] 张文菲, 金祥义. 信息披露如何影响企业创新: 事实与机制——基于深交所上市公司微观数据分析 [J]. 世界经济文汇, 2018 (6).

[159] 张秀敏, 杨连星, 汪瑾. 企业环境信息披露促进了研发创新吗？[J]. 商业研究, 2016 (6).

[160] 张哲, 葛顺奇. 环境信息披露具有创新提升效应吗？[J]. 云南财经大学学报, 2021, 37 (2).

[161] 赵三珊, 齐晓曼, 李永. 能源企业创新现状分析及持续创新动力机制模型研究 [J]. 电力与能源, 2019, 40 (3).

[162] 赵玉民, 朱方明, 贺立龙. 环境规制的界定、分类与演进研究 [J]. 中国人口·资源与环境, 2009, 19 (6).

[163] 郑涵茜. 区域绿色创新效率及其影响因素研究 [D]. 武汉: 中南财经政法大学, 2019.

[164] 郑永杰, 齐中英. 资源约束与贸易开放的技术溢出门槛效应研究——来自我国资源型地区的经验研究 [J]. 运筹与管理, 2014 (1).

[165] 郅晓, 苗小玲, 祝伟丽, 等. 中国建材集团技术革新体系建设研究 [C] // 中国企业改革与发展研究会. 中国企业改革发展优秀成果 2019（第三届）下卷. 中国企业改革与发展研究会: 中国企业改革与发展研究会, 2019.

[166] 钟丛升. 创意产业集聚区企业: 网络能力、组织吸收能力与创新绩效关系研究 [D]. 天津: 天津商业大学, 2018.

[167] 周方圆. 我国战略性新兴产业技术创新绩效的影响因素研究 [D]. 扬州: 扬州大学, 2019.

[168] 周锦锋. 政府补贴、企业所有制与研发投入 [J]. 合作经济与科技, 2021 (3).

[169] 周经, 刘厚俊. 国际贸易、知识产权与我国技术创新——基于 1998～2009 年省际面板数据的实证研究 [J]. 世界经济研究, 2011 (11).

[170] 周礼, 金晨晨. 网络嵌入对企业绿色创新的影响与作用机制: 吸收能力的中介作用 [J]. 科技进步与对策, 2020 (12).

[171] 周天凯. 我国绿色创新效率评价及影响因素研究 [D]. 北京：中国矿业大学, 2020.

二、英文文献

[1] ACOSTA A S, CRESPOBÁ H, AGUDO J C. Effect of market orientation, network capability and entrepreneurial orientation on international performance of small and medium enterprises (SMEs) [J]. International Business Review, 2018, 27 (6).

[2] ALI A, ABDELFETTAH B. Financial Disclosure Information, Board of Directors, and Firm Characteristics among French CAC 40 Listed Firms [J]. Journal of the Knowledge Economy, 2019, 10 (3).

[3] AMBEC S, COHEN M A, ELGIE S, et al. The Porter Hypothesis at 20：Can Environmental Innovation and Competitiveness? [J]. Resources For the Future Discussion Paper, 2010, 11 (1).

[4] ANWARY I, ZEIN Y A. Testing environmental regulations, green innovation and social distribution as determinants of environmental sustainability：A case of ASEAN region [J]. Journal of Security and Sustainability Issues, 2020 (10).

[5] ARDUINI R, CESARONI F. Environmental Tech–neologies in the European Chemical Industry [R]. LEM Working Paper, 2001.

[6] ARIMURA T, HIBIKI A, JOHNSTONE N. An empirical study of environmental R&D：What encourages facilities to be environmentally innovative [J]. Environmental policy and corporate behaviour, 2007.

[7] BEISE M, RENNINGS K. Lead markets and regulation：A framework for analyzing the international diffusion of environmental innovations [J]. Ecological economics, 2005, 52 (1).

[8] BERNAUER T, ENGELS S, Kammerer D, et al. Explaining Green Innovation [R]. Working Paper, Center for Comparative and International Studies, 2006.

[9] BOKOLO A J. Examining the role of green IT/IS innovation in collaborative enterprise–implications in an emerging economy [J]. Technology in Society, 2020, 62 (8).

[10] BOONS F, LÜDEKE–FREUND F. Business models for sustainable innovation：State–of

- the – art and steps towards a research agenda [J]. Journal of Cleaner Production, 2013 (45).

[11] BRAUN E, WIELD D. Regulation as a Means for the Social Control of Technology [J]. Technology Analysis&Strategic Management, 1994, 6 (3).

[12] BRUNNERMEIER S B, COHEN M A. Determinants of environmental innovation in US manufacturing industries [J]. Journal of environmental economics and management, 2003, 45 (2).

[13] CAPRON H, POTTELSBERGHE B V. Public support to business R&D: A survey and some new quantitative evidence [J]. Policy Evaluation in Innovation and Technology, 1997 (10).

[14] CLAUDE F, JAMES P. Driving Eco – Innovation: A Breakthrough Discipline for Innovation and Sustainability [M]. London: Pitman Publishing, 1996.

[15] DARRELL W, SCHWARTZ B N. Environmental disclosures and public policy pressure [J]. Journal of Accounting and Public Policy, 1997, 16 (2).

[16] DEEGAN C, RANKIN M. Do Australian companies report environmental news objectively? [J]. Accounting, Auditing & Accountability Journal, 1996, 9 (2).

[17] FLOOD P C, FONG C M, SMITH K G, et al. Top Management Teams and Pioneering: A Resource – based View [J]. The International Journal of Human Resource Management, 1997, 8 (3).

[18] FUSILLO F, QUATRARO F, USAI S. Going Green: Environmental Regulation, eco – innovation and technological alliances [J]. Working Paper, 2019 (56).

[19] GLASER B G, STRAUSS A L. The discovery of grounded theory: Strategies for qualitative research [M]. London, New York: Routledge, 2017.

[20] GRILICHES Z. R&D, patents and productivity [M]. Chicago: University of Chicago Press, 1987.

[21] GUPTA P. Top Management Team Heterogeneity, Corporate Social Responsibility Disclosure and Financial Performance [J]. American Journal of Industrial and Business Management, 2019, 9 (4).

[22] HAMAMOTO M. Environmental regulation and the productivity of Japanese manufacturing industries [J]. Resource and energy economics, 2006, 28 (4).

[23] HAO Q W, SU M Hu. The impact of synergy effect between government subsidies and slack resources on green technology innovation [J]. Journal of Cleaner Production, 2020 (274).

[24] HASHIMOTO A, HANEDA S. Measuring the Change in R&D Efficiency of the Japanese Pharmaceutical Industry [J]. Research Policy, 2008, 37 (10).

[25] HILLMAN J, AXON S, MORRISSEY J. Social enterprise as a potential niche innovation breakout for low carbon transition [J]. Energy Policy, 2018, 117 (4).

[26] HU W X, DU J Z, ZHANG W G. Corporate Social Responsibility Information Disclosure and Innovation Sustainability: Evidence from China [J]. Sustainability, 2020, 12 (1).

[27] HUSTED B W, SOUSA-FILHO J M D. Board structure and environmental, social, and governance disclosure in Latin America [J]. Journal of Business Research, 2018 (102).

[28] INOUE E. Environmental Disclosure and Innovation Activity: Evidence from EU Corporations [J]. Discussion Papers, 2016 (12).

[29] JIANG C L, ZHANG F Y, WU C. Environmental information disclosure, political connections and innovation in high-polluting enterprises [J]. Science of the Total Environment, 2020 (764).

[30] KAWAI N, STRANGE R, ZUCCHELLA A. Stakeholder pressures, EMS implementation, and green innovation in MNC overseas subsidiaries [J]. International Business Review, 2018, 27 (5).

[31] KEMP R, ARUNDEL A, SMITH K. Survey Indicators for Environmental Innovation [R]. IDEA Paper, 1998.

[32] KEMP R, ARUNDEL A. Survey indicators for environmental innovation [C]. Paper Presented to Conference Towards Environmental Innovation Systems in Garmisch-Partenkirchen, 2002.

[33] LACH S. Do R&D Subsidies Stimulate or Displace Private R&D? Evidence from Israel [J]. Journal of Industrial Economics, 2010, 50 (4).

[34] LEEUWEN G V, MOHNEN P. Revisiting the Porter Hypothesis: An Empirical Analysis of Green Innovation for the Netherlands [R]. Merit Working Papers, 2013, 67 (2).

[35] LI D Y, ZHENG M, CAO C C, et al. The impact of legitimacy pressure and corporate profitability on green innovation: Evidence from China top 100 [J]. Journal of Cleaner Production, 2017, 141 (10).

[36] LI L, LIU Q Q, WANG J, et al. Carbon Information Disclosure, Marketization, and Cost of Equity Financing [J]. International Journal of Environmental Research and Public Health, 2019, 16 (1).

[37] LIN Y L. Top Management Team Heterogeneity, Shareholding Proportion of the Largest Shareholder and Innovation Performance: A Study Based on a Panel Smooth Transition Regression Model [J]. Open Journal of Business and Management, 2018, 6 (1).

[38] LIU L. Top Management Characteristics, Green Supply Chain Management and Corporate Performance——Moderating Effects of Competition Intensity [J]. Journal of Human Resource and Sustainability Studies, 2019, 7 (1).

[39] LONG X, CHEN Y, DU J, et al. The effect of environmental innovation behavior on economic and environmental performance of 182 Chinese firms [J]. Journal of Cleaner Production, 2017 (166).

[40] LU Y, LIU Q, LI J H. The impact of government subsidies on the green innovation capability of new energy automobile companies [J]. IOP Conference Series: Earth and Environmental Science, 2021, 680 (1).

[41] MANZINI E, VEZZOLI C. A strategic design approach to develop sustainable product service systems: Examples taken from the "environmentally friendly innovation" Italian prize [J]. Journal of Cleaner Production, 2003, 11 (8).

[42] MARCHI V D. Environmental innovation and R&D cooperation: Empirical evidence from Spanish manufacturing firms [J]. Research policy, 2012, 41 (3).

[43] MEDEIROS, RIBEIRO, CORTIMIGLIA. Success factors for environmentally sustainable product innovation: A systematic literature review [J]. Journal of Cleaner Production, 2014, 65 (15).

[44] MELVILLE N P. Information Systems Innovation for Environmental Sustainability [J]. MIS Quarterly, 2010, 34 (1).

[45] NASIEROWSKI W, ARCELUS F J. About efficiency of innovations: What can be learned from the Innovation Union Scoreboard index [J]. Procedia - Social and Behavioral Sci-

ences, 2012 (58).

[46] PEARCE D, MARKANDYA A, BARBIER E. Blueprint for a Green Economy [M]. London, New York: Routledge, 2013.

[47] PHAM L T, HOANG H V. The relationship between organizational learning capability and business performance: The case of Vietnam firms [J]. Journal of Economics and Development, 2019, 21 (2).

[48] PORTER M E, LINDE C V D. Toward a new conception of the environment – competitiveness relationship [J]. Journal of economic perspectives, 1995, 9 (4).

[49] PORTER M E. America's green strategy [J]. Scientific American, 1991, 268 (4).

[50] RASIAH M. The research of Southeast Asia industry transformation and green industry development [J]. Environment, Development and Sustainability, 2017, 1 (2).

[51] SALOMON R, Jin B. Does knowledge spill to leaders or laggards? Exploring industry heterogeneity in learning by exporting [J]. Journal of International. Business Studies, 2008, 39 (1).

[52] SCHUMPETE J A. Economic Development Theory [M]. Hong Kong: The Commercial Press, 1990.

[53] SULL D N. Why Good Companies Go Bad [J]. Harvard Business Review, 1999, 3 (4).

[54] SUN H P, KOFIEDZIAH B, SUN C W, et al. Institutional quality, green innovation and energy efficiency [J]. Energy policy, 2019, 135 (12).

[55] TEHSEEN S, QURESHI Z H, RAMAYAH T. Impact of network competence on firm's performances among Chinese and Indian entrepreneurs: A multigroup analysis [J]. International Journal of Entrepreneurship, 2018, 22 (2).

[56] THOMAS V J, SHARMA S, JAIN S K. Using patents and publications to assess R&D efficiency in the states of the USA [J]. World Patent Information, 2011, 33 (1).

[57] TRIGUERO A, MORENO – MONDÉJAR L, MARÍA A. Davia. Drivers of different types of eco – innovation in European SMEs [J]. Ecological Economics, 2013, 92 (92).

[58] WAGNER M. On the relationship between environmental management, environmental innovation and patenting: Evidence from German manufacturing firms [J]. Research Policy, 2007, 36 (10).

[59] WOERTER M, ROPER S. Openness and innovation——Home and export demand effects on manufacturing innovation: Panel data evidence for Ireland and Switzerland [J]. Research Policy, 2010, 39 (1).

[60] WU J, SUN J S, SONG M L, et al. A ranking method for DMUS with interval data based on DEA cross-efficiency evaluation and TOPSIS [J]. Journal of Systems Science and Systems Engineering, 2013, 22 (2).

[61] XIANG X, LIU C, YANG M. Confession or justification: The effects of environmental disclosure on corporate green innovation in China [J]. Corporate Social Responsibility and Environmental Management, 2020, 27 (6).

[62] XU S, WU T, ZHANG Y. The spatial-temporal variation and convergence of green innovation efficiency in the Yangtze River Economic Belt in China [J]. Environmental Science and Pollution Research, 2020, 27 (21).

[63] YOUSEF E, AIDAN K. Green and competitive? An empirical test of the mediating role of environmental innovation strategy [J]. Journal of world business, 2008, 43 (2).